EL DIOS DE NUESTROS PADRES

ALDO CAZZULLO

EL DIOS DE NUESTROS PADRES

LA «GRAN NOVELA» DE LA BIBLIA

HarperCollins

Editado por HarperCollins Ibérica, S. A.
Avenida de Burgos, 8B - Planta 18
28036 Madrid
www.harpercollinsiberica.com

El Dios de nuestros padres. La «gran novela» de la Biblia
Título original: *Il Dio dei nostri padri: Il grande romanzo della Bibbia*
© 2024 Aldo Cazzullo
© 2024 HarperCollins Italia S. p. A., Milano
© 2025, de la traducción, Arianna Alessandro
© 2025, para esta edición HarperCollins Ibérica, S. A.

Diseño de cubierta: Falcinelli&Co. / Riccardo Falcinelli
Imagen de cubierta: Miguel Ángel Buonarroti, *La creación de Adán*, fresco de la bóveda de la Capilla Sixtina, Palacios Vaticanos. Foto © Gobernación de la SCV-Dirección de Museos
Fotografía del autor: © Giulia Natalia Comito
Maquetación: MT Color & Diseño, S. L.

Para esta traducción se ha empleado la versión oficial de la Sagrada Biblia de la Conferencia Episcopal Española (2011).

ISBN: 978-84-1064-330-7
Depósito legal: M-6915-2025
Impreso en España por: Black Print

ÍNDICE

A mi madre, a mi padre
y a todas las generaciones
que vivieron bajo la mirada de Dios

«Pondré mi espíritu en vosotros y viviréis;
y comprenderéis que yo, el Señor, lo digo y lo hago».

Dios

Prólogo

Volví a leer la Biblia en el lecho de muerte de mi padre. El 24 de octubre de 2023 estaba en el escenario de un teatro en Madrid cuando de repente tuve un presentimiento: le había pasado algo a mi padre. Al terminar la función volví a conectar el móvil y me encontré con varios mensajes de mi hermano en los que me pedía que regresara a casa enseguida. Regresé —los médicos me habían informado de que le quedaban unas pocas horas de vida— y hallé a papá sentado en la cama conversando con los enfermeros. Pensé que había sido una broma de mal gusto, pero todos los que estaban allí me aseguraron que ellos tampoco entendían lo que estaba pasando, que era algo inexplicable.

Mi padre siguió con vida solo dos meses más, que, sin embargo, nos vinieron muy bien, tanto a él como a nosotros, para despedirnos. Entre las muchas cosas que nos dijimos hasta el día de Nochebuena, cuando falleció, hay una que puede resultar especialmente útil para entrar en el espíritu de estas páginas.

Siempre les pregunto a las personas a las que entrevisto si creen en el más allá y cómo se lo imaginan. También mi padre quiso darme su respuesta:

—Aldo, el más allá existe.

—¿Estás seguro, papá?

—Seguro no, pero estoy convencido de ello.

Esa noche del 24 de octubre cuando estuvo a punto de morir, papá había sentido a su lado la presencia de su padre. No solo lo había visto, sino que había percibido su presencia. El abuelo Lorenzo, que pertenecía a la generación nacida en 1899 y había sido caballero de la Orden de Vittorio Veneto, trabajaba en el campo, y llevaba puesta la ropa de campesino la noche que mi padre lo vio. Delgado, con la camiseta interior blanca y los pantalones de trabajo sujetos con una cuerda que colgaba de la cintura. Le había dicho en dialecto piamontés:

—Eres mi pequeño, Giannino, no te voy a dejar solo. Vas a poder disfrutar un poco más de tus nietos.

Después había intercedido por él ante san Pedro, encargado de juzgar las almas.

Se trata evidentemente de una visión condicionada por el imaginario católico, pero precisamente este es el quid de la cuestión. Mi padre fue un católico practicante, ningún domingo faltó a misa, aunque para él la religión no era tan importante como lo era para mi madre. Por otro lado, mis abuelos pertenecían a una generación que no conoció las dudas que experimentaron mis padres. Mis abuelos estaban tan seguros de la existencia de Dios y del más allá como lo estaban de que el sol sale cada mañana y se pone cada tarde.

Nuestros abuelos y nuestros padres fueron las últimas generaciones convencidas de vivir bajo la mirada de Dios. Y de tener que rendirle cuentas de sus acciones.

Nuestra generación, la de los que tenemos ahora cincuenta años, fue la primera generación de agnósticos, de aquellos que sabían que no sabían. Le han seguido otras generaciones que ni siquiera han cultivado las dudas, que directamente han esquivado el problema. En tiempos de Internet, ya lo sabemos, pasado y futuro no existen, de manera que preguntarnos de dónde venimos y a dónde vamos ya no se acostumbra.

Por las mismas razones hoy se ha dejado de leer la Biblia. Yo mismo tenía un recuerdo lejano de ella, vinculado con las lecturas de la infancia y con mi pasión por la pintura, porque la Biblia inspiró a los más grandes artistas de la humanidad: desde los mosaicos de la Basílica de San Marco hasta las obras de Guttuso, desde Giotto hasta Chagall, para alcanzar su culmen con Rafael Sanzio y Miguel Ángel.

A lo largo de los días y las noches durante los cuales estuve velando a mi padre (aunque el peso mayor recayó sobre mi admirable hermano), la Biblia se convirtió para mí en una compañera excelente. Recuerdo un sábado por la noche —los sábados por la noche los hospitales se vacían, igual que ocurre con los hoteles de las estaciones de esquí en temporada alta, para dejar sitio a los recién llegados—, cuando leí una página poco conocida sobre el ritual de la alianza entre Abrahán y Dios. Abrahán prepara los animales para sacrificarlos, pero luego le sobrecoge un extraño letargo —en los hospitales, el descanso de los enfermos y de sus acompañantes se parece más al letargo que al sueño; nunca se llega a dormir profundamente— durante el cual Dios le visita, atravesando la oscuridad de la noche en forma de antorcha de fuego... Un fragmento evocador, de una potencia extraordinaria, tranquilizador e inquietante a la vez. No solo nos encontramos cara a cara con el misterio, sino que casi nos vemos con fuerzas para afrontarlo.

Aunque ya no me asusta tanto la muerte porque he entendido que forma parte de la vida, mentiría si dijera que la lectura de la Biblia me ha vuelto a acercar a la fe. Soy consciente de su importancia espiritual, de su valor religioso, claro está. Sin embargo, para mí la Biblia es, en primer lugar, una obra maestra de la literatura, una gran historia, una novela formidable. Con un único y verdadero gran protagonista: Dios.

Dios es el que crea, el que decide, el que habla, el que actúa. Siempre. Los hombres, inclusive los más grandes —el mismo Abrahán, pero también Noé, Moisés, David—, se mueven alrededor de él, existen porque él existe. Si lo siguen, prosperan; si lo ignoran, perecen.

La Biblia es la autobiografía de Dios. Por esa razón, muchos pensaron (y algunos siguen pensándolo) que la escribió él mismo, o por lo menos fue él quien la inspiró.

Sobre la Biblia se han publicado miles de libros. Igual que ocurre con todas las obras maestras, existe una «cuestión bíblica»: quién la escribió, cuándo, quién la tradujo, cómo hay que interpretarla… Pero yo no soy un biblista, y mi intención no es hablaros de estas cuestiones. Igual que cualquier obra maestra, también la Biblia ha ido cambiando a lo largo de los siglos, en función de las traducciones, según los lectores. Para nuestra sensibilidad actual, algunos episodios resultan desfasados, no acordes con los tiempos actuales, en algunos casos incluso terribles: esclavitud, poligamia, matanzas.

Pero hay un elemento que ha permanecido estable, que no ha cambiado: el argumento. La sustancia de la historia. La novela de la Biblia. Las vicisitudes que experimentaron los hombres que vivieron bajo la mirada de Dios, desde Adán hasta nuestros padres.

No se trata solo de las vicisitudes del pueblo hebreo, es más bien la infancia del hombre. Esos tiempos en los que el mundo era joven, en los que Dios nos hablaba, y quien quería podía escucharlo. Cuando Dios se manifiesta, a menudo lo hace con estas palabras: «Yo soy el Dios de tus padres». Ese libro nos suena familiar también a nosotros, que vivimos o creemos vivir en un mundo sin Dios. Resuena como una añoranza, una llamada, una voz paternal, que viene de lejos y se va lejos. Porque la Biblia, igual que toda gran obra, habla de nosotros. Y leerla, como estamos a punto de hacer, recorriendo las vicisitudes que en ella se relatan, no es solo una aventura espiritual. Es un disfrute para el alma y la mente.

Claro está que la Biblia es un libro sagrado. Es la obra fundacional de dos religiones. *Biblia,* que en griego significa 'libros', es un término que introdujeron los cristianos y que engloba tanto el Antiguo como el Nuevo Testamento. Representa, por tanto, el libro fundacional del cristianismo. Pero sabemos que lo que los cristianos llaman el Antiguo Testamento anteriormente ya era la base de la religión judía. Y también sabemos que desempeña un papel importante para el islam, al ser una fuente indirecta, para citas y menciones, de su único libro sagrado: el Corán. Pero la Biblia no es solo un conjunto de normas y reglas. Es sobre todo palabras e historias. Con su palabra Dios crea el mundo. Y con las historias nos cuenta cómo es ese mundo. Cómo funciona el ánimo humano, qué vicios y qué virtudes nos caracterizan, cuál será nuestro destino. Nos cuenta con qué soñaron nuestros padres, dónde están ahora nuestros padres y qué es lo que nos espera a nosotros.

Las páginas de la Biblia no son solo los cimientos de nuestra fe, son el origen de nuestra cultura. Aquel que quiera remontarse a las raíces de la identidad italiana, cristiana, occidental, en un momento u otro se topará con la Biblia. Y desde allí deberá empezar el recorrido. Desde ese diluvio con el que Dios intentó, en vano, erradicar el mal. Desde la Torre de Babel que los hombres, en vano, se empecinaron en construir. Desde Jacob, que luchó con un ángel; desde José, que sabía interpretar los sueños; desde Moisés, que liberó a su pueblo de la esclavitud en Egipto, cruzó el mar Rojo y recibió de Dios los diez mandamientos, escritos con su propio dedo. Desde Sansón, que se mató a sí mismo junto con los filisteos. Desde David, que derrotó a Goliat. Y también desde esas grandes mujeres, como Judit, Yael o Ester, las cuales, al matar o al provocar la muerte de un hombre malvado, salvaron a millones de hombres justos; así como Susana, que, en un suceso de extraordinaria actualidad, consiguió que condenaran a sus dos acosadores. Por no hablar del himno al amor que representa el Cantar de los Cantares, el ángel que expulsa al demonio y salva a Tobías, el grito de dolor de Jacob y la gran esperanza de la resurrección. «Dios no ha creado la muerte —leemos en la Biblia— porque la justicia es inmortal». Incluso antes de Jesús, es el Dios del Antiguo Testamento quien promete la vida eterna: «Y cuando abra vuestros sepulcros y os saque de ellos, pueblo mío, comprenderéis que soy el Señor. Pondré mi espíritu en vosotros y viviréis [...] y comprenderéis que yo, el Señor, lo digo y lo hago».

Emprendamos entonces este viaje juntos para descubrir, o volver a descubrir, la Biblia. Pero no debemos empezar desde el final, sino desde el principio. Cuando el mundo aún no existía y solo había el caos, sobre el cual aleteaba el espíritu de Dios.

Todo está a punto de nacer. Dios está a punto de hablar. Escuchémoslo.

1

LA CREACIÓN
DIOS, ADÁN, EVA, CAÍN, NOÉ Y BABEL

«Al principio, creó Dios el cielo y la tierra. La tierra estaba informe y vacía; la tiniebla cubría la superficie del abismo, mientras el espíritu de Dios se cernía sobre la faz de las aguas».

No se me ocurre un arranque igual de memorable. «Toda la Galia está dividida en tres partes»: también el comienzo de Julio César es fulgurante, pero no tanto. «Llovía en las Langas; allí arriba, en San Benedetto, mi padre recibió su primer aguacero bajo tierra»: Beppe Fenoglio sabía cómo empezar una novela. Igual que Cervantes: «En un lugar de la Mancha, de cuyo nombre no quiero acordarme, no ha mucho tiempo que vivía un hidalgo de los de lanza en astillero, adarga antigua, rocín flaco y galgo corredor». Y Tolstói: «Todas las familias felices se parecen; las desdichadas lo son cada una a su modo». Melville fue aún más escueto: «Pueden ustedes llamarme Ismael».

Sin embargo, ningún arranque es como el de la Biblia.

No sé si realmente fue Dios quien la escribió. De lo que no cabe duda es de que está escrita como Dios manda.

«Dios dijo: "Exista la luz". Y la luz existió. Vio Dios que la luz era buena. Y separó Dios la luz de la tiniebla. Llamó

Dios a la luz "día" y a la tiniebla llamó "noche". Pasó una tarde, pasó una mañana: el día primero».

LA LUZ Y EL TIEMPO

En el verano de 2023 pasé un día muy interesante en los subterráneos del CERN de Ginebra —el lugar más cercano al misterio nunca alcanzado por el hombre— en compañía de su directora general, Fabiola Gianotti. Haciendo colisionar partículas cada vez más pequeñas y a velocidades cada vez más altas, en el CERN han conseguido remontarse atrás en el tiempo hasta llegar a una millonésima de millonésima de segundo después del *big bang,* la gran explosión que dio origen al mundo. En el laboratorio se ha reproducido la temperatura que tenía el universo en el instante justo después del *big bang,* esto es, cien mil millones de veces más cálida que nuestros abrasadores veranos; de esta forma, han recreado las condiciones del universo primordial.

Sin embargo, no sabemos cómo se originó el mundo ni cómo la energía se convirtió en materia. La ciencia aún no ha podido dar con ese instante, y puede que no lo consiga nunca. Y si no sabemos el cómo, ya no digamos el porqué.

En la Biblia, antes del mundo no había nada, había el caos. Crear significa diferenciar, discernir, separar.

En primer lugar, Dios crea la luz y el tiempo. Y lo hace a través de su voz. Con la palabra. Es la voz de Dios la que crea la luz, le da un nombre —«día»— y la diferencia de la tiniebla, a la que da el nombre de «noche». Tras lo cual Dios sigue hablando.

«Y dijo Dios: "Exista un firmamento entre las aguas, que

separe aguas de aguas". Pasó una tarde, pasó una mañana: el día segundo».

El primer día, Dios creó los cielos, es decir, el espacio cósmico que rodea la tierra: el universo. El segundo día, Dios creó el firmamento, esto es, nuestro cielo, para separar las aguas del mar de las aguas que recogen las nubes.

«Dijo Dios: "Júntense las aguas de debajo del cielo en un solo sitio, y que aparezca lo seco". Y así fue. Llamó Dios a lo seco "tierra", y a la masa de las aguas llamó "mar". Y vio Dios que era bueno». El Señor ordena a la tierra producir brotes, plantas que engendren semillas y árboles frutales. «Pasó una tarde, pasó una mañana: el día tercero».

Dijo Dios: «Existan lumbreras en el firmamento del cielo, para separar el día de la noche y para iluminar sobre la tierra». Dios crea así los astros: el sol para regir el día y la luna para regir la noche y las estrellas. Para las antiguas civilizaciones, el sol y la luna eran deidades; en cambio, para los cristianos y los judíos son criaturas de Dios. San Francisco de Asís los llamará hermano y hermana. Los pintores representarán el sol y la luna a los dos lados de la cruz en la que está suspendida la figura de Jesús. El Señor dispone: «Sirvan para señalar las fiestas, los días y los años». Con el paso del tiempo aparecen el calendario lunar y el solar. «Y vio Dios que era bueno. Pasó una tarde, pasó una mañana: el día cuarto».

«Dijo Dios: "Bullan las aguas de seres vivientes, y vuelen los pájaros sobre la tierra frente al firmamento del cielo". Y creó Dios los grandes cetáceos y los seres vivientes que se deslizan y que las aguas fueron produciendo según sus especies, y las aves aladas según sus especies. Y vio Dios que era bueno». La primera criatura que se nombra en la Biblia es un monstruo marino. Una seña de la fuerza y de la potencia de la naturaleza primigenia. Y también una advertencia: Dios lo creó todo, incluidos los monstruos; y quiere que se hable de todo. Los monstruos pueden ser aterradores o maravillosos. Y, de hecho, Dios también los bendice a ellos: «Sed fecundos y multiplicaos, llenad las aguas del mar»; sobre la tierra se multiplicarán las aves. «Pasó una tarde, pasó una mañana: el día quinto».

Hoy en día sabemos que, efectivamente, la vida se originó en el agua. De qué manera ocurrió sigue siendo un misterio. El italiano Giorgio Parisi, galardonado con el Premio Nobel de Física, me dijo un día que los planetas habitables podrían ser miles de millones; lo que en este momento no sabemos es si están habitados por seres inteligentes o solo por gusanos. De lo que no cabe duda es de que entre las primeras formas de vida que existieron en la tierra y los mamíferos pasaron miles de millones de años, a los que hay que sumar por lo menos otros doscientos millones de años antes de que hiciera su aparición el ser humano. A Dios, en cambio, le bastó con un día.

Y LA MUJER LE DIO AL HOMBRE UNA VIDA

Dios dijo: «Produzca la tierra seres vivientes según sus especies: ganados, reptiles y fieras». Y vio Dios que era bueno y dijo: «Hagamos al hombre a nuestra imagen y semejanza; que domine los peces del mar, las aves del cielo, los ganados y los reptiles de la tierra».

Al finalizar su viaje en el más allá, Dante Alighieri ve cumplido su deseo de contemplar el rostro de Dios; sin embargo, luego no consigue recordarlo. Todos sus esfuerzos por descender hasta lo más hondo del infierno, escalar las montañas del purgatorio y recorrer los cielos del paraíso se quedan en nada: las palabras del hombre no alcanzan a describir a Dios. Pero Dante sabe que lo ha visto; como ocurre cuando nos despertamos en medio de un sueño y no nos acordamos de lo que estábamos soñando, pero sabemos que hemos soñado. Sin embargo, hay algo de lo que Dante se acuerda: en el rostro de Dios vio «nuestra figura». Porque, como dice la Biblia, estamos hechos a imagen y semejanza de Dios. Nuestro rostro es el rostro de Dios. De esta forma, los hombres podrán reconocer a Dios en otros hombres; y nosotros podremos ver a Dios en los ojos de nuestros seres queridos.

«Y creó Dios al hombre a su imagen, a imagen de Dios lo creó, varón y mujer los creó». Luego Dios dijo: «Mirad, os entrego todas las hierbas que engendran semilla sobre la superficie de la tierra y todos los árboles frutales que engendran semilla: os servirán de alimento».

Dios crea al hombre y a la mujer juntos, en condiciones paritarias, para que se amen y vivan en armonía entre ellos y con el resto de los seres vivientes. El hombre, entendido como el ser humano, es el encargado de custodiar la creación. Dios le encomienda esta tarea, pero el hombre no es el dueño, es más bien el protector de la creación. No tiene una propiedad, sino una responsabilidad.

Según una antigua tradición judía, nuestro mundo es fruto del vigesimoctavo intento de Dios, tras veintisiete mundos anteriores que no prosperaron. El destino del vigesimoctavo mundo depende de nosotros. «Esperemos que aguante», pensaría Dios para sus adentros al finalizar su obra maestra.

A los hombres y a las mujeres nos corresponde proteger la creación y perpetuarla, preservando la naturaleza y engendrando hijos.

La vida humana es más valiosa que la vida animal, pero esto no autoriza al hombre a no respetar a los animales, sino todo lo contrario. El hombre se alimentará de las plantas y los frutos. Al principio es vegetariano, incluso vegano, y solo después del diluvio universal se le permitirá comer carne.

«Vio Dios todo lo que había hecho, y era muy bueno. Pasó una tarde, pasó una mañana: el día sexto».

El séptimo día, Dios descansó.

Llegados aquí surge una pregunta: si la creación está terminada en seis días, ¿para qué añadir un séptimo día? Seis es un número imperfecto. Siete, en cambio, es un número primo, esto es, solo es divisible por sí mismo. Otra tradición judía cuenta que el séptimo día se creó la *menucha,* que no significa solo 'reposo', sino también remite a paz, serenidad, júbilo silencioso. El séptimo día no es el vacío: es la contemplación de la plenitud. «Y bendijo Dios el día séptimo y lo consagró, porque en él descansó de toda la obra que Dios había hecho cuando creó».

A Dios le gusta el trabajo bien hecho, igual que a los artesanos más habilidosos y a los buenos obreros.

Sin embargo, el relato de los siete días no es el único relato bíblico de la creación. Según una versión más antigua del libro del Génesis, Dios creó el cielo y la tierra e inmediatamente después creó al hombre, incluso antes de que brotaran las plantas y cayera la primera lluvia. En este segundo relato, el papel del hombre es aún más importante.

«Entonces el Señor Dios modeló al hombre del polvo del suelo e insufló en su nariz aliento de vida; y el hombre se convirtió en ser vivo». Su nombre es Adán. Los hombres son *ben adam*, 'los hijos de Adán'.

Todos somos descendientes de Adán: los aristócratas y los plebeyos, los multimillonarios y los mendigos; somos todos iguales a los ojos de Dios.

Luego Dios plantó un jardín en Edén, a oriente, regado por cuatro ríos: el Pisón, el Gihón, el Tigris y el Éufrates. Los últimos dos ríos son muy conocidos: atraviesan Mesopotamia, la tierra de los sumerios, los asirios, los babilonios; es decir, la cuna de la civilización. Los primeros dos, en cambio, son ríos misteriosos. Flavio Josefo, el historiador que relató la guerra entre romanos y judíos, identifica el Pisón con el Ganges y el Gihón con el Nilo. En todo caso, se trata de uno de los muchos enigmas sin resolver de la Biblia.

En su jardín, el paraíso terrenal, Dios hace brotar del suelo toda clase de árboles, incluidos el árbol de la vida y el árbol del conocimiento del bien y del mal. Luego toma al hombre y lo coloca en el jardín del Edén, y le advierte: «Puedes comer de todos los árboles del jardín, pero del árbol del conocimiento del bien y el mal no comerás, porque el día en que comas de él, tendrás que morir».

Adán es como un niño, inocente. No conoce el bien y el mal, y no debe conocerlos. Es inconsciente del peligro. Y está solo.

«El Señor Dios se dijo: "No es bueno que el hombre esté solo; voy a hacerle a alguien como él, que le ayude". Entonces el Señor Dios modeló de la tierra todas las bestias del campo y todos los pájaros del cielo, y se los presentó a Adán, para ver qué nombre les ponía». El hombre le pone nombre a cada animal, convirtiéndose así en el ayudante de Dios, el coautor de la creación; sin embargo, «no encontró ninguno como él, que le ayudase».

«Entonces el Señor Dios hizo caer un letargo sobre Adán, que se durmió; le sacó una costilla, y le cerró el sitio con carne. Y el Señor Dios formó, de la costilla que había sacado de Adán, una mujer, y se la presentó a Adán».

El Dios de este segundo relato de la creación es muy diferente del primero: es menos solemne, no transmite la idea de ser omnipotente y omnisciente. No parece que ya lo sepa todo. La creación no es hija de un diseño superior, sino el resultado de múltiples intentos. Es un Dios artesano: amasa la tierra como un alfarero; planta los árboles como un campesino; incide, corta, extrae y recose como un cirujano.

La mujer creada por Dios no puede ser considerada sencillamente una «ayuda» por el hombre, ni siquiera en la Biblia. De hecho, «abandonará el varón a su padre y a su madre, se unirá a su mujer y serán los dos una sola carne». En el paraíso terrenal, Adán y su mujer Eva están uno al lado del otro, desnudos, sin sentir vergüenza.

Es ahora cuando entra en escena la «más astuta que las demás bestias del campo que el Señor había hecho»: la serpiente. Conocida como símbolo sexual, pero también como representación de una «sabiduría» alternativa, que va más allá de la moral, ajena al bien y al mal: la encarnación de la tentación por antonomasia.

La serpiente se entromete entre el hombre y Dios. Y le pregunta a Eva: «¿Conque Dios os ha dicho que no comáis de ningún árbol del jardín?».

Eva le dice la verdad: Podemos comer los frutos de todos los árboles del jardín, «pero del fruto del árbol que está en mitad del jardín nos ha dicho Dios: "No comáis de él ni lo toquéis, de lo contrario moriréis"». La serpiente le contesta que no morirán, al contrario: Dios sabe que, si comieran ese fruto, se les abrirían los ojos, conocerían el bien y el mal y serían como él.

Entonces, Eva se percató de que el árbol era apetitoso y atrayente, y que el fruto era bueno de comer; así que lo comió, y también se lo dio a su marido, que también comió. Y efectivamente, se les abrieron los ojos y descubrieron que estaban desnudos, por lo que entrelazaron hojas de higuera para taparse.

El hombre pensaba que se iba a volver sabio, y se da cuenta de que no sabe nada, que ni siquiera se conoce a sí mismo. Creía volverse todopoderoso, y se descubre frágil, indefenso. Esto es, desnudo.

Luego Adán y Eva «oyeron la voz del Señor Dios que se paseaba por el jardín a la hora de la brisa» y se escondieron entre los árboles.

¡Qué maravillosa es la imagen de Dios, en un día de primavera, paseándose entre los árboles que él mismo ha creado, disfrutando de la brisa!

Sin embargo, ese idilio está a un paso de quebrarse; el hechizo se va a acabar. La historia humana está a punto de empezar.

El Señor Dios llamó a Adán y le preguntó: «¿Dónde estás?». El hombre contestó: «Oí tu ruido en el jardín, me dio miedo, porque estaba desnudo, y me escondí». Dios le replicó: «¿Quién te informó de que estabas desnudo?, ¿es que has comido del árbol del que te prohibí comer?».

Adán no lo niega, pero le echa la culpa a Eva. Eva también confiesa, pero culpa a la serpiente. Por eso Dios la maldice:

«Por haber hecho eso, maldita tú entre todo el ganado y todas las fieras del campo; te arrastrarás sobre el vientre y comerás polvo toda tu vida; pongo hostilidad entre tú y la mujer, entre tu descendencia y su descendencia; esta te aplastará la cabeza cuando tú la hieras en el talón».

Incluso ahora que el idilio está roto y que todo parece derrumbarse, las palabras de Dios dejan entrever algo de esperanza. La posibilidad de un rescate, de una revancha: el lavado del pecado original, la derrota del mal, el castigo del instigador. Para los judíos, la mujer representa la comunidad de Israel; para los cristianos, es la Virgen, la madre de Jesús.

Sin embargo, estas interpretaciones vinieron después, como resultado de la búsqueda de una fuente de alivio, o por lo menos de consuelo.

Pero ahora Dios, tras la serpiente, también maldice a la mujer: «Mucho te haré sufrir en tu preñez, parirás hijos con dolor, tendrás ansia de tu marido, y él te dominará».

Son palabras antiguas, que chocan con el sentir actual, aunque hasta no hace mucho les habrían sonado familiares a nuestros ancestros. Hoy en día la sumisión de la mujer al hombre se considera, justamente, como un legado de otros tiempos. Algunos biblistas abogan por una traducción más pudorosa: «Tu marido querrá dominar sobre ti»; algo que, desgraciadamente, sigue coincidiendo con la realidad, incluso en los países occidentales.

Queda sin resolver el misterio del parto. Si la naturaleza ha hecho el momento de la concepción tan placentero, ¿cómo se explica lo difícil, doloroso y arriesgado que es dar a luz un niño, continuar la creación? Con la cesárea, la ciencia moderna ha convertido el parto en una operación quirúrgica, a la que incluso se recurre en exceso. Sin embargo, el dolor del parto sigue siendo un enigma, igual que lo era para el hombre de la Biblia, el cual de hecho lo achaca a la maldición de un Dios ofendido y airado.

Adán, por su parte, tampoco se libra de unas palabras terribles. Dios le dijo: «¡Maldito el suelo por tu culpa! Comerás de él con fatiga mientras vivas». También la tierra participa de la maldición: «Brotará para ti cardos y espinas, y comerás hierba del campo. Comerás el pan con sudor de tu frente, hasta que vuelvas a la tierra, porque de ella fuiste sacado; pues eres polvo y al polvo volverás».

Llegados a este punto, queda una cuestión por resolver: si al principio todo era puro y bondadoso, ¿por qué la serpiente tienta a la mujer? La culpable es la serpiente, eso es lo que siempre se ha pensado, identificando al animal tentador con el ángel de la muerte o con el diablo, como si el mal fuera algo exterior a nosotros, algo lejano, ajeno a los hombres. Sin embargo, queda abierta otra posibilidad: que el mal esté dentro de nosotros. La verdadera tentación es la soberbia, el egoísmo y el narcisismo. Es la ilusión de la eternidad y de la omnisciencia, que hoy en día se presentan con formas nuevas, como la clonación o la inteligencia artificial.

El hombre descubre al mismo tiempo el dolor y la muerte. Comprende que está desnudo, y toma conciencia de que debe morir.

En realidad, con la expulsión del paraíso terrenal empieza la gran aventura. Ignaro y aniñado en su vida en el paraíso terrenal, es posible que, a la larga, el hombre se hubiese aburrido. Fue la mujer quien lo arrojó al vórtice de las cosas y del tiempo. Fue la mujer quien le dio a la manivela para poner en marcha la milenaria historia humana. Fue la mujer quien le dio al hombre una vida.

«Adán llamó a su mujer Eva, por ser la madre de todos los que viven. El Señor Dios hizo túnicas de piel para Adán y su mujer, y los vistió». Y como quedaba un árbol que no había sido tocado en el jardín del Edén, el árbol de la vida, cuyos frutos otorgan la inmortalidad, Dios intervino para protegerlo: «¡Que el hombre no vaya ahora a alargar su mano y tome también del árbol de la vida, coma de él y viva para siempre!».

Así el Señor Dios echó al hombre del paraíso terrenal «y a oriente del jardín de Edén colocó a los querubines y una espada llameante que brillaba, para cerrar el camino del árbol de la vida».

El hombre comió el fruto del árbol del conocimiento del bien y del mal, y por eso ahora distingue lo justo de lo injusto, y sabe discernir entre el pecado y la expiación, la culpa y la esperanza; pero no ha comido del fruto del árbol de la vida, por lo que ha quedado excluido de la inmortalidad. Está condenado a morir. Peor aún: sabe que debe morir.

ABEL Y LA PRIMERA SANGRE

«Adán conoció a Eva, su mujer, que concibió y dio a luz a Caín». El verbo «conocer» en la Biblia tiene el significado de experimentar y poseer la realidad, por lo que también se refiere a mantener relaciones sexuales. Tras Caín nació otro hijo: Abel.

Caín es el primer agricultor y Abel el primer pastor. Caín es el primogénito, Abel es el segundo. Pero en la Biblia, a menudo, Dios prefiere los hijos menores a los mayores, como pasa con Jacob, José y David.

El Señor acepta de buen agrado las ofrendas de Abel, quien le obsequia con «las primicias de sus ovejas», pero desdeña «los frutos del suelo» que le ofrece Caín. Este último se lo toma muy mal y se va cabizbajo y abatido.

Dios le reprende: «¿Por qué te enfureces y andas abatido? ¿No estarías animado si obraras bien?; pero, si no obras bien, el pecado acecha a la puerta...». Dios presiente el crimen que Caín está planeando e intenta hacerle recapacitar diciéndole: El hecho de que yo prefiera a tu hermano no implica que te tenga manía. Pero las palabras de Dios no consiguen tocar su corazón.

Un día Caín invita a Abel a seguirle al campo, levanta la mano sobre él y lo mata. Tras el dolor y la muerte, irrumpen en la historia la violencia y el asesinato, mejor dicho, el fratricidio. El hombre comete el primer crimen, la tierra se estremece al recibir la primera sangre; de aquí en adelante serán innumerables las veces que volverá a estremecerse. Salvatore Quasimodo recordará este momento cuando, al presenciar las atrocidades de la Segunda Guerra Mundial, escribirá estos versos:

Hombre de mi tiempo, eres aún aquel
de la piedra y la honda. Estabas en la carlinga
con las alas malignas, los cuadrantes de muerte
—te vi— dentro del carro de fuego, en las horcas,
en las ruedas de tortura. Te vi: eras tú,
con la ciencia precisa dispuesta para el exterminio,
sin amor, sin Cristo. Has matado de nuevo,
como siempre, como tus padres mataron, como mataron

los animales que te vieron por vez primera.
Y huele esta sangre como la de aquel día
en el que el hermano dijo a otro hermano:
«Vamos al campo». Y aquel eco frío, tenaz,
llegó a ti, y llegó a tu jornada.
Olvidad, oh hijos, las nubes de sangre
que ascienden de la tierra, olvidad a los padres:
sus tumbas se hunden en el cenizal,
los pájaros negros, el viento, cubren sus corazones.

Entonces, el Señor le dijo a Caín: «¿Dónde está Abel, tu hermano?». Caín contestó: «No sé; ¿soy yo el guardián de mi hermano?».

Es un respuesta enojada, grosera, arrogante. Pero Dios ya lo sabe todo, y sus palabras, más que reproche, transmiten desesperación: «Qué has hecho? La sangre de tu hermano me está gritando desde el suelo. Por eso te maldice ese suelo que ha abierto sus fauces para recibir de tus manos la sangre de tu hermano. Cuando cultives el suelo, no volverá a darte sus productos. Andarás errante y perdido por la tierra».

Solo entonces Caín entiende su culpa, y comprende que su pecado es demasiado grande para ser perdonado. Se siente perdido, se da cuenta de que tendrá que vagar solo por una tierra hostil e inhóspita, y se atreve a plantear una única objeción: «Cualquiera que me encuentre me matará». Efectivamente, en las culturas antiguas el fratricida estaba condenado a pagar con su vida. Pero Dios se apiada de Caín: «El que mate a Caín lo pagará siete veces». Otra vez el siete, el número perfecto.

Luego Dios somete a Caín a un ritual misterioso: «Y el Señor puso una señal a Caín para que, si alguien lo encontraba, no lo matase. Caín conoció a su mujer; ella concibió y dio a luz a Henoc. Caín estaba edificando una ciudad y le puso el nombre de su hijo Henoc».

No es una casualidad que el nombre de la asociación italiana que defiende la abolición de la pena de muerte sea Nessuno Tocchi Caino (Que nadie toque a Caín).

A medida que avanzamos en nuestro viaje, el misterio se hace más profundo y las preguntas sin respuesta se acumulan. En primer lugar: ¿por qué Dios aceptó las ofrendas de Abel y rechazó las de Caín? No hay respuesta: el Dios de la Biblia toma a veces decisiones incuestionables y arbitrarias que pueden parecer injustas. ¿Cuál es la señal que Dios pone a Caín? Llevamos milenios debatiendo sobre esta cuestión. En la Edad Media se pensaba que Caín fue desterrado a la luna, y que las manchas lunares —incluso Dante lo menciona en su obra— eran el reflejo de un haz de espinas atado a su espalda.

En los tiempos oscuros de la esclavitud, se decía que la «señal» era la piel negra, para justificar la infame trata de seres humanos: una interpretación falsa, que no tiene nada que ver con la Biblia. Otros piensan en una cicatriz, un tatuaje, la lepra. Pero la cuestión más interesante es otra: si Caín es el primer hombre, ¿quiénes son los que pueden matarlo en la tierra? Es cierto que a los ciento treinta años Adán tendrá otro hijo, Set, y luego vivirá otros ochocientos años, durante los cuales engendrará más hijos e hijas. Queda por entender por qué Caín temió por su vida, en una tierra que aún estaba despoblada. O tal vez no hay nada que entender: no todo en la Biblia es lógico, racional, comprensible. Con más razón en aquella edad de oro en la que la vida humana rozaba los mil años.

Caín tuvo una descendencia numerosa. Pertenecieron a su estirpe pioneros y ancestros, como Yubal, «el padre de los que tocan la cítara y la flauta», y Tubalcaín, el herrero, «padre de los que trabajan el cobre y el hierro». Lamec, en cambio, es un personaje que destaca en la Biblia por su violencia: «A un hombre he matado por herirme, y a un joven por golpearme. Caín será vengado siete veces, y Lamec setenta y siete».

Con los hijos de Caín empieza la aventura humana: la fundación de las ciudades, la artesanía, las artes, la música. Sin embargo, Dios presencia ese comienzo con cierto escepticismo. Porque la aventura humana incluye la violencia, la prevaricación, el afán de hegemonía y de poder. No es de extrañar que la estirpe de Caín fuera aniquilada por el diluvio. Nosotros no somos descendientes de Caín, sino de Set, el hijo que Adán tuvo tras la muerte de Abel.

Es una genealogía maravillosa. Vidas interminables, vejeces ajenas al paso del tiempo y que se asemejan a la inmortalidad, hasta que uno se apaga, «colmado de años». Una edad de serenidad, en la que la muerte no era más que un mal sueño. Set tenía ciento cinco años cuando engendró a Enós, y vivió hasta los novecientos doce años. Enós, por su parte, vivió novecientos cinco años. Su hijo Quenán, novecientos diez. Su hijo Malalel, ochocientos noventa y cinco. Y su hijo Yared, novecientos sesenta y dos.

Yared engendró a Henoc, que tuvo que ser especialmente bondadoso y devoto porque en la Biblia se comenta que «siguió los caminos de Dios», pero no llegó a morir, desapareció, «porque Dios se lo llevó». La vida de este hombre tan querido por el Señor fue inusualmente breve: apenas tres-cientos sesenta y cinco años. Su hijo Matusalén, en cambio, vivió hasta los novecientos sesenta y nueve años: un récord bíblico. De hecho, hoy en día para referirnos a alguien muy longevo decimos que «tiene más años que Matusalén», y nos imaginamos a una persona con una larga barba blanca. El hijo de Matusalén, Lamec, vivió setecientos setenta y siete años. Cuando engendró a su hijo Noé, había cumplido los ciento ochenta y dos.

Y aquí la historia vuelve a sonarnos familiar. Porque con Noé termina ese tiempo encantado, la humanidad vuelve a enfrentarse a la muerte. Y tras la gran prueba del diluvio universal, los patriarcas seguirán viviendo mucho tiempo, pero ya no tanto.

Hoy en día hemos vuelto a acariciar este mito de la in-mortalidad. Clonación, trasplantes, inteligencia artificial. Elon Musk fantasea con la creación de cíborgs, unos superseres que tendrán un ordenador como cerebro y la Red como memoria, lo que los hará mucho más inteligentes que nosotros, sabrán muchas más cosas que nosotros. Cabe preguntarse por qué deberían obedecernos, en lugar de exigirnos obediencia. An-tes de que falleciera a una edad casi bíblica, Henry Kissinger previno de que la crisis de las religiones y lo sagrado abriría el camino a los adoradores de la inteligencia artificial, a las sectas de devotos del cerebro perfecto.

Pero el verdadero objetivo de Musk es aún más ambicioso: la inmortalidad. Superhumanos que serán capaces de clonar sus cuerpos y trasplantar sus cerebros o, cuando menos, de injertar sus recuerdos y su conciencia, lo que les permitirá vivir para siempre. Y todo eso también gracias a la acumulación en unas pocas manos de enormes riquezas, inimaginables para los comunes mortales. Ciencia ficción, por supuesto. Para nuestros bisabuelos la idea de llegar a la luna también era ciencia ficción, igual que lo era para nuestros abuelos salir a la calle con un teléfono en el bolsillo, o más recientemente para nuestros padres la posibilidad de tener conectados entre sí todos los ordenadores, todos los móviles, a todas las personas.

A la espera de que se cumpla el sueño o la pesadilla de la inmortalidad, el ser humano que según las estadísticas ha tenido la vida más larga es Jeanne Calment, la decana de la humanidad, la abuela del mundo, que vivió hasta los ciento veintidós años.

Dios parecía haberse olvidado de ella.

Cuando murió, el 4 de agosto de 1997, los periódicos se esmeraron en publicar unos elegantes gráficos para recordarnos que Jeanne había presenciado la invención el teléfono, el automóvil y el cine. Nacida en 1875, ya era esposa en la época del caso Dreyfus, madre cuando el general De Gaulle iba a primaria, abuela antes de la Gran Depresión de 1929. Está claro que ella le había cogido el gusto, se había metido en el papel: dijo que había asistido al entierro de Victor Hugo, que había conocido a Van Gogh —«sucio y enfermizo»—, y que había visto bailar a Josephine Baker. Fue despedida con un funeral solemne.

Pero un equipo de investigadores rusos, dirigido por un genetista y un matemático, se interesó por el caso, partiendo de una premisa tan simple como cruel: ningún ser humano, excluyendo a Matusalén, puede vivir ciento veintidós años. La segunda mujer más longeva de la historia fue la estadounidense Sarah Knauss, la cual llegó a los ciento diecinueve años, tres menos que Jeanne Calment: una barbaridad. Las demás plusmarquistas fallecieron a muy poca distancia las

unas de las otras: la japonesa Nabi Tajima a los ciento diecisiete años y doscientos sesenta días, la canadiense Ma-
rie-Louise Meilleur con ciento diecisiete años y doscientos
treinta días, la jamaicana Violet Brown a los ciento diecisiete
años y ciento ochenta y nueve días, la italiana Emma Morano
a los ciento diecisiete años y ciento treinta y siete días... Las
verdaderas decanas de la humanidad llegaron hasta el um-
bral del abismo, hasta su último aliento; y luego se apagaron,
entregándose serenamente a la ley de la naturaleza. (Como
era de esperar, ningún hombre ha conseguido llegar a los
ciento diecisiete años).

Con estos supuestos, los científicos aguafiestas se pusieron
a investigar. Jeanne Calment solo había perdido dos centímetros de estatura, lo que resultaba imposible. Las imágenes te-
levisivas la muestran levantándose de la silla sin necesidad de
ayuda, algo absurdo a esa edad (a veces, incluso a los cincuen-
tones nos cuesta ponernos de pie). La piel de su cara no estaba
tan arrugada como debería haber estado.

También había otros detalles no cuadraban. El archivo
de Jeanne, con todos sus documentos, se destruyó. Entre la do-
cumentación perdida estaba el certificado de defunción de
su hija Yvonne, oficialmente muerta por pleuresía en 1934.
De ahí la hipótesis: la que habría fallecido de pleuresía era
Jeanne Calment y la hija habría ocupado su lugar, para no
pagar los exorbitantes impuestos de sucesión y seguir cobrando la pensión de la madre. Por consiguiente, Yvonne
Calment habría muerto a los noventa y nueve años: una edad
notable, pero en ningún caso récord.

Esto explicaría por qué, cuando en 1975 los funcionarios
del municipio de Arlés le propusieron celebrar su centenario, ella se negó, mostrándose extrañamente inquieta. Luego,

con el tiempo, aceptó el papel de decana de la humanidad, y empezó a contar esas anécdotas sobre Victor Hugo, Van Gogh y Josephine Baker, que hoy no sabemos si considerar prodigios o mentiras. Como era de esperar, los franceses reaccionaron indignados: que nadie ponga en duda a la abuela de la patria. Aún hoy, en la entrada 'Jeanne Calment', Wikipedia habla de la «mujer más vieja del mundo», al tiempo que menciona la investigación de los científicos rusos y las dudas que su caso ha suscitado en todo el mundo. Puede que todo esto se deba a que lo que está en juego no es solo el orgullo francés, sino el sueño de la humanidad de vivir eternamente o, cuando menos, sin un límite predeterminado. Como los patriarcas antes del diluvio universal.

El diluvio: matar a todos no sirve de nada

En ese tiempo la tierra estaba poblada por ángeles y gigantes. El hombre convivía con seres superiores, mucho más grandes y poderosos que él. La Biblia lo relata con estas palabras: «Cuando los hombres comenzaron a multiplicarse sobre la superficie del suelo y engendraron hijas, los hijos de Dios vieron que las hijas de los hombres eran bellas y se escogieron mujeres entre ellas». De la unión entre los hijos de Dios y las hijas de los hombres nacieron los gigantes.

Queda la duda sobre quiénes eran los hijos de Dios. Algunos biblistas los identifican con «los miembros del consejo de la corona de Dios», es decir, los ángeles. Pero ¿los ángeles tienen sexo? ¿Podrían ser los ángeles rebeldes, caídos del cielo en la tierra? Otras hipótesis los identifican con criaturas extraterrestres, las cuales, al juntarse con los nativos de la tierra, los aborígenes —*ab origene,* esto es, los que están aquí desde el principio, desde el origen—, dieron vida a la especie humana tal como la conocemos en la actualidad.

Son muchas las culturas antiguas en las que encontramos huellas o ecos del paso de seres inteligentes procedentes de otros tiempos o lugares. Podría tratarse de mitos o de sugestiones, una posibilidad, al fin y al cabo. Pero en la Biblia también representan un presagio funesto.

Porque Dios está airado con su criatura, su gran obra maestra, a la que le había confiado todo lo creado.

«Al ver el Señor que la maldad del hombre crecía sobre la tierra y que todos los pensamientos de su corazón tienden siempre y únicamente al mal, el Señor se arrepintió de haber creado al hombre en la tierra y le pesó de corazón».

Podemos considerar cruel a un Dios que decide borrar al hombre. Pero también puede verse como la única forma de resolver el misterio del mal. Así lo expresó el gran novelista americano Cormac McCarthy: «He visto tantas maldades que no sé cómo Dios no apaga el sol y acaba con todos nosotros».

El hombre en sí mismo no es malo, en realidad. Claro está: hay personas malvadas, las sádicas son las peores, que disfrutan del dolor injustamente infligido a los demás. Pero son una minoría. El hombre no es malo, es egoísta. En la era actual de las redes sociales es narcisista (el egoísmo es reprobable, pero fecundo; el narcisismo, en cambio, es estéril: Narciso se enamora de su propia imagen, no puede poseerse a sí mismo, y muere). Pero es posible guiar al hombre hacia el bien, especialmente si esto le hace sentirse mejor.

En la obra de Gorki *Los bajos fondos,* estrenada en 1902 en el teatro de Stanislavski y que, con el título *El hotel de los pobres,* inauguró en 1947 el Piccolo Teatro de Milán —que ocupaba el edificio donde, durante la ocupación nazi en Italia, torturaban a los integrantes de la Resistencia—, podemos leer estas palabras: «¿Qué es el hombre? No es ni tú, ni yo, ni ellos... ¡No! Tú, yo, ellos, el viejo, Napoleón, Mahoma... ¡Todos juntos somos el hombre! ¡El hombre! ¡Qué palabra tan maravillosa! ¡Hay que respetarle, no humillarle con la compasión y la caridad!».

Gorki menciona a dos grandes figuras que, para su público, tanto el cristiano como el ruso, representan sendos enemigos: el profeta del islam y el emperador francés que invadió Rusia; y esta elección no es casual. Respetar al hombre ya sería mucho; sin embargo, no basta: al hombre deberíamos amarlo.

En la época del diluvio, el hombre era joven. El libro del Génesis relata la infancia de la humanidad, en la que al hombre le queda todo por experimentar, por probar, por equivocarse. Pero Dios ya está decepcionado. Desdeñoso. El hombre lo ha traicionado y Dios decide que su espíritu no podrá estar siempre con él.

Dijo, pues, el Señor: «Voy a borrar de la superficie de la tierra al hombre que he hecho, junto con los cuadrúpedos, reptiles y aves del cielo, pues me pesa haberlos hecho».

Pero, como ocurrirá en todos los momentos más oscuros de nuestra historia, queda un justo que merece salvarse. Según una antigua tradición judía, para cada generación hay treinta y seis Justos, de los que depende el destino de la humanidad. De ahí que los que no eran judíos y arriesgaron sus vidas para salvar a los judíos de la persecución nazi recibieran el nombre de los Justos de las Naciones.

En el momento del diluvio universal, cuando por la ira divina el mundo estuvo a punto de desaparecer, el Justo que salvó a la humanidad fue Noé. «Noé obtuvo el favor del Señor».

Noé tenía tres hijos: Sem, Cam y Jafet. Dios eligió a Noé y su familia para brindar un nuevo comienzo a la humanidad. Confió en él para recuperar la esperanza en aquella criatura que había concebido y que ahora quería exterminar, aunque no del todo.

Entonces, Dios le dijo a Noé: «Por lo que a mí respecta, ha llegado el fin de toda criatura, pues por su culpa la tierra está llena de violencia; así que he pensado exterminarlos junto con la tierra. Fabrícate un arca de madera de ciprés. Haz compartimentos en el arca, y calafatéala por dentro y por fuera».

Dios explica a Noé cómo debe construir el arca: una especie de casa flotante de tres plantas, de ciento cincuenta metros de largo, veinticinco de ancho y quince de alto, con un tejado y una puerta. Luego le avisa del acontecimiento terrible que está a punto de producirse: «Yo voy a enviar el diluvio a la tierra para exterminar toda criatura viviente bajo el cielo; todo cuanto existe en la tierra perecerá. Pero yo estableceré mi alianza contigo, y entrarás en el arca con tu mujer, tus hijos y sus mujeres».

Noé no solo se salvará a sí mismo y, por consiguiente, a la humanidad, sino que Dios le encomienda la misión que le corresponde al ser humano: proteger la creación. La misma misión que nos corresponde a nosotros, que debemos enfrentarnos a otro tipo de diluvio, esta vez provocado por el calentamiento global: el derretimiento de los glaciares, las inundaciones repentinas que arrasan con todo lo que encuentran, el aumento del nivel del mar.

Como si Noé fuera su ayudante, Dios le da instrucciones: «Meterás también en el arca una pareja de cada criatura viviente, macho y hembra, para que conserve la vida contigo». Una pareja de cada especie de aves, ganado y reptiles subirá al arca junto con Noé, el cual tendrá también que recoger alimentos que les sirvan de sustento a él y a todos los animales.

No está de más recordar que hasta ese momento tanto el hombre como los demás seres vivientes son vegetarianos. Por eso en el arca el león no devorará a la gacela, el zorro no hará presa de la gallina, el águila no se abalanzará sobre el conejo, la serpiente no aplastará al ratón. Será solo después del diluvio cuando los animales más feroces se volverán carnívoros. Incluido el más feroz de todos: el hombre.

Noé obedece y empieza a prepararse. Ya no es un jovenzuelo, al contrario, ha cumplido los seiscientos años: en la época de los patriarcas, un hombre de mediana edad. Dios lo apremia a entrar en el arca porque «dentro de siete días haré llover sobre la tierra durante cuarenta días con sus noches, y borraré de la superficie del suelo a todos los vivientes que he hecho». Noé se sube entonces al arca junto con su familia y todos los animales; es el mismo Dios quien, con gesto cariñoso, cierra la puerta detrás de ellos.

Según otra versión, el diluvio duró un año completo. «Reventaron las fuentes del gran abismo y se abrieron las compuertas del cielo. El agua se hinchaba y crecía mucho sobre la tierra y el arca flotaba sobre la superficie del agua».

Las aguas del cielo y las del mar se juntan: la creación está en peligro. La tierra está sumergida, el firmamento está a punto de derrumbarse. El mundo está a un paso de volver al caos primigenio, de que se lo trague la nada. Intentemos imaginar el sufrimiento de los que han sido engullidos por las aguas, y también la pena de los que se han salvado, el sentido de culpabilidad que los acecha por haber sobrevivido, el miedo a acabar como los demás.

«El agua se hinchaba más y más sobre la tierra, hasta cubrir las montañas más altas bajo el cielo». La muerte lo cubre todo, no se salva nadie. «Perecieron todas las criaturas que se movían en la tierra: aves, ganados, fieras y cuanto bullía sobre la tierra; y todos los hombres. Todo lo que exhalaba aliento de vida, todo cuanto existía en la tierra firme, murió».

Las aguas llenaron la tierra durante ciento cincuenta días. Entonces Dios se acordó de Noé y de los animales que permanecían encerrados en el arca con él. «Dios hizo soplar el viento sobre la tierra y el agua comenzó a bajar. Se cerraron los manantiales del abismo y las compuertas del cielo, y cesó la lluvia del cielo». El agua se fue retirando poco a poco, pero pasaron otros ciento cincuenta días hasta que el nivel descendió.

El arca se posó en la cima del monte Ararat, objetivo en nuestros días de numerosas expediciones en busca de sus restos; alguna incluso afirmó haberlos encontrado.

En realidad, el mito del gran diluvio lo encontramos en muchas culturas antiguas. Para los griegos, los únicos supervivientes son Deucalión y Pirra: por cada piedra que arrojaban a sus espaldas, un nuevo hombre o una nueva mujer nacía.

En la mitología mesopotámica, el superviviente se llama Utnapishtim, el cual se encierra en un navío en forma de cubo y calafateado, muy parecido al arca. La diferencia reside en que, en este caso, la ira divina no se debe a la maldad del hombre, sino al ruido que este produce, impidiendo a los dioses descansar.

Sea como fuere, la historia tiene un final feliz; de lo contrario, no estaríamos aquí.

Lo primero que Noé pudo divisar fueron las cumbres de las montañas. Después, abrió la claraboya que había en la pared del arca y soltó un cuervo, que salió volando y regresó. A continuación, soltó una paloma para ver si el nivel del agua había menguado, pero también la paloma regresó, al no encontrar un lugar seco donde posar su pequeña pata. Entonces Noé, como un experto cetrero, alarga la mano y agarra a la paloma para volver a meterla en el arca.

A los siete días, suelta nuevamente la paloma, y esta vez la paloma vuelve al atardecer con una hoja verde de olivo en el pico.

La vida había vuelto a la tierra.

Noé soltó una vez más la paloma, que ya no volvió.

Entonces Noé abrió de par en par la claraboya y vio que la tierra estaba seca.

Del arca salió la única familia superviviente, y con ella los animales que iban a repoblar el mundo y salvar la creación. Es una escena que ha inspirado a muchos pintores y escultores de todas las épocas. Hay una obra que destaca, un mosaico en el atrio de la basílica de Venecia que muestra al león saliendo del arca. El animal arquea la columna, se despereza, hoy diríamos que hace estiramientos, como si tuviera que recuperar el control de sí mismo antes de lanzarse a una carrera rápida y feroz. Es una escena llena de color, alegre, casi divertida, rebosante de vida, con olor a primavera, a renacimiento, a un nuevo comienzo.

Y así es porque, tras la destrucción del diluvio, es como si la historia volviese a empezar y el milagro de la creación se renovase. Dios maldijo al hombre, y ahora debe renovar la bendición primordial y restablecer ese pacto que la maldad de nuestros progenitores había roto. «Noé construyó un altar al Señor, tomó animales y aves de toda especie pura y los ofreció en holocausto sobre el altar». A Dios le agrada el aroma que el ritual desprende y se dice a sí mismo: «No volveré a maldecir el suelo a causa del hombre, porque la tendencia del corazón humano es mala desde la juventud. No volveré a destruir a los vivientes como acabo de hacerlo».

El Señor entiende que el diluvio no había servido para nada, porque no es posible erradicar el mal de la tierra, de la historia, del ánimo humano. El mal nunca es totalmente distinto del bien. No debemos resignarnos ante el mal, al contrario, debemos destaparlo y combatirlo; pero también debemos comprender que el mal es parte de la historia y parte de nosotros, los seres humanos; y cualquier intento de transformar al hombre en un ángel, o de cambiarlo radicalmente aquí y ahora, está condenado al fracaso, pudiendo desembocar en el crimen y la tragedia.

Hitler no tenía claro que estaba haciendo el mal cuando exterminó al pueblo judío, a los gitanos, a los homosexuales, a los niños con discapacidad. Pol Pot no tenía claro que estaba haciendo el mal cuando eliminó a cualquier camboyano que llevara gafas o hablara otro idioma que no fuera el jemer. Ambos, cada uno obviamente sumido en su propia locura, creían obedecer a una necesidad: para hacer prosperar al hombre nuevo era necesario exterminar al viejo.

No se trata de comparar el mito del diluvio con los genocidios del siglo XX, cuya existencia está avalada por la historia, aunque algunos quisieran negarlos. Se trata más bien de comprender que el misterio del mal y del dolor es irresoluble. Todo lo que ocurre en la gran novela de la Biblia a partir de ese momento lo demuestra. Y, al mismo tiempo, de Abrahán a Job, de las profetisas a la mujer amada en el Cantar de los Cantares, todos los personajes indagarán sobre ese misterio y tratarán de resolverlo.

Después del diluvio empieza un tiempo nuevo, en el que los seres humanos escalan la cima la creación hasta el punto de que pueden cazar y alimentarse de cualquier animal. El Señor dice: «Todos los animales de la tierra y todas las aves del cielo os temerán y os respetarán; todos los reptiles del suelo y todos los peces del mar están a vuestra disposición. Todo lo que vive y se mueve os servirá de alimento: os lo entrego todo, lo mismo que los vegetales. Pero no comáis carne con sangre, que es su vida».

El hombre ahora puede comer carne, pero sin sangre, porque la sangre es el símbolo de la vida, y la vida solo le pertenece a Dios.

Dios también renueva su alianza con los animales, aunque otorga potestad al hombre sobre ellos. Es un pasaje que puede parecer lejano a la sensibilidad moderna. En la actualidad, en Occidente, los animales sustituyen a veces a los seres humanos, perros y gatos ocupan el lugar de los niños, y no es casualidad que reciban nombres humanos. Manuel Vázquez Montalbán, un escritor de izquierdas conocido por sus novelas detectivescas, escribió antes de morir el *Panfleto desde el planeta de los simios,* donde afirma que cuestionar la primacía del ser humano sobre el resto de la creación es un signo de decadencia irremediable. Quizá estuviera equivocado. Sobre lo que no cabe duda es que amar y respetar a los animales no significa humanizarlos: un perro no vive necesariamente mejor si se le trata como a un niño.

Dios bendice a todos los animales que salen del arca. Y coloca su arco entre las nubes. El arco, un arma de guerra, se convierte en un símbolo de paz. Cada vez que el sol vuelva después de una tormenta, aparecerá el arcoíris entre las nubes para renovar la bendición de Dios y recordarnos que el gran diluvio destructor no volverá nunca más. Y en algún lugar, más allá del arcoíris, nos esperan cielos azules y la realización de nuestros sueños; o eso promete una vieja canción que generaciones de niños y enamorados han escuchado alguna vez. Entre ellos se encuentra Milton, el *alter ego* de Beppe Fenoglio en la novela *Un asunto privado,* posiblemente su obra maestra. *Over the rainbow* es la canción que Milton escucha una y otra vez con su amada Fulvia, que le quiere, pero no le ama.

EL PRIMER VINO Y UNA TORRE DEMASIADO ALTA

Con Noé, el hombre comienza no solo a comer carne, sino también a beber vino. Noé cultiva la tierra, planta la primera viña y descubre esa misteriosa bebida embriagadora; y se emborracha. Uno de sus tres hijos, Cam, lo ve desnudo dentro de la tienda, pero no va a taparle, no se apiada de él, ni siquiera siente ternura, como nos pasa al descubrir las debilidades de nuestros padres. Al contrario, Cam se lo cuenta a sus hermanos, tal vez como algo divertido. Pero

Sem y Jafet se toman la situación muy en serio: se echan un manto sobre los hombros, entran en la tienda caminando de espaldas para no mirar a su padre desnudo y lo tapan.

Cuando Noé se despierta de la borrachera y se entera de lo que ha pasado, no maldice a Cam, sino al hijo de este, Canaán, que no tenía ninguna culpa: «Maldito sea Canaán. Sea el último siervo de sus hermanos». A los demás hijos los bendice, en especial a Sem.

Los hijos de Noé y sus descendientes repoblarán la tierra. Sem irá al este, a Mesopotamia, es decir, la tierra que está entre los dos grandes ríos: el Tigris y el Éufrates. Jafet irá al norte, y algunos de sus descendientes llevarán nombres evocadores, que casi nos hablan: Magog, Asquenat, Elisa... (son numerosos los nombres bíblicos que seguimos llevando en la actualidad; hay que decir, sin embargo, que Elisa, nieto de Jafet, es un hombre). Cam, por su parte, se dirigirá al sur; sus hijos serán Cus —nombre hebreo para la tierra de Etiopía—, Misráin —o Egipto—, Put y el ya mencionado Canaán.

Los descendientes de Canaán representan la población autóctona de Palestina. La tierra de Canaán, de hecho, es la tierra prometida, donde Dios guio primero a Abrahán y luego a Moisés. Algunos han utilizado este pasaje de la Biblia, la maldición de Noé, para justificar la guerra entre Israel y los pueblos de Palestina, un conflicto destinado a durar siglos y que se ha vuelto a reavivar recientemente. Otros, en cambio, han pretendido justificar la esclavitud por el hecho de que los descendientes de Cam son los camitas, esto es, los pueblos africanos. Una vez más, se ha hecho de la Biblia una lectura partidaria y arbitraria.

Tras el diluvio, toda la tierra hablaba una misma lengua, con las mismas palabras. Los hombres se dijeron unos a otros: «Vamos a preparar ladrillos y a cocerlos al fuego». Después dijeron: «Vamos a construir una ciudad y una torre que alcance el cielo, para hacernos un nombre, no sea que nos dispersemos por la superficie de la tierra».

A primera vista, la idea no parece tener nada de malo. Los hombres no se enzarzan en guerras, al contrario, colaboran para construir una torre, para dejar su huella, para «hacerse un nombre». Pero esa aparente concordia esconde un desafío a Dios, una manifestación de soberbia.

Parece que el hombre está a punto de volver a caer en el pecado original: querer ser como Dios.

Y aquí no acaba la cosa. La torre reproduce descaradamente los zigurats, las pirámides escalonadas de los babilonios. De hecho, la ciudad toma el nombre de Babel, es decir, Babilonia, que en acadio significa 'puerta de los dioses'. Pero el verbo hebreo *balál* significa 'confundir'.

El Señor dijo: «Puesto que son un solo pueblo con una sola lengua y esto no es más que el comienzo de su actividad, ahora nada de lo que decidan hacer les resultará imposible. Bajemos, pues, y confundamos allí su lengua, de modo que ninguno entienda la lengua del prójimo». Los que iban a construir la torre ya no se entienden entre ellos, de manera que abandonan la obra y se dispersan por toda la tierra.

Queda patente que, según la Biblia, la idea de un único pueblo y una única lengua no representa un símbolo de armonía primigenia, sino más bien de opresión imperial, en este caso refiriéndose a los babilonios. Pero ningún imperio, por poderoso que sea, ha conseguido ser eterno; la única forma de eternidad es el reino de Dios. Este tema volverá en otros episodios de la Biblia; por ejemplo, en el sueño de Nabucodonosor, el Nabucco de la ópera de Verdi. El rey de Babilonia sueña con una estatua enorme y radiante, cuya cabeza era de oro, los brazos y el pecho de plata, el vientre y los muslos de bronce, las piernas y los pies de hierro mezclado con barro; pero, de repente, de la montaña se desprende una piedra que destruye la estatua... El profeta Daniel interpreta esta visión como la sucesión de los imperios del hombre a lo largo de la historia, hasta que el reino del Señor venga y les ponga fin.

Resulta en todo caso fascinante la idea de Dios que baja del cielo, se mezcla con los constructores, le enseña a cada uno una lengua diferente a la de los demás, es testigo de la confusión que esto genera y luego se marcha sonriendo.

En los últimos años, he tenido el privilegio de coincidir en varias ocasiones con Renzo Piano, quizá el arquitecto vivo más importante. Para construir el Shard en Londres, la «esquirla» que parece emerger del Támesis, acudieron obreros de setenta países diferentes, y todos hablaban el mismo idioma: el inglés. Las grandes obras de construcción del actual mundo globalizado se asemejan a la Torre de Babel. Piano no le tiene especial cariño al Shard, que en el momento de su construcción era el rascacielos más alto de Europa. Sabía que pronto sería superado por otros edificios. Sin embargo, nadie hasta ahora ha podido diseñar una torre lo suficientemente alta como para llegar al cielo.

2

LA FUNDACIÓN
ABRAHÁN, SARA, ISMAEL, ISAAC

El Señor dijo a Abrán: «Sal de tu tierra, de tu patria, y de la casa de tu padre, hacia la tierra que te mostraré. Haré de ti una gran nación, te bendeciré, haré famoso tu nombre y serás una bendición. Bendeciré a los que te bendigan, maldeciré a los que te maldigan, y en ti serán benditas todas las familias de la tierra».

Abrán no es sencillamente un privilegiado, sino que tiene una misión que cumplir, y no solo en nombre del pueblo hebreo, sino de todos nosotros.

Entre Adán y Noé, esto es, entre el primer hombre y el salvador de la humanidad, pasan diez generaciones. Otras diez generaciones separan Noé de Abrán, considerado como el fundador del judaísmo y el iniciador de la cultura judeocristiana; el padre del pueblo hebreo y, como veremos, también del pueblo árabe.

No fue Abrán el primero en dejar su tierra natal, sino Teraj, su padre. Teraj era uno de los descendientes de Sem y vivía con su familia en una ciudad a orillas del Éufrates, llamada Ur. Sus ruinas se alzan al sur de Bagdad, en el atormentado país que hoy conocemos como Irak. El padre de Abrán emigró hacia el noroeste y se detuvo en Jarán, la actual Turquía. Se trata de un lugar cuyo nombre estará destinado a permanecer en la historia: fue aquí donde los guerreros partos infligieron a las legiones comandadas por Craso una de las derrotas más humillantes de la historia romana.

Pero el viaje de Abrán no ha hecho más que empezar.

El Señor le habla para decirle que se ponga de nuevo en camino. Y Abrán obedece, a pesar de que ya tiene setenta y cinco años. Toma a su mujer Saray, que no podía tener hijos, a su sobrino Lot, hijo de su hermano Arán, que había muerto, y a todos sus criados, y parte hacia el oeste. Hacia la tierra de Canaán, el nieto de Noé a quien el abuelo había maldecido: hacia Palestina.

«SERÁN BENDITAS TODAS LAS FAMILIAS DE LA TIERRA»

Dios volverá a aparecerse a Abrán, y lo hará en tres lugares diferentes que marcarán los confines de la tierra que habitarán sus descendientes, los hebreos. La primera vez Dios se aparece a Abrán en Siquén —hoy un yacimiento arqueológico cerca de Nablus, al norte de Jerusalén— para decirle que ha llegado: «A tu descendencia daré esta tierra». Allí Abrán construye un primer altar en honor del Señor. Posteriormente, levantará un segundo altar en Betel, cerca de Jerusalén, y un tercero en Hebrón, donde será enterrado. Siquén, Betel y Hebrón serán los tres principales lugares de culto del pueblo hebreo, antes de la conquista de Jerusalén. Y en la actualidad siguen siendo objeto de conflicto entre judíos y árabes. Especialmente Hebrón, que los árabes llaman Al Khalil; Kalil, cuyo significado es 'amigo (de Dios)', es la forma en la que en el Corán a menudo se denomina a Abrán.

Visité Hebrón, estuve la Tumba de los Patriarcas. Hablé con la gente, tuve acceso a las dos comunidades y pude escuchar sus historias, que desde hace siglos han estado entrelazadas sin llegar nunca a una síntesis común, a un entendimiento mutuo. Y los últimos cien años han sido los más terribles.

En 1929, en Hebrón, los palestinos desencadenaron un pogromo: sesenta y siete judíos fueron masacrados. Un médico que había tratado a generaciones de árabes fue obligado a presenciar la violación de su esposa y de su hija pequeña; luego le cortaron los dedos uno a uno; la muerte le llegó como un alivio. Todavía hoy un cartel conmemora la tragedia.

El 25 de febrero de 1994, un médico judío, Baruch Goldstein, se puso su uniforme de reservista, cogió su ametralladora, entró en la Tumba de los Patriarcas —que los musulmanes llaman la Mezquita de Ibrahim, esto es, Abrán— y mató a veintinueve palestinos, antes de ser a su vez asesinado por los supervivientes. Está enterrado en un jardín en la ladera de enfrente. El epitafio de su lápida reza: «Aquí está enterrado el santo Baruch Goldstein. Que la memoria del justo sea una bendición. Que Dios vengue su sangre. Dio su vida por el pueblo de Israel, por su Torá y por su tierra».

Desde entonces, el santuario de Hebrón, construido por el rey Herodes para custodiar las tumbas de los patriarcas, está dividido por un muro. Las tumbas de Isaac y Rebeca están en la parte islámica. Las de Jacob y Lía, en la parte judía. Las tumbas de Abrán y Sara están en medio: en un lado las veneran los musulmanes, en el otro los israelíes. Durante diez días al año, una de las dos confesiones es la dueña de todo el lugar. Cada año, una acusa a la otra de robar algo o de hacer desaparecer alguna pieza de orfebrería.

Abrán no se quedó en la tierra de Canaán. Sobrevino una hambruna, y él y su familia se vieron obligados a retomar su viaje hacia occidente en busca de sustento, hasta llegar a la frontera con Egipto.

Cuando está a punto de entrar en la tierra de los faraones, a Abrán le entra cierta inquietud por su mujer y por sí mismo. Saray es guapa, y Abrán teme lo que les espera. Así le dice: «Mira, sé que eres una mujer hermosa; cuando te vean los egipcios, dirán: "Es su mujer", y me matarán a mí y a ti te dejarán con vida. Por favor, di que eres mi hermana, para que me traten bien en atención a ti y salve mi vida por causa tuya».

En efecto, la belleza de Saray no pasa desapercibida a los dignatarios egipcios, quienes informan al faraón y la llevan a palacio. Gracias a ella, Abrán es recibido con toda clase de atenciones y colmado de regalos: rebaños y manadas, esclavos y esclavas, asnos y camellos. Pero el Señor golpea al faraón y a su casa con grandes calamidades, pues el faraón había tomado a Saray.

No son aún las plagas de Egipto, la Biblia no entra en detalle, pero el gobernante comprende inmediatamente la advertencia divina y hace llamar a Abrán para quejarse: «¿Qué me has hecho? ¿Por qué no me informaste de que era tu mujer? ¿Por qué me dijiste: "Es mi hermana", de modo que yo la tomé por esposa? Ahora, pues, aquí tienes a tu mujer, tómala y vete».

Para nuestra conciencia moderna, es un episodio que resulta bastante espeluznante; pero también es la prueba de que Dios no abandona a Abrán, como tampoco abandona nunca al hombre, ni siquiera en los momentos más dramáticos de la historia. El relato de Abrán y Saray recuerda al de Rama, el héroe cuya bella esposa, Sita, es raptada y las vicisitudes para recuperarla. Se trata de un tema típico de la mitología y la literatura antiguas.

Abrán abandona Egipto con sus hombres, sus rebaños y todas sus riquezas, y regresa a la tierra de Canaán, a Betel, donde había erigido un altar a Dios. Sin embargo, la tierra no puede producir bastante como para sustentar tanto a los criados y rebaños de Abrán como a los de su sobrino Lot. Por ello se desata una disputa entre los pastores de los dos clanes.

Abrán le dijo entonces a Lot: «No haya disputas entre nosotros dos, ni entre mis pastores y tus pastores, pues somos hermanos. ¿No tienes delante todo el país? Sepárate de mí: si vas a la izquierda, yo iré a la derecha; si vas a la derecha, yo iré a la izquierda».

La oferta de Abrán es muy generosa. Abrán es más anciano, pero renuncia a su privilegio y permite que su sobrino Lot elija primero. Lot no es igual de espléndido, es más, se aprovecha de la oferta: ve que la vega del río Jordán es de regadío y fértil, «como el jardín del Señor», y la escoge para él y sus hombres. Una buena elección, al menos en apariencia.

Abrán acepta y se establece en la tierra de Canaán; Lot, por su parte, se traslada al este, ocupa el valle del Jordán y acampa cerca de una ciudad cuyo nombre nos es familiar: Sodoma.

En este momento, puede parecer que el destinatario de la promesa de Dios es Lot, quien ha conseguido la mejor tierra. Pero Dios vuelve a comunicarse con Abrán para tranquilizarle:

«Alza tus ojos y mira desde el lugar en donde estás hacia el norte, el mediodía, el levante y el poniente. Toda la tierra que ves te la daré a ti y a tus descendientes para siempre. Haré a tus descendientes como el polvo de la tierra: el que pueda contar el polvo de la tierra podrá contar a tus descendientes».

Para Lot, en cambio, las cosas se complican. El rey de Sodoma entra en guerra y es derrotado. Los invasores saquean Sodoma y Gomorra, y también capturan a Lot y a su familia. Cuando Abrán se entera de lo ocurrido, reúne a un pequeño ejército —la Biblia detalla el número de guerreros: trescientos dieciocho— con el que derrota a los secuestradores de Lot, persiguiéndolos hasta el norte de Damasco. Recupera así muchas riquezas. Pero cuando el rey de Damasco le ofrece quedarse con ellas, Abrán las rechaza: «Juro por el Señor Dios altísimo, creador de cielo y tierra, que no aceptaré un hilo ni una correa de sandalia ni nada de cuanto te pertenece, para que no digas: "Yo he enriquecido a Abrán"».

Y aquí ocurre algo extraño, casi premonitorio. Otro gobernante de la zona, Melquisedec, rey de Salén —la actual Jerusalén— le ofrece a Abrán pan y vino y lo bendice con palabras solemnes: «Bendito sea Abrán por el Dios altísimo, creador de cielo y tierra; bendito sea el Dios altísimo, que te ha entregado tus enemigos».

Los cristianos interpretarán la ofrenda del pan y el vino como el presagio de la eucaristía, el sacrificio de Jesús para salvar la humanidad. Pero el rito más impresionante que tiene a Abrán como protagonista está aún por llegar. Vamos a adentrarnos en una de las páginas más memorables de toda la Biblia.

«No temas, Abrán, yo soy tu escudo, y tu paga será abundante». Es de noche cuando Dios vuelve a dirigirse al patriarca, y lo hace usando las palabras con las que se dirigirá a los profetas, y con las que el ángel le anunciará a María que será madre: «No temas». Dios está de su parte.

Abrán se muestra escéptico. Es más, está algo molesto con Dios. Así que le planta cara: «Señor Dios, ¿qué me vas a dar si soy estéril? No me has dado hijos, y un criado de casa me heredará». Pero Dios lo ha elegido a él, a ningún otro. Y se lo deja claro: «No te heredará ese, sino que uno salido de tus entrañas será tu heredero. Mira al cielo, y cuenta las estrellas, si puedes contarlas. Así será tu descendencia».

La Biblia dice que Abrán creyó en el Señor. En hebreo «creer» es *he'emin,* de donde viene la palabra «amén» con la que cerramos nuestras plegarias. Abrán cree por un acto de fe, no movido por la razón: él tiene ochenta y cinco años, su mujer setenta y cinco. Sin embargo, la palabra de Dios no le basta, quiere una señal. Una prueba de que la promesa se cumplirá, que la profecía se hará realidad.

Dios accede. Y le ordena a Abrán: «Tráeme una novilla de tres años, una cabra de tres años, un carnero de tres años, una tórtola y un pichón». Abrán coge a los animales y los sacrifica: corta por el medio la novilla, la cabra y el carnero (pero no las aves) y coloca cada mitad frente a la otra, creando un pasillo.

«Los buitres bajaban a los cadáveres y Abrán los espantaba. Cuando iba a ponerse el sol, un sueño profundo invadió a Abrán y un terror intenso y oscuro cayó sobre él». Entonces el Señor dijo a Abrán: «Has de saber que tu descendencia vivirá como forastera en tierra ajena, la esclavizarán y la oprimirán durante cuatrocientos años. Pero yo juzgaré a la nación a quien han de servir, y después saldrán cargados de riquezas. Tú te reunirás en paz con tus padres y te enterrarán en buena vejez».

El momento es solemne, mágico, misterioso. Abrán está como en trance, en ese adormecimiento en el que se multiplican los pensamientos y las voces interiores, en ese estado a medio camino entre la vigilia y el sueño que facilita el encuentro con una dimensión superior. Dios predice a Abrán el futuro de su pueblo, y lo hace con palabras que hoy nos parecen claras —la esclavitud de los hebreos en Egipto, el castigo del faraón, la liberación por mano de Moisés—, pero que a él le deben de sonar totalmente arcanas: si él no tiene hijos y su mujer no puede tenerlos, ¿a qué descendencia se está refiriendo el Señor?

Sin embargo, Dios ha hablado de forma clara; y si la primera vez había comparado la descendencia de Abrán con los granos de polvo, ahora la equipara a las estrellas. Dios ha hablado, y ahora está a punto de manifestarse.

«El sol se puso y vino la oscuridad; una humareda de horno y una antorcha ardiendo pasaban entre los miembros descuartizados». Dios toma la forma y el calor del fuego, alumbra la noche y celebra su alianza con Abrán. Y Abrán, sumido en su letargo, siente la presencia de Dios y escucha su gran promesa.

En aquella época, en Oriente era costumbre sellar los pactos precisamente de esa forma: las partes contratantes pasaban entre dos filas de animales descuartizados deseándose mutuamente el mismo destino si traicionaban el acuerdo. Un ritual de maldición autoimpuesta, una escena que resultaba familiar a los primeros lectores de la Biblia. Dios se ha puesto a sí mismo y a su poder en juego. Ha entrado en la historia. El futuro ya ha echado raíces en el presente.

Abrán considera que tiene derecho a un heredero, sin esperar a la intervención divina. Saray tenía una esclava egipcia, Agar, y le ofrece a Abrán que la tome también a ella como su esposa. Así Abrán «se llegó a Agar y ella concibió. Al verse encinta, le perdió el respeto a su señora».

Agar se siente superior con respecto a Saray porque ha conseguido lo que esta última ansía: engendrar un hijo de Abrán. Entonces Saray se lo recrimina al marido, el cual se pone de su lado: «En tu poder está tu esclava, trátala como te parezca». Saray se siente así en derecho de maltratar a Agar, la cual huye.

Pero el ángel del Señor la encuentra junto a una fuente en el desierto y le ordena que vuelva con su señora; también la tranquiliza con las mismas palabras que había dirigido a Abrán: «Haré tan numerosa tu descendencia, que no se podrá contar». Finalmente, el ángel añade: «Mira, estás encinta, darás a luz un hijo y lo llamarás Ismael, porque el Señor ha escuchado tu aflicción». *Ismael,* de hecho, significa 'Dios escucha'. Pero Ismael es el antecesor del pueblo árabe, no del pueblo hebreo. Y el ángel parece profetizar una incomprensión, una enemistad, una disputa entre las dos descendencias de Abrán: Ismael «será un potro salvaje: su mano irá contra todos y la de todos contra él; acampará separado de sus hermanos».

Por fin Abrán consigue ser padre, con ochenta y seis años. Pasarán trece años antes de que Dios le vuelva a hablar. En esa ocasión se presenta: «Yo soy Dios todopoderoso, camina en mi presencia y sé perfecto». Abrán se arrodilla con el rostro en tierra. Dios le tiene preparada otra sorpresa, tras haberle obligado a cambiar de patria. Ahora le cambia el nombre: «Ya no te llamarás Abrán, sino Abrahán, porque te hago padre de muchedumbre de pueblos. Te haré fecundo sobremanera: sacaré pueblos de ti, y reyes nacerán de ti».

Abrahán viene de *ab* y *hamon* y significa 'padre de multitudes'. Como señala uno de los biblistas más reconocidos del mundo, el cardenal Gianfranco Ravasi, el nombre del patriarca sigue siendo esencialmente el mismo. A partir de ahora, le llamaremos así: Abrahán.

La inmensa descendencia que Dios le ha anunciado a Abrahán aún no se ha materializado, pero Dios dicta su primer precepto: a los ocho días de nacer, todos los varones serán circuncidados. «Os circuncidaréis la carne del prepucio y esa será la señal de mi alianza con vosotros. Así llevaréis en la carne mi alianza como alianza perpetua». La circuncisión sella el pacto con Dios.

Luego Dios le manda a Abrahán que deje de llamar a su esposa Saray y la llame Sara: son variantes del mismo nombre, que significa 'princesa', 'señora'. «La bendeciré y te dará un hijo, a quien también bendeciré. De ella nacerán pueblos y reyes de naciones».

Llegados a este punto, Abrahán —el patriarca, el devoto, el creyente— hace algo totalmente inesperado: se ríe. Se ríe delante de Dios. No en la misma cara de Dios, ya que está postrado con el rostro en tierra, pero se ríe de Dios. Y se pregunta: «¿Un centenario va a tener un hijo y Sara va a dar a luz a los noventa?».

Abrahán no se atreve a expresar sus dudas en voz alta, se limita a pedirle a Dios clemencia por su hijo Ismael, para que por lo menos él le pueda asegurar una descendencia. Pero Dios insiste: «No, es Sara quien te va a dar un hijo; lo llamarás Isaac», que significa 'él se reirá'. Dios también bendice a Ismael, pero le vuelve a repetir que «mi alianza la concertaré con Isaac, el hijo que te dará Sara, el año que viene por estas fechas».

Isaac es el elegido. A la espera de su llegada, Abrahán obedece: circuncida a Ismael y a todos los varones de su clan. Después de un tiempo, el Señor se le vuelve a aparecer, esta vez en la encina de Mambré, cerca de Hebrón.

SODOMA, GOMORRA Y LAS HIJAS DE LOT

Abrahán está sentado a la entrada de su tienda, es la hora más calurosa del día. Alza la vista y ve a tres hombres de pie frente a él. Abrahán es un hombre hospitalario, pero tal vez, estando a estas alturas acostumbrado al encuentro con Dios, percibe en aquellos tres desconocidos una señal de su presencia. ¿No vio acaso Dante en el rostro de Dios nuestra figura? ¿No podemos nosotros ver en otros hombres el rostro de Dios?

Entonces Abrahán se arrodilla ante los tres viajeros y manda a buscar agua para que se laven los pies, antes de sentarse a descansar a la sombra del árbol. Luego se dirige a Sara, le pide que amase harina para hacer tortas, corre a buscar un ternero «hermoso», le ordena a su criado que lo guise y se lo ofrece a los viajeros, acompañado de cuajada y leche fresca.

Abrahán se queda de pie y los observa mientras los tres comen. «Después le dijeron: "¿Dónde está Sara, tu mujer?"». Contestó: «Aquí, en la tienda». Y uno añadió: «Cuando yo vuelva a verte, dentro del tiempo de costumbre, Sara habrá tenido un hijo».

(No se trata de una incoherencia: la Biblia pasa del plural, «dijeron», al singular, «uno añadió». Los tres hombres son una manifestación de Dios. No está claro si se trata de dos ángeles que acompañan a Dios, o si los tres son Dios. Los cristianos han interpretado este episodio como un adelanto de la Trinidad. Sea como fuere, es Dios el que está hablando).

Sara presencia la escena: está detrás la entrada de la tienda. Lo escucha todo. Y su primera reacción es la misma que tuvo su marido: se ríe. En sus adentros, pero se ríe. Entonces piensa: «Cuando ya estoy agotada, ¿voy a tener placer, con un marido tan viejo?». Sara revela que ya no tiene el periodo y que el amor de su marido hacia ella ya solo es espiritual. Pero el Señor ha oído su voz y ha leído sus pensamientos, así pues, le pregunta a Abrahán: «¿Por qué se ha reído Sara, diciendo: "¿De verdad que voy a tener un hijo, yo tan vieja?". ¿Hay algo demasiado difícil para el Señor?». Entonces Sara, asustada, lo niega todo: «No me he reído»; pero Dios insiste: «No lo niegues, te has reído».

Esta escena en la que Dios muestra que lo sabe todo, pero acepta con benevolencia casi divertida la incredulidad de los hombres, es una maravilla. Cuando Sara descubra que está embarazada, dirá: «El Señor me ha gastado una broma», en la traducción literal del hebreo: «El Señor me ha hecho un reír». El milagro es solemne, pero al mismo tiempo también es divertido. Dios tiene también sentido del humor.

Pero el Señor no está allí solo para anunciar a Abrahán y Sara que serán padres. También ha ido a explorar, investigar y a tomar una terrible decisión.

Los tres viajeros van a contemplar la ciudad de Sodoma desde lo alto, Abrahán los acompaña. Dios duda si revelarle a Abrahán lo que está a punto de hacer. Al fin y al cabo, Abrahán es su aliado, lo ha elegido para que sea el fundador de un gran pueblo y el protector de todos los pueblos de la tierra. Así que decide que es justo que sepa. El Señor dijo: «El clamor contra Sodoma y Gomorra es fuerte y su pecado es grave: voy a bajar, a ver si realmente sus acciones responden a la queja llegada a mí; y si no, lo sabré».

Dos ángeles se alejan en dirección a Sodoma, mientras el tercer viajero, Dios, se queda con Abrahán. Merece la pena recordar su diálogo con Abrahán porque se trata de una de las páginas más extraordinarias de la literatura de todos los tiempos.

Abrahán se acerca a Dios y le dice: «¿Es que vas a destruir al inocente con el culpable? Si hay cincuenta inocentes en la ciudad, ¿los destruirás y no perdonarás el lugar por los cincuenta inocentes que hay en él? ¡Lejos de ti tal cosa!, matar al inocente con el culpable, de modo que la suerte del inocente sea como la del culpable; ¡lejos de ti! El juez de toda la tierra, ¿no hará justicia?».

Dios contesta: «Si encuentro en la ciudad de Sodoma cincuenta inocentes, perdonaré a toda la ciudad en atención a ellos».

Abrahán replica: «¡Me he atrevido a hablar a mi Señor, yo que soy polvo y ceniza! Y si faltan cinco para el número de cincuenta inocentes, ¿destruirás, por cinco, toda la ciudad?». Responde Dios: «No la destruiré, si es que encuentro allí cuarenta y cinco».

Abrahán no se conforma: «Quizá no se encuentren más que cuarenta». Dios accede: «En atención a los cuarenta, no lo haré».

Abrahán insiste: «Que no se enfade mi Señor si sigo hablando. ¿Y si se encuentran treinta?». Dios responde: «No lo haré, si encuentro allí treinta».

Abrahán no se da por satisfecho: «Ya que me he atrevido a hablar a mi Señor, ¿y si se encuentran allí veinte?». Y Dios le sigue la corriente: «En atención a los veinte, no la destruiré».

Abrahán dobla una vez más la apuesta: «Que no se enfade mi Señor si hablo una vez más: ¿Y si se encuentran diez?». Y Dios: «En atención a los diez, no la destruiré».

Un tira y afloja tan intenso que nos recuerda un regateo entre mercaderes en un zoco y que no es nada frecuente Biblia. No todo el mundo se enfrenta así a Dios. Posiblemente tengamos que esperarnos al diálogo entre Dios y el diablo en el libro de Job. Tal vez podamos vislumbrar un eco de esta conversación tras el argumento de un superventas de hace unos años, *La variante Lüneburg* de Paolo Maurensig, en el que un prisionero y el director del campo de concentración juegan al ajedrez con la vida de los presos.

Pero Dios, a diferencia del oficial nazi, es misericordioso. No quiere *a priori* la destrucción de Sodoma y Gomorra. El destino de las dos ciudades dependerá de lo que allí se encuentre.

Volvamos pues a la narración. Mientras Abrahán regateaba con el Señor, los dos ángeles han llegado a Sodoma, está a punto de anochecer. A las puertas de la ciudad está sentado el sobrino de Abrahán, Lot, que se comporta igual que su tío: se levanta, va a su encuentro, se arrodilla con el rostro en tierra y los invita a su casa, para que puedan lavarse los pies y descansar. Los ángeles declinan la invitación: pasarán la noche en la plaza. Lot insiste hasta convencerlos y les prepara un banquete con panes ácimos, es decir, sin levadura.

Pero en la ciudad se corre la voz de que han llegado dos forasteros. Los sodomitas, jóvenes y viejos, rodean la casa de Lot y le increpan: «¿Dónde están los hombres que han entrado en tu casa esta noche? Sácanoslos para que los conozcamos».

Lot decide enfrentarse a la multitud: sale de su casa cerrando la puerta tras de sí. Lot defiende a sus invitados, implora que los dejen en paz, llega incluso a ofrecer a sus dos hijas, «que aún no han conocido varón», con tal de proteger a los dos hombres que se han cobijado bajo su techo. Pero la muchedumbre, excitada, la toman con Lot: «¡Quita allá! Este individuo ha venido como inmigrante y pretende ser juez. Ahora te trataremos peor que a ellos». En ese momento es cuando intervienen los dos ángeles: alargan las manos, meten a Lot en casa para salvarle de la furia de los exaltados y cierran la puerta. Luego ciegan a los asaltantes, para que no encuentren el acceso.

A estas alturas, los habitantes de Sodoma están condenados a sufrir el castigo divino. Los ángeles apremian a Lot para que se marche junto con su mujer, sus hijas y los hombres destinados a ellas, porque el Señor está a punto de destruir la ciudad. Lot se apresura a avisar a los jóvenes que van a casarse con sus hijas, pero ellos no lo toman en serio, piensan que está bromeando, y le echan.

Al amanecer los ángeles le dicen a Lot que tiene que salir ya. Él titubea, está indeciso, pero los ángeles lo cogen de la mano, le sacan de la ciudad y le ordenan: «Ponte a salvo; por tu vida, no mires atrás ni te detengas en la vega; ponte a salvo en los montes, para no perecer».

Cuando sale el sol, Dios hace caer del cielo una lluvia de azufre y fuego sobre Sodoma y Gomorra. Como la erupción del Vesubio que sepultó Pompeya y Herculano. Como una explosión nuclear; de hecho, alguien vio en esta página de la Biblia el relato de la primera bomba atómica. Nada obviamente confirma este suceso; pero incluso hoy en día atravesar la región desértica, salada, árida y abrasada del mar Muerto hace pensar verdaderamente en un castigo apocalíptico. Y algunas rocas evocan unas figuras femeninas petrificadas para siempre.

Sodoma, Gomorra y todo el valle son arrasados por la lluvia de fuego. Esta visión inspirará a Dante: una lluvia de fuego atormenta a los sodomitas en el infierno (entre ellos está también su maestro, Brunetto Latini: «¿Sois vos, mi señor Brunetto?»). La mujer de Lot no puede resistirse a la curiosidad, al espectáculo de la muerte, a la atracción que siempre ejerce la tragedia: se da la vuelta para mirar atrás y se transforma en una estatua de sal. Aquí se nos viene a la mente Orfeo cuando desciende a los infiernos para salvar a su amada Eurídice, pero cae en la tentación de girarse para comprobar que ella le sigue, y la pierde para siempre.

Desde lo alto, Abrahán contempla el resultado de la ira del Señor: ve humo que sube del suelo, como el humo de un horno. Lot y sus dos hijas encuentran refugio en una cueva en el monte.

Entonces la hija mayor propone a la menor un plan, que calificar de poco escrupuloso sería quedarse corto, para garantizarse tener descendencia: emborrachar a su padre para que se acueste con ellas y conciban un hijo. El plan tiene éxito: Lot no se da cuenta de nada, ni cuando su hija se acuesta con él ni cuando se levanta. La noche siguiente, la hija menor hace lo mismo; y de nuevo Lot, ebrio, no se percata.

Por razones obvias, se trata de una escena que no se ha representado con frecuencia en la historia del arte. Aunque la encontramos evocada en un cuadro extraordinario que alberga la National Gallery de Londres. El autor es Guido Reni, un pintor al que en su día se le consideró más grande incluso que Caravaggio, tanto que le llamaban el Guido, sin el apellido y con artículo, y también el Divino. Es una obra extraordinariamente expresiva, algo que resulta inusual para un autor clásico como Reni. Vemos a Lot alterado, con la mirada perdida, los ojos brillantes. Las dos jóvenes están muy nerviosas, se intercambian una mirada cómplice, se mueven como si fueran conscientes de que están a punto de hacer algo muy grave, pero que consideran necesario.

Las hijas de Lot se quedan embarazadas de su propio padre. La mayor dio a luz un hijo y lo llamó Moab, en hebreo *me'abhī,* que significa 'del padre'; de él descienden los moabitas. También la menor dio a luz un hijo y lo llamó Amón, de *ben 'ammī,* 'hijo de mi pueblo', el ancestro de los amonitas. Moabitas y amonitas serán enemigos del pueblo hebreo; la Biblia les atribuye un origen indigno, incestuoso.

AGAR E ISMAEL EN EL DESIERTO

Abrahán no quiere quedarse en un lugar maldito, golpeado por la ira divina. Así que traslada sus tiendas primero al desierto, luego a Guerar, a unos pocos kilómetros al sur de la actual Gaza.

En Guerar, Abrahán es un forastero en medio de un pueblo hostil: los filisteos. Se trata de un pueblo importante, y no solo porque dio su nombre a Palestina. Los filisteos serán el enemigo por antonomasia de los hebreos y, al mismo tiempo, su espejo, el adversario que uno odia y por el que se siente atraído. Sansón caerá prendado de mujeres filisteas, entre ellas Dalila, que será su perdición; e incluso David, en el momento de su desencuentro con Saúl, encontrará refugio en la tierra de los filisteos.

Para evitar líos, Abrahán recurre a la estratagema ya probada en Egipto: presenta a Sara como su hermana, y el rey de la ciudad, Abimélec, la manda buscar y la toma como su esposa. Pero Dios le castiga, haciendo estériles a su mujer y a sus esclavas, a la vez que le impide unirse a Sara. Luego se le aparece en sueños y le amenaza: «Vas a morir por haber tomado esa mujer, pues está casada». Siempre en sueños, Abimélec intenta justificarse: no ha hecho nada malo, fue Abrahán quien presentó a la mujer como su hermana, y ella lo confirmó. Dios repite al rey que morirán él y toda su gente si no devuelve a Sara a su marido.

Entonces Abimélec convoca a Abrahán, le reprocha haberle engañado exponiendo a él y a su reino a un gran peligro, y le dice sin rodeos: ¡Estas cosas no se hacen! Abrahán se justifica: temía por su propia vida; y además Sara es realmente su hermana. Esto también es nuevo para nosotros, los lectores: en efecto, Sara y Abrahán son hijos del mismo padre, aunque de madres diferentes. Estamos en un mundo arcaico, poblado no por agricultores asentados, sino por pastores nómadas, en el que los matrimonios tenían lugar dentro del clan; y posiblemente esto explique también que Abrahán y Sara no pudieran tener hijos.

Abimélec le devuelve su mujer a Abrahán, y también le obsequia con esclavos y esclavas, rebaños y manadas, y con mil piezas de plata. Abrahán, por su parte, ruega a Dios que cure a las mujeres de la casa de Abimélec, para que vuelvan a tener hijos.

Pero el verdadero milagro está por llegar.

El Señor visita a Sara y cumple con lo que había prometido: la mujer concibe un hijo al que llama como Dios había dicho, Isaac, esto es, 'él se reirá'. Sara, que todavía no se lo puede creer, enloquece de felicidad: «Dios me hizo reír; todo el que lo oiga, reirá conmigo. ¿Quién le habría dicho a Abrahán que Sara iba a amamantar hijos?, pues le he dado un hijo en su vejez». Abrahán tenía entonces cien años.

Para celebrar el destete de Isaac organizan un gran banquete en su honor. Pero Sara ve a Ismael, el hijo de su esclava Agar, bromeando con su hijo, tal vez burlándose de él. Una escena tierna, diríamos; al fin y al cabo, son dos hermanos, uno mayor y otro menor.

Pero Sara se pone celosa, no quiere que Ismael esté al mismo nivel que Isaac. Y se lo dice abiertamente, con frialdad, a Abrahán: «Expulsa a esa criada y a su hijo, pues no va a heredar el hijo de esa criada con mi hijo Isaac».

Abrahán se lo toma a mal. Echar a Ismael al desierto le parece algo horrible. Sin embargo, Dios se pone de parte de Sara y le ordena a Abrahán que haga lo que le ha dicho su mujer, «porque será Isaac quien continúe tu descendencia». Isaac es el elegido; pero Dios hará que también la descendencia Ismael se convierta en un gran pueblo, porque él también es hijo de Abrahán.

Así pues, el patriarca madruga, toma pan y un odre de agua, lo carga todo a hombros de Agar, le confía a Ismael y la despide. Con tal de obedecer a Dios —y a su mujer—, Abrahán abandona a su propio hijo.

Agar se pierde en el desierto. Se ha quedado sin agua. Desesperada, la mujer coloca al niño debajo de unas matas y se aleja, se sienta a solas a la distancia de un tiro de arco de Ismael, para no ver morir a su hijo.

Pero el llanto del niño llega hasta el Señor, y un ángel llama a Agar desde el cielo: «¿Qué te pasa, Agar? No temas, porque Dios ha oído la voz del chico, allí donde está. Levántate, toma al niño y agárrale fuerte de la mano, porque haré que sea un pueblo grande».

Dios le abre los ojos a Agar, la cual divisa un pozo, llena el odre con agua y le da de beber a su hijo. El muchacho se criará en el desierto, se hará un experto arquero y se casará con una mujer egipcia. Será el antecesor de los hombres del desierto, es decir, de los árabes.

Ismael está a salvo. Pero a Abrahán le espera otra prueba, aún más terrible.

El sacrificio de Isaac

Dios le llama. Abrahán se limita a contestar: «Aquí estoy». Entonces, el Señor le ordena que haga algo terrible: «Toma a tu hijo único, al que amas, a Isaac, y vete a la tierra de Moria y ofrécemelo allí en holocausto en uno de los montes que yo te indicaré». Abrahán obedece. Igual que mandó a Agar que se marchara al desierto, él mismo se prepara a sacrificar a su adorado hijo. Madruga, apareja al asno, se lleva consigo a dos criados y a su hijo Isaac, corta leña para el holocausto y se pone en marcha.

La docilidad con la que reacciona Abrahán es un enigma. Está acostumbrado a comunicarse con Dios. Cuando intentó salvar las ciudades de Sodoma y Gomorra de la destrucción, le plantó cara a Dios entablando con él una verdadera negociación. Ahora, en cambio, no dice nada. No hace nada para salvar a su hijo. Quizá tiene la esperanza de que Dios recapacite y no incumpla la promesa que le ha hecho una y otra vez: concederle a través de Isaac una descendencia más numerosa que las estrellas del cielo.

Muchos especialistas hacen coincidir el territorio de Moria con el monte que se eleva en la antigua ciudad de Jerusalén, donde Salomón construirá su templo y se levantará la Cúpula de la Roca, que se llama así porque, según la tradición, alberga la roca del sacrificio de Isaac.

Se trata de un lugar objeto de disputa, considerado sagrado también para el islam y a menudo cerrado a los visitantes por ser escenario de enfrentamientos entre musulmanes y soldados israelíes. En septiembre de 2000, un paseo del líder derechista Ariel Sharón provocó una revuelta de los palestinos. Sin embargo, sería el mismo Sharón, una vez elegido primer ministro, quien ordenaría la retirada de Gaza, dando comienzo a un proceso de paz que se vio interrumpido por su enfermedad: un repentino derrame cerebral que le llevó a la muerte tras ocho años en coma. La montaña donde Abrahán estaba dispuesto a sacrificar a Isaac es, en definitiva, un lugar fatal para la historia, no solo del pueblo hebreo.

El patriarca llega a su destino tras tres días de camino. Ordena a sus criados que se detengan y sube a la cima del monte con Isaac, quien carga con la leña. Abrahán, por su parte, se encarga de llevar el cuchillo y el fuego sagrado, ya encendido. El muchacho entiende que algo no va bien y pregunta: «Padre. Tenemos fuego y leña, pero ¿dónde está el cordero para el holocausto?». Abrahán no tiene valor para decirle la verdad y le cuenta una mentira, que también es su esperanza: «Dios proveerá el cordero para el holocausto, hijo mío».

Cuando llegan al lugar indicado por Dios, Abrahán levanta el altar, apila la leña, ata a su hijo y lo pone sobre el altar, listo para el sacrificio. Para los cristianos, ese gesto anticipa la crucifixión de Jesús: Dios sacrifica a su propio hijo para salvar a la humanidad. La historia de Abrahán, sin embargo, tendrá un final distinto.

El padre alarga la mano. Coge el cuchillo. Está a punto de infligir el golpe mortal. Pero en ese preciso instante el ángel del Señor le grita desde el cielo: «¡Abrahán, Abrahán!». «Aquí estoy», le contesta el hombre. «No alargues la mano contra el muchacho ni le hagas nada. Ahora he comprobado que temes a Dios, porque no te has reservado a tu hijo, a tu único hijo». Entonces Abrahán levanta la mirada y ve a un carnero que se ha quedado enredado por los cuernos en la maleza. Toma el carnero y lo ofrece en sacrificio en lugar de su hijo Isaac. No es una casualidad que con el cuerno de carnero se haga el shofar, un instrumento cuyo sonido invoca la misericordia del Señor sobre el pueblo de Israel, en recuerdo de la obediencia de Abrahán y del propio Isaac, que se dejó atar y estuvo dispuesto a morir sin oponer resistencia. Asimismo, la Biblia es el primer texto que afirma la igualdad de todos los hombres como descendientes de un único hombre, y también el primero en rechazar los sacrificios humanos, entonces practicados en muchas religiones de la época.

Dios no será igual de misericordioso con otro Isaac: Isaac Rabin, el primer ministro asesinado en 1995 a mano de un ultraderechista israelí, que quería castigarle por firmar dos años antes los Acuerdos de Oslo con el líder palestino Yasir Arafat.

He aquí, incluso antes del derrame cerebral de Sharón, una de las muchas señales que casi hacen pensar en una maldición, como si el diablo interviniera para echar por tierra cualquier atisbo de esperanza en el conflicto de Oriente Medio.

Sin embargo, nos podemos imaginar el alivio de Abrahán cuando el ángel, después de salvar a Isaac, renueva la promesa de la descendencia, anunciando esta vez que será más numerosa no que el polvo, sino más poéticamente que la arena de la playa: «Todas las naciones de la tierra se bendecirán con tu descendencia, porque has escuchado mi voz».

Una vez más Dios reitera que, a través de Abrahán, está ofreciendo una oportunidad, está proponiendo un pacto a todos los hombres. No es de extrañar que este mismo episodio se repita también en el Corán, donde el hijo que va a sacrificarse no es Isaac, sino Ismael, que acepta sin rechistar como buen muslim o musulmán, que, en árabe, significa 'el que se somete'.

LA DULCE REBECA

Aun así, Abrahán iba a sufrir. Sara, su amada mujer, falleció a la edad de ciento veintisiete años en Hebrón. Abrahán lloró durante mucho tiempo su muerte y compró para ella una cueva cerca de la ciudad, en Macpela, donde la enterró.

Abrahán presiente que también su final se acerca y se preocupa por el destino de Isaac y de su descendencia. Entonces manda llamar al criado más viejo de su casa, encargado de administrar todas sus posesiones, y le pide que le ponga la mano bajo su muslo (una metáfora para referirse a los genitales) y le prometa solemnemente que irá a buscar a una mujer para su hijo Isaac en la tierra de origen de Abrahán, es decir, Mesopotamia, donde vivían los hijos de sus hermanos.

La misión que su amo le encomienda inquieta al criado: ¿cómo reconocerá a la mujer adecuada? Y si esta no accediera a seguirle, ¿tendrá que llevar a su hijo a la tierra de sus padres? Abrahán es categórico: Isaac vivirá en Canaán, donde Dios le había indicado tiempo atrás; pero el Señor enviará su ángel a Mesopotamia, para que ayude al criado a encontrar una mujer para Isaac.

El criado toma entonces diez camellos, joyas y todo tipo de riquezas y, acompañado por otros criados, emprende el viaje hacia el este. Acampa fuera de los muros de una ciudad, cerca de un pozo, y allí reza a Dios para que le conceda el feliz encuentro: la muchacha que primero les dé de beber a él y a sus camellos será la elegida.

En el antiguo Oriente, los pozos eran lugares muy importantes, donde los viajeros encontraban vida y podían descansar y refrescarse, y donde también tenían ocasión de socializar. Junto a un pozo se producen algunos de los encuentros más importantes de la Biblia, incluido este.

El criado aún no había acabado de hablar cuando se le acerca una muchacha joven y hermosa, una doncella que no había conocido varón: es Rebeca, hija de Betuel, el hijo Najor, hermano de Abrahán. La muchacha baja a la fuente, llena el cántaro y, cuando el criado le pide que le deje beber un poco, ella enseguida le acerca el cántaro; luego vuelve a sacar agua del pozo para darle de beber también a los camellos.

El mensajero coge entonces un anillo de oro y lo pone en la nariz de Rebeca, y en los brazos le coloca dos pulseras también de oro. Como si quisiera decir: aquí está, es ella. Luego le pregunta su nombre y de quién es hija; y cuando comprende que ha encontrado a una doncella de la casa de su amo, se arrodilla para dar las gracias al Señor.

El padre de Rebeca, Betuel, y su hermano, Labán, acogen con amabilidad al criado y ambos aseguran que dejarán que Rebeca abandone la casa paterna para convertirse en la mujer de Isaac. Sin embargo, la situación se complica.

La separación es inesperada y muy brusca, dejar marchar a la muchacha puede significar no volver a verla nunca más. Labán pide al criado de Abrahán que aplace la salida unos diez días, para que la joven pueda quedarse aún unos días en su casa. Pero él no está de acuerdo: debe marcharse enseguida para regresar con su amo.

Llaman entonces a Rebeca y le preguntan: «¿Quieres ir con este hombre?». La elección está en manos de la mujer y ella no lo duda, su respuesta es sencillamente: «Sí». Decide casarse con un hombre al que no ha visto nunca e irse a una tierra desconocida por instinto, por obediencia al Señor, porque sabe que tiene una misión.

A lo largo de la historia, generaciones de mujeres jóvenes —tanto princesas como campesinas— se casarán en matrimonios concertados con hombres a los que nunca habían visto antes; y no siempre tendrán tanta suerte como tuvo Rebeca. (En las zonas rurales de Italia, muchas de nuestras abuelas corrieron este mismo destino hasta hace relativamente poco. Incluso la boda de mi bisabuela Matilde fue concertada por un *bacialè,* como se llamaba en dialecto piamontés a los casamenteros o las casamenteras. Matilde cruzó el río Tanaro en una barca que la llevó a unirse con un marido, Giacomo, al que no conocía, y que afortunadamente resultaría ser una buena persona; aunque al poco tiempo tuvo que marcharse a la Gran Guerra, donde fue herido. Algunas cosas han sufrido más cambios en el último siglo de los que sufrieron entre la época bíblica y principios del siglo XX).

El azar quiso que, cuando se iba acercando la caravana con el criado de Abrahán y Rebeca, Isaac había salido al desierto, al atardecer. No sabemos qué le impulsó a vagar a la hora del crepúsculo. Las numerosas traducciones de la Biblia dan diversas interpretaciones: tal vez pretendía distraerse, o reflexionar, o llorar. Ciertamente, Isaac echaba de menos una figura femenina tras la muerte de su madre.

Cuando lo ve de lejos, Rebeca se cubre el rostro con el velo, para que su marido no la vea antes de la boda. Isaac lleva a Rebeca a su tienda y allí se une con ella.

Mientras tanto, Abrahán había encontrado otra esposa, Queturá, con la que había tenido seis hijos, a los que envió a vivir al este, en el desierto: una prueba más de que también el pueblo árabe desciende de Abrahán.

El heredero de todo es el único hijo de Abrahán y Sara: Isaac. Y será Isaac, junto con Ismael, el que enterrará al patriarca cuando este, «colmado de años», expira. Los hijos depositan el féretro en la cueva de Macpela, junto a Sara. Abrahán tenía ciento setenta y cinco años.

Isaac, por su parte, tenía cuarenta años cuando se casó con Rebeca, y sesenta cuando se convirtió en padre. Tuvo que esperar mucho tiempo porque Rebeca era estéril al principio. Entonces Isaac rezó al Señor y el Señor escuchó su suplica. Rebeca se quedó embarazada. Pero aquí ocurre algo insólito. Porque desde el momento en que Rebeca da a luz se intuye que una batalla se está gestando en el seno de la familia. Una batalla que, a su vez, presagiaba una contienda aún más grande, en la que serían diez contra uno.

3

EL HIJO DEL AMOR
José y los sueños del faraón

La historia de José es tal vez mi favorita. Resulta de una modernidad asombrosa, también porque se basa en la interpretación de los sueños. Es una historia en la que, contrariamente a las que la preceden y las que la siguen, Dios habla muy poco. Se manifiesta de otras formas. Sobre todo, a través de los sueños.

Al mismo tiempo, la novela de José es una gran novela familiar. Podría ser perfectamente una tragedia de Shakespeare —pero con un final feliz —o una saga de Balzac. Es una historia de amor que, para triunfar, debe superar terribles tribulaciones, maldades, arrepentimientos, gestos de clemencia. Incluida la agnición final, la escena del reconocimiento, que es un gran clásico del teatro y la literatura de todos los tiempos, pero que aquí en la Biblia realmente nos conmueve hasta hacernos saltar las lágrimas: «¡Yo soy José, vuestro hermano!».

Sin embargo, para llegar a José, tenemos que partir de su padre Jacob y del vínculo especial entre él y su madre Rebeca, que marcará el resto de la historia.

Rebeca concibe dos mellizos y nota en su vientre cómo luchan, se dan golpes, están inquietos, como si los dos pequeños ya se llevaran mal incluso antes de nacer. La mujer, preocupada, acude a Dios y este le aclara: «Dos naciones hay en tu vientre, dos pueblos se separarán de tus entrañas. Un pueblo dominará al otro, el mayor servirá al menor».

Del vientre de Rebeca sale primero Esaú, rojizo y «todo peludo como un manto»; luego es el turno del hermano, que sale agarrado de la mano al talón de Esaú, y lo llamaron Jacob, es decir, 'el que agarra el talón'.

Esaú se hizo un experto cazador, un hombre de campo, mientras que Jacob era «un hombre comedido, amante de la tienda». Isaac prefería a Esaú, porque le gustaba la caza, pero Rebeca prefería a Jacob.

Un día Jacob había preparado un potaje de lentejas. Cuando regresa Esaú del campo, agotado, le dice al hermano: «Dame un bocado de ese potaje rojo, pues estoy agotado». La reacción de Jacob no es nada generosa, al contrario, se revela extremadamente calculadora: a cambio del potaje quiere los derechos de primogenitura que le corresponden al hermano, lo que implica la herencia paterna. Esaú le contesta de forma apresurada, sin darle mucha importancia al asunto: «Estoy a punto de morir, ¿de qué me sirve la primogenitura?». Jacob, en cambio, se toma la conversación muy en serio y le pide al hermano que se lo jure.

Esaú se lo jura, menospreciando así la herencia a cambio de pan y un plato de potaje y dando origen a la expresión «venderse por un plato de lentejas», que aún en la actualidad se usa para referirse a alguien que renuncia a algo preciado a cambio de una cosa de escaso o nulo valor. Pronto Esaú se arrepentirá de su decisión.

Isaac, por su parte, se había hecho mayor y había perdido la vista. Manda entonces llamar a Esaú, su hijo mayor, y le dice: «Mira, yo soy viejo y no sé cuándo moriré. Toma tus aparejos, arco y aljaba, y sal al campo a buscarme caza; después me preparas un guiso sabroso, como a mí me gusta, y me lo traes para que lo coma; pues quiero darte mi bendición antes de morir».

Pero Rebeca ha escuchado la conversación entre Isaac y Esaú. Cuando Esaú sale a cazar, Rebeca le ordena a Jacob que le traiga dos cabritos para que ella los cocine a gusto de Isaac y este bendiga a Jacob antes de morir.

A Jacob no le parece mala idea, pero hay algo que le preocupa y se lo comenta a su madre: «Ten en cuenta que mi hermano Esaú es velludo y yo, en cambio, lampiño»; si el padre descubre el engaño le maldecirá en lugar de bendecirlo. Pero la mujer lo tranquiliza: «Caiga sobre mí tu maldición, hijo mío. Tú hazme caso, ve y tráemelos». En otras palabras: Deja que tu madre se encargue de esto.

Rebeca coge el mejor traje que tenía su hijo Esaú y se lo da Jacob para que se lo ponga; luego, coge la piel de los cabritos y le cubre los brazos y el cuello. Finalmente, le da el guiso sabroso que había preparado y el pan y le dice que se vaya a ver a Isaac.

El pobre Isaac, ciego, no sabe qué hijo tiene delante y pregunta: «¿Quién eres, hijo mío?». Jacob, descarado, contesta: «Soy Esaú, tu primogénito; he hecho lo que me mandaste. Incorpórate, siéntate y come de mi caza; después podrás bendecirme». Isaac ha perdido la vista, pero no la razón, y de hecho se queda sorprendido y le pregunta: «¿Cómo la has podido encontrar tan pronto, hijo mío?». Jacob se vuelve más atrevido: «El Señor tu Dios me la puso al alcance». Isaac no lo tiene claro y le pide que se acerque para que pueda tocarlo. El joven se acerca e Isaac constata: «La voz es de Jacob, pero los brazos son de Esaú». Sin embargo, antes de darle su bendición, insiste: «¿Eres tú realmente mi hijo Esaú?». Jacob vuelve a mentir: «Yo soy».

Isaac, por fin tranquilo, come la carne, bebe el vino y le luego le pide al hijo que se acerque y le bese. Jacob obedece. Isaac huele el olor del traje de Esaú y se convence ya definitivamente. Con estas poéticas palabras imparte su bendición: «El aroma de mi hijo es como el aroma de un campo que bendijo el Señor. Que Dios te conceda el rocío del cielo, la fertilidad de la tierra, abundancia de trigo y de vino. Que te sirvan los pueblos, y se postren ante ti las naciones. Sé señor de tus hermanos...».

Apenas había terminado Isaac de bendecir a Jacob, el cual se había alejado apresurado, cuando Esaú regresa de la caza. Prepara un guiso, se lo lleva a su padre y le pide que le bendiga. (Si no estuviéramos presenciando un engaño, cuya víctima además es un patriarca anciano y ciego, seguro que se nos escaparía una risa considerando que la escena parece sacada de una comedia de enredo o de un programa de *MasterChef*). Hay un punto dramático en esta historia, que sin embargo se ve atenuado por un efecto no digo cómico, pero que sí nos recuerda al mejor Boccaccio: Dios está del lado de Jacob, aunque a primera vista el perjudicado nos pueda parecer Esaú; y cuando hay que cumplir la voluntad de Dios, todo vale, incluido el engaño. El mismo Jesús lo dice en el Evangelio: «Mirad que yo os envío como ovejas entre lobos; por eso, sed sagaces como serpientes y sencillos como palomas».

Cuando Isaac entiende que el que tiene delante es el verdadero Esaú y se da cuenta del error, su cuerpo es atravesado por fortísimo estremecimiento: «Entonces, ¿quién es el que me ha traído la caza? Yo la he comido antes de que tú llegaras, lo he bendecido y quedará bendito».

Esaú rompe a gritar, preso de la amargura, e implora a Isaac: «Padre, bendíceme a mí también». Isaac está desconsolado: «Tu hermano ha venido con astucia y se ha llevado tu bendición». Esaú insiste, pero Isaac le explica que, muy a su pesar, no puede hacer nada: solo hay una bendición, y solo puede haber un heredero. A Jacob le corresponden las riquezas de la familia, y la primacía sobre su hermano.

En esta situación, lo normal es simpatizar con Esaú. Es cierto, actuó con ligereza, pecó de ingenuo; pero, al fin y al cabo, no hizo nada malo, es víctima de la trampa que le han tendido su hermano y su madre, que no han dudado en engañar y hacer sufrir al pobre padre ciego. Así que Esaú no se resigna, levanta la voz, grita, llora, pide por tercera vez que su padre le bendiga. Entonces Isaac pronuncia una profecía, en parte consoladora: «Lejos de la tierra fértil tendrás tu morada, y lejos del rocío del cielo. Vivirás de tu espada, y servirás a tu hermano. Y cuando te rebeles, sacudirás el yugo de tu cuello».

Esaú no perdona a Jacob. De hecho, contempla matarlo en cuanto muera su padre. Alguien informa a Rebeca de sus malas intenciones, y esta una vez más interviene en favor del hijo predilecto y le recomienda que huya: «¿Por qué he de verme privada de vosotros dos en un solo día?». Jacob partirá inmediatamente hacia el este y encontrará refugio en casa de su tío Labán, el hermano de Rebeca: cuando la ira de Esaú se apacigüe, entonces podrá regresar.

Para justificar la huida, Rebeca le dice a Isaac que Jacob no debe en absoluto tomar por esposa a una extranjera, como hizo Esaú. Isaac está de acuerdo y él también le anima a partir y a casarse con una de las hijas de Labán.

Jacob parte en dirección a Jarán, la ciudad de la que había salido Abrahán. Al caer el sol se acuesta a dormir, con una piedra como almohada. Podemos imaginar su desasosiego: está solo, huyendo; ha engañado a su padre, su hermano quiere matarlo; le espera un largo viaje y un destino incierto.

Por la noche, Jacob tiene un sueño misterioso: una escalera apoyada en el suelo y cuya cima llega hasta el cielo, recorrida por ángeles que suben y bajan. Entonces Dios le habla por primera vez; de hecho, lo primero que hace es presentarse: «Yo soy el Señor, el Dios de tu padre Abrahán y el Dios de Isaac. La tierra sobre la que estás acostado la daré a ti y a tu descendencia. Tu descendencia será como el polvo de la tierra, y todas las naciones de la tierra serán benditas por causa tuya y de tu descendencia».

Jacob se despierta sobrecogido: «Realmente el Señor está en este lugar y yo no lo sabía. Qué terrible es este lugar: no es sino la casa de Dios y la puerta del cielo». Toma entonces la piedra que había usado de almohada, le derrama aceite por encima para consagrarla y la clava en el suelo, como si fuera una estela. A aquel lugar lo llama Betel, que significa 'casa de Dios' (hoy conocido con el nombre de Beitin, a unos pocos kilómetros al norte de Jerusalén). Luego Jacob hace un voto: si Dios está con él y le protege en el camino haciendo que vuelva sano y salvo a casa de su padre, entonces será su Dios.

He aquí una constante de la Biblia: a cada nueva generación, Dios debe volver a ganarse al hombre. La fe no se adquiere para siempre, es más bien una antorcha que pasa de mano en mano, y a veces se apaga.

Jacob retoma su viaje hacia oriente y llega a un pozo, que de nuevo resulta ser un lugar marcado por el destino. Algunos pastores estaban esperando a que llegaran todos los rebaños para correr la piedra que tapaba la boca del pozo y abrevar a los animales. Jacob les pregunta si conocen a Labán y ellos le contestan: «Sí; mira, su hija Raquel llega con el rebaño».

Apenas Jacob ve a Raquel, enseguida se acerca al pozo y corre la piedra para que ella pueda abrevar a sus animales sin tener que esperar. Luego la besa, se echa a llorar, y le revela que es su primo, el hijo de Rebeca. Raquel enseguida corre a contárselo a su padre.

Labán acoge al hijo de su hermana con gran alegría. Jacob le cuenta del feliz encuentro que se ha producido en el pozo. Labán, entusiasmado, exclama: «Tú eres realmente de mi hueso y carne».

Jacob ya se ha enamorado de Raquel, «de buen tipo y bello semblante», contrariamente a su hermana mayor, Lía, que tiene «los ojos apagados», quizá por un problema de la vista. Pero antes de que pueda alcanzar la felicidad prometida, aún le queda sufrimiento por delante.

UNA NOVIA VELADA

Jacob se pone a trabajar para Labán, pero no quiere que su tío le pague: le propone servirle durante siete años a cambio de la mano de Raquel. Labán acepta. Y «Jacob sirvió por Raquel siete años, que le parecieron unos pocos días, de lo enamorado que estaba». ¡Qué maravilla de frase!

En apariencia, las cosas pintan bien. Una vez cumplido el plazo, Jacob le recuerda su promesa a Labán, que organiza el banquete nupcial. Pero cuando anochece toma a su hija Lía, le cubre el rostro con un velo y se la lleva a Jacob, que se acuesta con ella.

«A la mañana Jacob vio que era Lía»: así se desvela el engaño en la Biblia. Jacob se queda sin palabras, incrédulo, disgustado. Igual se le pasa por la cabeza que el destino le ha dado su merecido por el engaño que había perpetrado contra su hermano Esaú: otra burla, otro caso de confusión de identidad; pero esta vez la víctima es él.

Jacob protesta ante Labán, que se justifica y contesta con picardía: le prometió que le daría por mujer a su hija y ha cumplido con su promesa, puesto que Lía es su hija, y es la primogénita. De hecho, Labán le explica a Jacob que «no es costumbre en este lugar dar la menor antes que la mayor». Si de verdad está empeñado en casarse con Raquel, Jacob deberá servir a Labán otros siete años.

A Jacob no le queda otra que aceptar. Finalmente se casa también con Raquel y, como era de esperar, la ama más que a Lía. Pero Dios, al ver que Lía es menospreciada, para recompensarla la hace fecunda; Raquel, en cambio, sigue estéril.

Lía da a luz un hijo y proclama: «El Señor ha visto mi aflicción; ahora me amará mi marido». Al niño le llama Rubén *(ra'ah be'onyi),* que de hecho significa 'ha visto mi aflicción'. Luego da a luz otro hijo y lo llama Simeón, puede que aludiendo a la palabra hebrea *shama'*, 'oír'; en efecto, dice: «El Señor ha oído que era menospreciada y me ha dado este también». Cuando alumbra al tercer hijo, anuncia: «Ahora sí me cobrará afecto mi marido, pues le he dado tres hijos»; y lo llama Leví, que significa 'unido'. Cuando nace su cuarto y último hijo, Lía exclama: «Esta vez alabaré al Señor»; y lo llama Judá, que significa 'alabanza' y, más específicamente, 'alabado sea Dios'. (Pronto descubriremos por qué razón la Biblia se preocupa de detallar el origen de los nombres de los hijos de Lía, sus etimologías).

Raquel se lo toma muy mal. Le entran celos de su hermana, también monta en cólera con Jacob: «Dame hijos o me muero», le espeta; pero Jacob a su vez se irrita con ella: es Dios quien le ha negado la alegría de ser madre; él no puede hacer nada, no depende de él.

A Raquel se le ocurre una idea: «Ahí tienes a mi criada Bilá. Cohabita con ella, para que dé a luz en mis rodillas; así también tendré yo hijos por medio de ella». Poner a un recién nacido en las rodillas de otra mujer significaba darlo en adopción. La historia de Bilá, igual que la de Agar, es la historia de una gestación subrogada. Una expresión que no le gustaba nada a la escritora Michela Murgia, la cual, puesta a elegir, decía preferir «vientre de alquiler». En los tiempos de la Biblia, las criadas, las esclavas, no tenían posibilidad de elegir; y aún hoy en día la elección de muchas madres no es libre, sino que responde a necesidades materiales. Sin embargo, dar a luz a un niño que será criado por otra mujer —o por dos hombres, en un escenario que, obviamente, en la Biblia no se contempla— puede ser un acto de amor desinteresado.

Ahora Raquel es feliz: «Dios me ha hecho justicia y ha escuchado mi súplica, dándome un hijo», que recibe el nombre de Dan, es decir, 'juez'. Bilá, la criada, vuelve a concebir y a dar a luz; Raquel celebra el segundo hijo diciendo: «Dios me ha hecho competir con mi hermana y la he vencido». Llama entonces al niño Neftalí, 'el que lucha'.

Se trata de etimologías muy populares en la tradición judía. Obviamente, su origen es literario, no científico. Un nombre puede tener varios significados. Sin embargo, es importante dar cuenta de ellos porque estamos aún en medio de una historia fundacional, la del nacimiento del pueblo hebreo. Millones de niños a lo largo de los siglos recibirán los nombres de los hijos de Jacob; y esto porque los hijos de Jacob serán los fundadores de las tribus de Israel. Y las tribus serán doce. Así que esta historia aún no ha terminado.

EL HIJO DE LA MUJER AMADA POR JACOB

El desafío entre Raquel y Lía no ha terminado. Lía reacciona a la jugada de la hermana: cuando ve que ya no puede concebir, le ofrece a Jacob su esclava, Zilpa, que le da un hijo. Lía exclama: «¡Qué suerte!», y le llama Gad (el actual Fortunato). Al poco tiempo, Zilpa da a luz un segundo hijo, y Lía dice: «¡Qué felicidad! Seguro que las mujeres me felicitarán»; y lo llama Aser (el actual Félix).

Pero la familia de Jacob está destinada a crecer aún más.

Un día, durante la siega del trigo, Rubén sale al campo y encuentra unas mandrágoras y se las lleva a su madre Lía. En la antigüedad, a la planta de mandrágora se le atribuían poderes afrodisíacos y se la relacionaba con la fertilidad. Muchos siglos después, Nicolás Maquiavelo tituló *La mandrágora* su obra maestra teatral: el protagonista, Calímaco, ama a

Lucrecia, casada con un necio, que se aflige porque no puede ser padre. Entonces Calímaco se hace pasar por médico y receta a la mujer a la que ama la mandrágora, pero advierte: el primero que se una con ella morirá; obviamente el primero será él, disfrazado de criado, y así también se resolverá el problema de infertilidad de Lucrecia.

La obra de Maquiavelo es una comedia. Sin embargo, en la Biblia la mandrágora se convierte en otro tema de disputa entre las dos hermanas.

Raquel, la mujer predilecta, aún no se ha resignado del todo a la idea de no poder ser madre, y pide a Lía que le dé unas mandrágoras de las que ha recogido su hijo. La hermana se cabrea: «¿Te parece poco haberme quitado a mi marido, que vas a quitarme también las mandrágoras de mi hijo?». Raquel le replica: «Que se acueste contigo esta noche a cambio de las mandrágoras de tu hijo».

Cuando al caer el sol Jacob vuelve del campo, Lía le informa del acuerdo que ha alcanzado con su hermana. Jacob se acuesta con ella esa noche y nace un hijo, Isacar, que significa 'asalariado' porque Lía había dicho: «Dios me ha pagado por haber dado mi criada a mi marido». Luego Lía se queda de nuevo embarazada: da a luz a un niño al que llama Zabulón —del hebreo *zabal*, 'honrar'— y exclama: «Dios me ha dado una buena dádiva: esta vez mi marido me tratará como una princesa, pues le he dado seis hijos». Finalmente alumbra a una hija y la llama Dina.

Entonces, el destino da un giro inesperado. De repente, el sueño se cumple y «se acordó Dios de Raquel. Dios la escuchó e hizo fecundo su seno».

Raquel se queda embarazada, da a luz un niño y proclama: «Dios ha quitado mi afrenta. ¡Que el Señor me añada otro hijo!». Por eso llama al recién nacido José, de la raíz hebrea *yasaph,* 'añadir'.

José: encontramos aquí el primer nombre hebreo destinado a entrar en la tradición cristiana. Será el nombre del padre putativo de Jesús. Sigue siendo el nombre más frecuente en Italia, por delante de otro nombre bíblico, Juan. Entre las mujeres, Josefina ocupa el tercer lugar, por detrás de otros dos nombres bíblicos: María, el más común, y Ana, su madre. Entre los recién nacidos, sin embargo, van prevaleciendo Leonardo, Alejandro, Eduardo, Sofía, Aurora, Julia…

Los nombres bíblicos son muy bonitos. Entre los femeninos, solo por citar algunos, tenemos: Sara, Débora, Ester, Elisa, Ada, Susana, Eva, Micaela, Rafaela, Gabriela, Mariela, Dalila, Marta, Martina, Simona, Micol, Daniela, Noemí, Mara, Tamara, Isabel, y, por supuesto, los nombres de las protagonistas de esta historia: Rebeca, Lía y Raquel.

Jacob enloquece de felicidad. José será su hijo predilecto por la sencilla razón de que es el hijo de Raquel, la mujer a la que ama. Este privilegio, sin embargo, también condenará al pequeño a la incomprensión y al sufrimiento.

Tras el nacimiento de José, Jacob siente que su tiempo en tierra extranjera ha llegado a su fin. Quiere volver a casa para ver a sus padres, ya muy ancianos. Así que le pide a Labán que le deje marchar. Labán sabe que ha prosperado gracias al trabajo de Jacob y a la bendición de Dios, por lo que no pone ninguna objeción. Al contrario, le responde: «Dime qué paga quieres, y te la daré». En otras palabras, Labán le dice a su yerno: «¿Cuánto te debo?».

Jacob pide como salario poder apartar todas las ovejas

oscuras y todas las cabras manchadas o moteadas entre las cabezas de ganado de Labán. Toma después unas varas verdes de chopo, almendro y plátano y pela en ellas unas tiras, dejando al descubierto la parte blanca de las varas. Coloca las varas peladas en los pilones de los abrevaderos, de manera que estuvieran bien a la vista del ganado cuando venía a beber en época de apareamiento. La sugestión óptica hace que las ovejas y las cabras conciban corderos y cabritos de color oscuro, rayados o moteados. Es el resultado de una combinación de magia, favor divino y astucia. Cuando las reses más fuertes se iban a aparear, Jacob colocaba las varas delante de ellas en el abrevadero, para que se apareasen frente a las varas. En cambio, cuando las reses eran débiles, no las colocaba; «de este modo, las reses endebles eran las de Labán y las fuertes las de Jacob».

Labán, que no es un ingenuo, se mosquea: «Jacob observó el gesto de Labán y vio que ya no se portaba con él como antes». El ángel de Dios anima a Jacob a marcharse, a volver a su casa. Así pues, Jacob reúne a sus mujeres, su hija, sus once hijos y todas sus pertenencias, incluidas las ovejas oscuras y las cabras moteadas, y se marcha. Raquel y Lía le apoyan, es más, Raquel roba los amuletos de su padre, que posiblemente eran las imágenes de sus ancestros, sin que Jacob lo sepa.

Labán se enfurece, sale en busca de Jacob, lo alcanza y le reprocha: «¿Qué has hecho? ¿Te has llevado a mis hijas como cautivas de guerra? ¿Por qué has huido furtivamente, y me engañaste, sin decirme nada? ¿Por qué me has robado a mis dioses?». Jacob se queda impresionado al escuchar las palabras de Labán y le promete que, cuando encuentre al ladrón de sus dioses, este pagará con la vida. Jacob no sabe que había sido Raquel la que los había robado.

Labán registra todas las tiendas, incluida la de Raquel, pero no encuentra nada. Entretanto, la mujer había tomado los amuletos, los había colocado en la silla del camello y se había sentado encima, sin intención alguna de levantarse: «No tome a mal mi señor el que no pueda levantarme en su presencia, pues me ha venido el periodo de las mujeres».

Labán no se da por vencido y sigue buscando por todas partes. Entonces, Jacob toma las riendas e, irritado, le recuerda: «Hace veinte años que estoy contigo [...]. Durante el día me devoraba el calor y por la noche el frío; y no conciliaba el sueño [...]. Pero Dios se fijó en mi aflicción y fatiga». Labán comprende que se debe reconciliar con su yerno. Besa a las hijas y a los nietos, los bendice y regresa a su casa.

Jacob ha hecho las paces con su suegro, pero ahora se va a tener que enfrentar a su verdadero enemigo: su hermano, al que años atrás había traicionado y engañado quitándole la primogenitura.

El que lucha con Dios

De camino a casa, Jacob envía unos mensajeros para que le adelanten su llegada a Esaú. Estos regresan con un mensaje inquietante: Esaú se dirige a su encuentro acompañado de cuatrocientos hombres. La primera reacción de Jacob es el miedo, por lo que decide dividir en dos campamentos a su gente y sus pertenencias pensando que, si Esaú llega a un campamento y lo destruye, por lo menos se salvará el otro. Luego un pensamiento le reconforta: «Con un bastón crucé este Jordán y ahora vuelvo con dos campamentos». Posee bastantes riquezas para aplacar la ira de su hermano.

Así Jacob le prepara un obsequio: doscientas cabras y veinte machos cabríos, doscientas ovejas y veinte carneros, treinta camellos, diez bueyes… Para que el obsequio parezca aún más generoso, divide los animales en tres rebaños y asigna tres pastores para conducirlos en varias tandas ante Esaú, uno tras otro. Todo esto con la esperanza de que el humor del hermano poco a poco mejore.

Pero la noche anterior al encuentro con su hermano, Jacob cambia de idea. Tal vez prevalezca el miedo. Así que se levanta, toma a sus dos esposas, las dos criadas y los once hijos y les hace cruzar un pequeño río, un afluente del Jordán, el Yaboc. Al quedarse solo, Jacob se enfrenta a un hombre con el que tendrá que luchar toda la noche.

Hemos llegado a una de las páginas más misteriosas de la Biblia. No sabemos quién es ese hombre. Algunos lo identifican con el espíritu del río, una personificación de las fuerzas de la naturaleza. Para otros es la propia sombra de Jacob que se desprende del cuerpo para perseguirle, una especie de *alter ego*. La mayoría cree que es un ángel; de hecho, al amanecer se marchará a toda prisa, pues debe cantar ante Dios en el coro de la mañana. Aunque tal vez el hombre misterioso sea una manifestación del mismo Dios.

Sea como fuere, no consigue derrotar a Jacob, aunque le disloca la articulación del fémur, dejándolo cojo (razón por la cual los judíos no pueden comer el nervio ciático de los animales). Jacob como Muhammad Ali, que en el *ring* resiste heroicamente quince asaltos de Joe Frazier, que también le derriba, pero sin conseguir noquearlo.

Al amanecer, el hombre le dice a Jacob: «Suéltame, que llega la aurora». Pero Jacob, que ha comprendido la naturaleza divina de su contrincante, le pide su bendición y, preguntado por el hombre, le dice su nombre. Este último le comunica: «Ya no te llamarás Jacob, sino Israel, porque has luchado con Dios y con los hombres, y has vencido». *Yisra'el,* de hecho, significa 'Dios lucha' y, por tanto, 'el que lucha con Dios'. Tras haber bendecido a Jacob, el hombre misterioso desaparece, pero sin haberle revelado su nombre. Así Jacob llama aquel lugar Penuel, 'rostro de Dios', pues se dice a sí mismo: «He visto a Dios cara a cara y he quedado vivo». Dios se ha revelado y, al mismo tiempo, permanece envuelto en su misterio.

Jacob ha superado la prueba, ha tenido su iniciación. Si no ha cedido ante Dios, tampoco cederá ante Esaú. Nada ni nadie puede realmente asustarle.

Cuando ve acercarse a su hermano, Jacob envía delante a las criadas con sus cuatro hijos, Lea con sus siete, y finalmente Raquel con José. Queda feo decirlo, pero esta era la jerarquía: la mujer amada y el hijo predilecto eran los últimos, ya que debían ser los mejor protegidos. Entonces Jacob asume sus responsabilidades: va al encuentro de su hermano y se postra siete veces en el suelo, suplicando clemencia.

Y aquí se produce el giro de guion.

Esaú no viene a vengarse de Jacob, sino a reconciliarse con él: «Esaú corrió a su encuentro, lo abrazó, se le echó al cuello y lo besó llorando». También las esposas, las criadas y los hijos de Jacob se postran delante de Esaú, que se muestra turbado y conmovido. Intenta rechazar los obsequios, porque él también tiene bienes y ganado en abundancia, pero Jacob insiste y Esaú finalmente acepta. Luego le dice a su hermano: «Pongámonos en marcha, y yo iré a tu lado».

Jacob le replica que le seguirá, pero caminará más despacio, a su ritmo, para no dejar atrás a los niños; pero a lo largo del trayecto cambia de dirección. No se fía de su hermano, por lo que, en lugar de seguirlo, decide desviarse hacia la ciudad de Siquén, en tierra de Canaán.

Y aquí es donde se desata la tragedia.

Dina, la hija que Lía le había dado a Jacob, sale a conocer a las chicas del lugar. Cuando la ve el príncipe, que se llama igual que la ciudad, Siquén, la hace raptar, se la lleva a palacio y la viola. «Pero llegó a sentir tal afecto por Dina, hija de Jacob, que se enamoró de la muchacha y trató de conquistar su corazón».

Siquén y su padre, Jamor, confían en un matrimonio reparador. Una antigua costumbre que, en Italia, llegó a estar amparada por la ley y permaneció vigente hasta 1981. Estaba recogida en el Código Rocco y establecía que, si el violador se casaba con su víctima, se le absolvía del delito, ya que la violación era considerada un delito contra la moral, no contra la persona; por tanto, el matrimonio restablecería el honor ofendido. Sin embargo, en 1966 una chica siciliana, Franca Viola, fue la primera en negarse a casarse con el hombre que la había violado, declarando públicamente: «El honor lo pierde quien hace ciertas cosas, no quien las sufre».

En los tiempos de la Biblia, la decisión le correspondía al padre: podía aceptar el matrimonio reparador o rechazarlo, recibiendo en todo caso la dote a modo de compensación. Jamor y Siquén le proponen a Jacob una alianza: «Emparentad con nosotros: dadnos vuestras hijas y tomaos las nuestras».

Los hijos de Jacob, es decir, los hermanos de Dina, estaban muy indignados por la deshonra de la que había sido víctima la joven. Fingen aceptar la propuesta de matrimonio, pero les dicen: «Solo aceptamos con esta condición: que seáis como nosotros, circuncidando a todos vuestros varones. Entonces seremos un solo pueblo».

El príncipe Siquén acepta. Primero se circuncida él y luego convence a los habitantes de su ciudad para que hagan lo mismo. Pero al tercer día, mientras todos los hombres están convalecientes, Simeón y Leví, hijos de Jacob y hermanos de Dina, entran en la ciudad blandiendo las espadas y, sin encontrar ninguna resistencia, perpetran una matanza. Todos los varones son asesinados. «Los hijos de Jacob cayeron sobre los muertos y saquearon la ciudad, por haber sido deshonrada su hermana. Se apoderaron de sus ovejas, bueyes y asnos, y de todo lo que había en la ciudad y en el campo. Se llevaron toda su fortuna, sus niños y sus mujeres».

Es la primera matanza despiadada que se relata en la Biblia, a la que seguirán muchas más.

Jacob monta en cólera y riñe a sus hijos, preocupado más por sí mismo que por los muchos inocentes que habían perdido la vida: «Me habéis metido en un apuro, haciéndome odioso a los habitantes del país». Sin embargo, nadie se atrevió a atacar a los hijos de Jacob, porque se había extendido la noticia de la matanza y todos les tenían miedo.

Raquel, por su parte, da a luz a su segundo hijo, el duodécimo hijo de Jacob. Pero el parto se complica y la madre muere. Antes de exhalar su último aliento, llama al niño Benomí, 'hijo de mi dolor'. Sin embargo, el padre elige para su hijo un nombre más auspicioso y lo rebautiza como Benjamín, 'hijo de la derecha', es decir, de la fortuna.

Raquel fue enterrada en el camino entre Hebrón y Belén; su tumba sigue siendo hoy en día un lugar de culto. Luego, Jacob se reunió en Hebrón con su padre Isaac, muchos años después de que le había usurpado su bendición con el engaño.

Isaac falleció a la edad de ciento ochenta años, «anciano y colmado de años». Sus hijos Esaú y Jacob, por fin reconciliados, le dieron sepultura.

JOSÉ ESCLAVO DE LOS EGIPCIOS

José tenía entonces diecisiete años. Era más que nunca el predilecto de Jacob, y no hacía nada por ocultar su condición privilegiada. Como muestra de amor, su padre le había regalado una túnica de mangas largas: una túnica de príncipe, muy diferente de la ropa de trabajo que llevaban sus hermanos.

Una noche José tuvo un sueño: «Escuchad este sueño que he tenido. Estábamos atando gavillas en el campo, y de pronto mi gavilla se levantó y se mantuvo en pie, mientras que vuestras gavillas la rodeaban y se postraban ante ella». A los hermanos no les hizo ninguna gracia: «¿Acaso vas a ser tú nuestro rey o vas a someternos a tu dominio?». Y lo odiaron todavía más.

Luego José tuvo otro sueño: esta vez el sol, la luna y once estrellas se postraban ante él. En esa ocasión también Jacob se mosqueó: «¿Qué significa ese sueño que has tenido? ¿Es que yo, tu madre y tus hermanos vamos a postrarnos por tierra ante ti?».

Un día Jacob le pidió a José que se reuniera con sus hermanos, que habían llevado los rebaños a pastar a Siquén: «Ve a ver cómo están tus hermanos y el ganado, y tráeme noticias». De Hebrón a Siquén hay unos cien kilómetros: un viaje arriesgado. Pero en este caso el peligro no viene de los desconocidos, sino de la propia familia.

Cuando los hermanos lo vieron de lejos, completamente solo, comenzaron a conspirar entre ellos: «Ahí viene el soñador. Vamos a matarlo y a echarlo en un aljibe; luego diremos que una fiera lo ha devorado; veremos en qué paran sus sueños». Pero Rubén, el hermano mayor, intentando salvarle la vida, intervino: «No derraméis sangre; echadlo en este aljibe, aquí en la estepa; pero no pongáis las manos en él». Rubén tenía la esperanza de librarlo de las manos de los demás hermanos y devolverlo a su padre.

Cuando llegó José al lugar donde estaban sus hermanos, lo sujetaron, le quitaron la túnica con mangas que tanto le envidiaban y lo tiraron a un pozo que estaba vacío. Luego se sentaron a comer. Llegó entonces una caravana de ismaelitas —hijos de Ismael, es decir, árabes— que transportaban en camellos goma, bálsamo y resina a Egipto. Uno de los hermanos, Judá, dijo: «¿Qué sacaremos con matar a nuestro hermano y con tapar su sangre? Vamos a venderlo a los ismaelitas y no pongamos nuestras manos en él, que al fin es hermano nuestro y carne nuestra».

Mientras José, al que habían vendido como esclavo, emprende el camino a Egipto con sus nuevos amos, los hermanos vuelven a actuar de manera abyecta, esta vez contra su propio padre. Degüellan un cabrito, empapan con su sangre la túnica de José y la envían a su padre con un recado: «Esto hemos encontrado, mira a ver si es la túnica de tu hijo o no».

Jacob está destrozado: ha perdido a su hijo predilecto, fruto de su amor por Raquel, la mujer a la que tanto había querido y que ahora estaba muerta. Grita: «Es la túnica de mi hijo; una bestia lo ha devorado. Sin duda, José ha sido despedazado».

Jacob se rasga las vestiduras, se ciñe un cilicio al costado y guarda luto por su hijo. De nada sirven los intentos de su familia por consolarlo, él no para de llorar: «De luto bajaré al lugar de los muertos, adonde está mi hijo».

EL VICIO DE ONÁN Y LA LUJURIA DE JUDÁ

Ahora la Biblia deja momentáneamente al margen a José para contar la historia de Judá. La podríamos omitir: es una historia excéntrica, que se sale del núcleo de la narración; sin embargo, tiene su importancia, pues de esta descenderá el rey David, y de David, Jesús.

Judá, tal vez angustiado por la desaparición de José, se separa de sus hermanos para formar su propia familia. Tiene tres hijos: Er, Onán y Sela. Pero la sombra de la maldición se cierne sobre ellos. Er se casa con una mujer llamada Tamar. Pero «Er desagradaba al Señor, y el Señor lo hizo morir». La Biblia no da más explicaciones, liquida al personaje con una línea.

Entonces Judá ordena a su segundo hijo, Onán, que tome como esposa a la viuda de Er, Tamar, para dar descendencia a su hermano muerto: según las normas entonces vigentes, el primogénito del nuevo matrimonio sería legalmente el hijo del difunto. Onán sabía que si de su matrimonio nacía un hijo no sería considerado hijo suyo; por eso, cada vez que tenía relaciones con Tamar, derramaba su semen en el suelo, para no dar descendencia a su hermano. De aquí viene en término «onanista» para referirse a un hombre aficionado a la masturbación, aunque lo que Onán practicaba era en realidad el *coitus interruptus,* en otras palabras, una práctica anticonceptiva rudimentaria.

Dios no aprueba el comportamiento de Onán y también lo hace morir.

Judá teme que su tercer hijo, Sela, también muera. Entonces, le pide a Tamar que se quede en casa de su padre hasta que Sela cumpla la mayoría de edad y pueda casarse con ella. Tamar, sin embargo, no quiere correr el riesgo de no ser madre. Cuando se entera de que Judá, que entretanto se había quedado viudo, iba a ir a esquilar el rebaño, se cubre el rostro con un velo, como hacían las prostitutas, y se sienta en el camino esperando la llegada del suegro. Judá no resiste la tentación: «Deja que me acueste contigo». Y Tamar: «¿Qué me vas a dar por acostarte conmigo?». Judá contesta: «Te enviaré un cabrito del rebaño». La mujer acepta, pero quiere algo en prenda, una señal, algo que le asegure que recibirá su gratificación. Y le pide a Judá su sello, su cordón y el bastón que tiene en la mano. Judá no cae en que así se le podrá identificar; o quizá sencillamente el deseo es más fuerte que cualquier prudencia. Tamar se queda embarazada.

Tras el encuentro, Judá pide a un amigo que le lleve el cabrito a la prostituta con la que se había acostado, pero el hombre no la encuentra: «Aquí no ha habido ninguna ramera», le confirma la gente del lugar. Judá no entiende y se resigna a que esa mujer se quede con su sello, su cordón y su bastón.

Tres meses después le informan de que su nuera se había quedado embarazada por ejercer la prostitución. Judá ordena que la saquen y la quemen viva. Pero ella le envía un recado a su suegro: «El hombre a quien pertenecen estos objetos me ha dejado encinta». Judá reconoce su sello, su cordón y su bastón; admite su falta y no volverá nunca más a acostarse con ella.

Tamar da a luz dos mellizos. En el momento del parto, uno de ellos saca una mano y la comadrona le ata una cinta roja a la muñeca, diciendo: «Este ha salido primero». Pero luego retira la mano y sale primero su hermano. La comadrona exclama: «¡Qué brecha te has abierto!». Y lo llaman Peres, que significa 'brecha'. Luego sale el hermano con la cinta roja en la muñeca y le llaman Zeraj, 'el que irrumpe'. Precisamente Peres será el ancestro de David, el primer gran rey del pueblo hebreo.

«ACUÉSTATE CONMIGO»

Hay personas especiales, y por tanto excepcionales, que irradian luz a su alrededor. Inspiran en los demás una sensación de confianza, distinta a esa sensación de inexorabilidad que genera el carisma: desprenden una energía que se percibe a primera vista y que está totalmente enfocada al bien, aunque a veces transite por caminos tortuosos. Personas que tienen éxito en todo lo que hacen.

De José, la Biblia nos dice que «fue hombre afortunado». Y lo fue por dotes naturales: «José era de buen tipo y bello semblante», igual que su madre Raquel. Y también por privilegio divino: de hecho, el libro sagrado repite en varias ocasiones que «el Señor estaba con José». Incluso sin necesidad de decírselo: en la historia de José, Dios habla muy poco, pero se manifiesta a través de los sueños.

José necesitaba y mucho la ayuda de Dios: a los diecisiete le habían vendido como esclavo en tierra extranjera. Un hombre poderoso, Putifar, eunuco del faraón y jefe de sus tropas, se lo había comprado a los ismaelitas. Dios le hizo prosperar gracias a José, y así este obtuvo el favor de su amo, quien lo nombró administrador de su casa, confiándole todo lo que tenía. Putifar «puso todo lo que poseía en manos de José, sin preocuparse de otra cosa que del pan que comía»: una condición envidiable.

Sin embargo, los seres humanos consiguen meterse en líos incluso cuando todo parece ir viento en popa.

La mujer de Putifar puso los ojos en José y le propuso: «Acuéstate conmigo». Pero José decide guardar lealtad a su amo, que confía en él: «Él no ejerce más autoridad en esta casa que yo, y no se ha reservado nada sino a ti, porque eres su mujer. ¿Cómo voy a cometer yo semejante injusticia y a pecar contra Dios?». Aun así, la mujer de Putifar —la Biblia no nos dice su nombre— insiste «un día y otro».

Se dio la circunstancia de que los dos se quedaron solos en casa, sin ningún criado. La mujer agarró a José por su vestido y le imploró: «Acuéstate conmigo». José huyó dejándola con el vestido en la mano. Entonces la mujer llamó a los criados y acusó a José de haberla acosado. Cuando su marido regresó, repitió la acusación: «El esclavo hebreo que nos has traído ha venido a mí para aprovecharse de mí. Yo alcé la voz y grité, y él dejó el vestido junto a mí y huyó afuera».

No sabemos qué pensó realmente Putifar. Quizás por un momento sintió que su mujer le engañaba y que José era inocente. No es casualidad que la mujer tenga que repetírselo varias veces, como para convencerle: «Esto y esto me ha hecho tu siervo». Finalmente, Putifar monta en cólera: coge a José y lo mete en la cárcel, junto con los demás presos del rey.

Pero incluso en la cárcel, el Señor estaba con José, e hizo que se ganara el favor del jefe de la prisión. Este puso a José de guardián de todos los demás prisioneros: de hecho, incluso en la cárcel estaba al mando.

Por alguna razón que desconocemos, el jefe de los coperos y el jefe de los panaderos del faraón habían ofendido a su señor, el mismo faraón, y este los había metido presos en la cárcel. Una noche, ambos tuvieron un sueño inquietante. Al día siguiente, José los notó algo decaídos y les preguntó: «¿Por qué tenéis hoy mala cara?».

El jefe de los coperos contó su sueño: había visto una viña que tenía tres ramas, que echaban brotes y flores, hasta que maduraban las uvas; en el sueño, él cogía las uvas y las exprimía en la copa del faraón, y se la servía. José dijo: «Esta es la interpretación: las tres ramas son tres días. Dentro de tres días, el faraón te hará comparecer, te restablecerá en tu cargo, y pondrás la copa del faraón en su mano». Luego, le rogó al copero que se acordara de él y que intercediera por su liberación ante el faraón, porque no había hecho nada malo.

También el jefe de los panaderos contó su sueño: llevaba tres cestas de mimbre sobre su cabeza, y «en la cesta superior había toda clase de pastas, de las que hacen los reposteros para el faraón». Nos podemos imaginar el canasto rebosante de empanadas, cruasanes, tortas dulces y saladas... Pero de repente unas aves se lanzan sobre la cesta para comerse todos los manjares allí guardados.

José le dijo sin rodeos: «Esta es la interpretación: las tres cestas son tres días. Dentro de tres días, el faraón te hará comparecer y te colgará de un palo, y las aves comerán tu carne».

La interpretación de los sueños será el tema central del psicoanálisis del siglo XX, así como el título de la obra más famosa de Sigmund Freud. Sin embargo, la palabra «interpretación» ya la encontramos en la Biblia. Dios habla a través de los sueños; y José los entiende porque está inspirado por Dios. Y las cosas sucederán según la predicción de José: tres días después, el día de su cumpleaños, el faraón restablecerá al copero en su cargo en la corte y mandará ahorcar al panadero.

SIETE VACAS GORDAS Y SIETE VACAS FLACAS

Pero el jefe de los coperos no se acordará de José, que se quedará en la cárcel otros dos años, hasta que el faraón lo necesite.

De hecho, también el faraón tiene un sueño: está de pie junto al Nilo, y ve que del río salen siete vacas hermosas y gordas, que se pusieron a pacer en el juncal. Pero detrás de estas, también salen del Nilo otras siete vacas feas y flacas que se comen a las siete vacas hermosas y gordas. Entonces el faraón se despierta sobresaltado, y por eso recuerda el sueño. Luego vuelve a dormirse y tiene un segundo sueño: siete espigas granadas y hermosas brotaban de un mismo tallo. Pero detrás de ellas brotaban otras siete espigas raquíticas y agostadas por el viento solano, que se tragaban a las siete espigas granadas y llenas.

El faraón, angustiado, manda llamar a todos los magos de Egipto y a todos los sabios, pero ninguno es capaz de entender el significado de sus sueños. Solo entonces el jefe de los coperos se acuerda de José, el joven hebreo que sabe interpretar los sueños.

El faraón ordena que le traigan a José. Rápidamente lo sacan del calabozo; él se corta el pelo, se cambia de ropa y se presenta delante del rey. Lo primero que le dice es: «No yo, sino Dios dará al faraón respuesta propicia».

El faraón le cuenta el sueño de las vacas gordas devoradas por las vacas flacas —«no las he visto tan malas en toda la tierra de Egipto»— y el de las siete espigas granadas y hermosas engullidas por las siete espigas agostadas por el viento solano.

He aquí la explicación que le da José: el sueño del faraón es solo uno y anuncia que van a venir siete años de gran abundancia, tras los cuales vendrán siete años de hambruna. El faraón tendrá que buscar a un hombre perspicaz y sabio y ponerlo al frente de la tierra de Egipto. Durante los años de abundancia, tendrán que recaudar una quinta parte de la cosecha y guardarla en almacenes que habrá que construir en todas las ciudades. Estas provisiones salvarán al país en los años de hambruna.

El faraón comprende que José tiene que ser el elegido: «Puesto que Dios te ha hecho conocer todo esto, no hay nadie tan perspicaz y sabio como tú. Tú estarás al frente de mi casa y todo mi pueblo acatará tus órdenes; solamente en el trono seré superior a ti». Luego el faraón se quita el anillo de su mano y lo pone en la mano de José, le viste con ropas de lino, le pone un collar de oro al cuello y lo hace montar en la segunda carroza, justo detrás de la suya. También le cambia el nombre y lo llama Zafnat Panej, que significa 'Dios habla y él vive', y le da como esposa a Asenat, hija del gran sacerdote de On, responsable de la adoración del dios egipcio del sol.

Nacen dos niños. José llama al primogénito Manasés (que recuerda la palabra hebrea *nashá*, 'olvidar'), porque «Dios me ha hecho olvidar mis fatigas y la casa paterna», y al segundo

Efraín (que alude a *hifra,* es decir, 'hacer fructificar'), porque «Dios me ha hecho fructificar en la tierra de mi aflicción».

José se ha convertido en el segundo hombre más poderoso de Egipto y ha olvidado el agravio sufrido, o cree haberlo olvidado. Tal vez piense que la traición de sus hermanos ya no es un problema. Pero los acontecimientos que le esperan demostrarán, en cambio, que ese era precisamente *el* problema. Y, como todos los problemas, tenía que abordarlo y resolverlo.

«¡Yo soy José, vuestro hermano!»

José se puso a trabajar en su proyecto. Amontonó el grano como la arena del mar, en cantidades incalculables; de hecho, perdió las cuentas. Los siete años de abundancia llegaron a su fin y comenzaron los siete de hambruna, que asolaron todos los países de la tierra. José comenzó a vender grano en nombre del faraón: primero a los egipcios, luego a los demás pueblos que llegaban a Egipto buscando alimento.

Cuando Jacob se enteró de que había grano en Egipto, dijo a sus hijos: «¿Qué hacéis mirándoos unos a otros?». Entonces los diez hermanos de José —la Biblia los llama «los hijos de Israel»— se pusieron en marcha; al más pequeño, Benjamín, Jacob no lo dejó marchar con sus hermanos, aterrado por la idea de que le pudiera pasar alguna desgracia al otro hijo que le había dado Raquel, la mujer a la que tanto amaba.

Cuando los hermanos llegaron a Egipto se postraron ante José, con el rostro en tierra. Él los reconoció enseguida, pero ellos no a él. Tal vez José estuviera esperándolos, con ese sentimiento a la vez de afecto y de revancha con el que se espera el regreso de la persona amada después de su rechazo o traición.

Así pues, les habló en egipcio utilizando un intérprete y se mostró muy duro con ellos: «¡Sois espías! Habéis venido a observar los lugares indefensos del país». Los hermanos negaron rotundamente la acusación: «Éramos doce hermanos, hijos del mismo padre en la tierra de Canaán; el menor se ha quedado con nuestro padre y el otro desapareció».

El que ha desaparecido es José: los hermanos están hablando de él. José intuye que en ellos el recuerdo sigue vivo, y tal vez también el remordimiento. Pero aún no es el momento de la reconciliación. Va a poner a prueba a sus hermanos.

José les ordena: «Enviad a uno de vosotros y que traiga a vuestro hermano, mientras los demás quedáis presos». Los hace detener durante tres días. Al tercer día se muestra más clemente y les propone que solo uno de ellos quede detenido, mientras los demás podrán volver a sus casas y llevar el grano a sus familias hambrientas; pero deberán volver con el hermano menor y así probarán que dicen la verdad.

Entonces hablan entre ellos: «Estamos pagando el delito contra nuestro hermano, cuando le veíamos suplicarnos angustiado y no le hicimos caso; por eso nos sucede esta desgracia». Rubén les recuerda: «¿No os decía yo: "No pequéis contra el muchacho", y vosotros no me hicisteis caso? Ahora nos piden cuentas de su sangre».

Los hermanos no se percatan de que José los está escuchando y, como conoce su idioma, entiende todo lo que están diciendo. Pero aún no les revela su identidad. Al contrario, se aleja y rompe a llorar. Cuando vuelve escoge a Simeón como rehén que deberá quedarse en Egipto hasta que sus hermanos regresen, y lo hace encadenar delante de los demás. Luego ordena en secreto que les llenen los sacos de grano, y que les vuelvan a meter el dinero de cada uno en su saco.

Cuando, de camino a su casa, pararon para acampar, uno de los hermanos abrió el saco para echar pienso al asno y vio el oro. A todos les dio un vuelco el corazón mientras se preguntaban el uno al otro: «¿Qué ha hecho Dios con nosotros?». Cuando llegaron a su casa, vieron que cada uno tenía su bolsa de dinero en el saco. Le contaron todo lo sucedido a su padre, el cual se disgustó mucho: «Me vais a dejar sin hijos. José desapareció, Simeón desapareció, y ahora os queréis llevar a Benjamín. Todo recae sobre mí».

Rubén ofreció entonces la vida de sus propios hijos como garantía por la seguridad de Benjamín, pero Jacob se mostró inamovible: «Mi hijo no bajará con vosotros. Su hermano murió, y solo me queda él. Si le ocurriera una desgracia en el viaje que vais a emprender, hundiríais de pena mis canas en el abismo».

Sin embargo, el hambre se hacía sentir también en la familia de Jacob, que ordena a sus hijos que vayan a comprar más grano a Egipto. Esta vez es Judá el que se enfrenta al padre: el egipcio se lo había dejado claro, no podían volver sin Benjamín. Judá, igual que había hecho Rubén, se ofrece a responder de su hermano pequeño: «Si no te lo devuelvo y lo presento ante ti, seré culpable ante ti toda la vida».

Por fin Jacob accede. Les dice a sus hijos que cojan miel, goma, ládano, pistachos y almendras para llevárselos como regalos al misterioso egipcio. Y les da el doble del dinero, para restituir el que pusieron en los sacos —«quizá por error»— y comprar más grano.

Cuando José los ve llegar, ordena a su mayordomo que prepare un banquete. Los hermanos temen que se trate de una trampa y juran al mayordomo ser inocentes, y le aseguran que no habían robado el oro. Este los tranquiliza diciéndoles que, sin duda, había sido su Dios y el Dios de su padre el que había metido ese tesoro en sus sacos. Acto seguido libera a Simeón.

Al mediodía aparece José. Pregunta a los invitados por su padre y se entera de que aún vive. Luego mira a Benjamín. Tal vez reconozca en su rostro los rasgos de su madre; o quizá se vea a sí mismo de niño. Sea como fuere, se conmueve, de nuevo siente la necesidad de llorar y huye a su habitación. Luego se recompone, se lava la cara y procura sobreponerse.

Les sirven la comida por separado: los egipcios no pueden comer con los hebreos, «pues sería detestable para ellos»; José sigue siendo el virrey, no es el hermano. Pero los hace sentar por orden de antigüedad, desde el primogénito hasta el menor. Los hermanos se miran entre sí asombrados: ¿cómo es posible que ese desconocido sepa la edad de cada uno de ellos? José les hace servir raciones de lo que tenía ante sí; pero la ración de Benjamín es cinco veces mayor que las de todos ellos. Y «bebieron y se alegraron en su compañía».

Pero la que será la prueba decisiva para los hermanos está aún por llegar.

José manda llenar sus sacos de grano, y por segunda vez ordena que les devuelvan el oro. Pero en el saco de Benjamín también esconde su propia copa de plata, la que él utilizaba para leer el futuro: un objeto sagrado cuyo robo se castigaba con la muerte.

Al amanecer, los hermanos emprenden el camino de regreso. Al poco rato, José ordena al mayordomo que los persiga y los reprenda por el robo de la copa. Obviamente, los hermanos se declaran inocentes: si se encuentra la copa en el saco de alguno, que pague con su vida. Cada uno vierte al suelo el contenido de su saco; el mayordomo los registra, empezando por el del mayor y terminando por el del menor. Encuentra la copa en el saco de Benjamín y lo hace arrestar.

Los hermanos se rasgan las vestiduras. No van a abandonar a Benjamín. Vuelven con él a la ciudad y se postran ante José, que se ensaña con ellos: «¿Qué habéis hecho? ¿No sabíais que uno como yo es capaz de adivinar?».

Judá toma la palabra: pide perdón, afirma no entender qué puede haber pasado y se declara, junto con todos sus hermanos, esclavo de José. Es en ese momento cuando José tiene la prueba de que algo ha cambiado en los corazones de sus hermanos. Su réplica es casi una trampa: «¡Lejos de mí obrar de tal manera! Aquel en cuyo poder se ha encontrado la copa será mi esclavo, los demás volveréis en paz a casa de vuestro padre».

Judá responde con un discurso humilde y hermoso. Resume toda la historia: a José le habían dicho la verdad, tenían en casa un padre anciano y un hermano menor, a quien el padre adora. Si ahora regresaran sin Benjamín, su padre se moriría. Por eso le pide que lo acepte a él como su esclavo a cambio de la libertad para Benjamín: «¿Cómo voy yo a volver a mi padre sin llevar conmigo al muchacho? No quiero ver la desgracia que se abatirá sobre mi padre».

Solo entonces José tiene la prueba definitiva de que sus hermanos de verdad han cambiado. Hace tiempo le vendieron a él como esclavo, pero ahora no solo no han abandonado a Benjamín, sino que están dispuestos a convertirse ellos mismos en esclavos con tal de salvar al hermano pequeño.

José manda salir a todos los egipcios. Acto seguido, rompe a llorar fuerte y les dice a sus hermanos: «Yo soy José; ¿vive todavía mi padre?». Judá, Rubén, Simeón y los demás se quedan boquiabiertos, incapaces de reaccionar. Entonces José les pide que se acerquen y les repite: «Yo soy José, vuestro hermano, el que vendisteis a los egipcios. Pero ahora no os preocupéis, ni os pese el haberme vendido aquí, pues para preservar la vida me envió Dios delante de vosotros».

Es la escena de la revelación, de la agnición, del reconocimiento. Una de las más impactantes de toda la Biblia.

José ruega a sus hermanos que traigan a su padre a Egipto; luego se echa al cuello de Benjamín y llora. Benjamín también llora, abrazado a él. Finalmente, José besa a todos sus hermanos, uno por uno.

Cuando el faraón se entera, se alegra e invita a toda la familia de José a establecerse en Egipto: vivirán en la tierra de Gosén, en la parte oriental del delta del Nilo. José despide a sus hermanos con regalos, dinero, provisiones y una recomendación: «No riñáis por el camino».

Cuando los hermanos le cuentan lo ocurrido, Jacob no reacciona, su corazón se queda frío. ¿Su hijo predilecto está vivo y gobierna en la tierra de Egipto? Jacob permanece incrédulo. Pero cuando le repiten las palabras de José y le muestran los carros que este había enviado para llevar a la familia a Egipto, decide ir a verle antes de morir.

En ese momento es cuando, por fin, entra en escena el gran ausente o, mejor dicho, el gran silente de esta historia.

Dios hasta ahora no ha hablado. Ha permanecido todo el tiempo al lado de José: le ha hecho sabio, le ha sugerido el significado de los sueños, ha hecho que las cosas le fueran bien incluso en la desgracia; pero ha estado en silencio. Se ha manifestado más en las formas que resultan familiares a los cristianos —lo que Manzoni llamaba la Providencia— que de manera directa como había hecho con Adán, Noé y Abrahán y hará con Moisés.

Pero con Jacob, Dios tiene familiaridad desde hace tiempo. Y así le visita de nuevo: como cuando le había mostrado una escalera con ángeles que llegaba hasta el cielo; o cuando había luchado con él durante toda una noche, y luego le había cambiado su nombre por el de Israel. Y es precisamente de noche cuando el Señor vuelve a llamar a Jacob: «Yo soy Dios, el Dios de tu padre; no temas bajar a Egipto, porque allí te convertiré en una gran nación. Yo bajaré contigo a Egipto, y yo mismo te haré subir; y José te cerrará los ojos».

Toda la familia de Jacob se mudó a Egipto. Si contamos a los nietos y bisnietos, eran setenta personas: múltiplo de siete, el número perfecto. José fue al encuentro de su padre en la tierra de Gosén y, cuando lo tuvo delante, se le echó al cuello y lloró largamente, abrazado a él. Y Jacob le dijo: «Ahora puedo morir, después de haber contemplado tu rostro y ver que vives todavía».

Los hebreos son admitidos en la corte del faraón a pesar de ser pastores, una ocupación que los egipcios, que eran agricultores, detestaban. El diálogo entre el faraón y Jacob es muy breve, y sin embargo representa una verdadera obra maestra de la literatura. El soberano le pregunta a Jacob cuántos años tiene, y él contesta: «Ciento treinta son los años de mi peregrinación. Pocos y malos han sido estos años de mi vida, y no llegan a los que vivieron mis padres en su peregrinación». Pocos son ciento treinta años… Luego Jacob bendice al faraón y se despide.

(Pocas serán para Goethe las páginas de la Biblia dedicadas a la historia de José, tan hermosa que le pareció demasiado breve. Lo remediaría, más de un siglo después, otro gran escritor alemán, Thomas Mann, el cual tituló *José y sus hermanos* una obra de más de mil páginas que escribió a lo largo de diecisiete años —incluyendo los tiempos oscuros del nazismo— y que consideraba su obra maestra).

Jacob seguirá con vida otros diecisiete años, que transcurrirán en Egipto. En los años de hambruna, José siguió vendiendo grano a los egipcios por cuenta del faraón: primero, a cambio de dinero; luego, cuando se les acabó el dinero, a cambio de ganado; y finalmente, cuando se les acabó el ganado, a cambio de tierras. Así se consolidó el poder del gobernante sobre Egipto.

A los ciento cuarenta y siete años, sintiendo cerca la hora de la muerte, Jacob llama a José y le hace jurar que lo enterrará en la tumba de su familia, en Hebrón. Luego le pide que le deje bendecir a sus hijos. José acerca a Manasés a la derecha de Jacob y a Efraín a su izquierda. Pero Jacob cruza los brazos y pone su mano derecha sobre la cabeza de Efraín y la izquierda sobre la de Manasés. A José no le parece bien y corrige a Jacob: «Así no, padre; pues el primogénito es el otro; pon tu mano derecha sobre su cabeza». Pero el padre se niega: «Lo sé, hijo mío, lo sé; también este se convertirá en un pueblo y será grande. Pero su hermano menor será más grande que él y su descendencia será una multitud de naciones».

Una vez más, el menor es preferido al mayor, como había pasado con Abel y Caín, y también con el mismo Jacob y Esaú. Efraín será, en efecto, el progenitor de las tribus que formarán el reino de Israel, al norte, con capital en Samaria; mientras que el reino de Judá, al sur, tendrá como capital Jerusalén.

En su lecho de muerte, Jacob se dirige por última vez a sus hijos. Tiene grandes palabras para Judá, descrito como un «león agazapado», con los ojos más oscuros que el vino y los dientes más blancos que la leche: «No se apartará de Judá el cetro, ni el bastón de mando de entre sus rodillas, hasta que venga aquel a quien está reservado, y le rindan homenaje los pueblos». De hecho, del linaje de Judá procede, además del rey David, el Mesías, que salvará al pueblo judío y a toda la humanidad; no es una casualidad que los cristianos llamen a Jesús «hijo de David».

Otras bendiciones parecen más bien maldiciones. A Rubén le califica primero como «mi primogénito, mi fuerza y primicia de mi virilidad», pero luego le niega la primogenitura porque se había subido al tálamo del padre. De hecho, Rubén se había acostado con Bilá, la criada de Raquel. A Simeón y a Leví los maldice por la matanza que habían perpetrado en Siquén, para vengar la violación de la que había sido víctima su hermana Dina.

También compara a otros hijos con animales: Neftalí es una «cierva suelta, que da hermosos cervatillos»; Isacar, un asno robusto; Dan, una culebra junto al sendero, que muerde los talones del caballo; Benjamín, un lobo rapaz. Pero su predilecto sigue siendo José, al que bendice con unas palabras oscuras, difíciles de traducir, y que algunos han interpretado como «rama fecunda» y otros como «potro junto a la fuente».

Luego, Jacob da instrucciones a sus hijos para que lo entierren junto a sus padres. Finalmente, recogió los pies en la cama y expiró. Entonces José se echó sobre el rostro de su padre, lloró encima de él y lo besó.

Los médicos egipcios embalsamaron a Jacob, que fue enterrado en la cueva de Macpela, en Hebrón, junto con Abrahán, Isaac y su madre Rebeca, que siempre le habían protegido, y con su mujer Lía, que le había dado seis hijos; pero lejos de Raquel, la mujer a la que tanto había amado.

José vivió hasta los ciento diez años. Fue bisabuelo y llegó a conocer a sus bisnietos, que nacieron sobre sus rodillas. Antes de expirar, avisó a sus hermanos: «Yo voy a morir, pero Dios cuidará de vosotros y os llevará de esta tierra a la tierra que juró dar a Abrahán, Isaac y Jacob».

Al prever el futuro que le esperaba a su familia, José acababa de demostrar, una vez más, ser un profeta. Pero será mucha la sangre derramada y las lágrimas que llorarán los hebreos antes de que su profecía se cumpla y aparezca un jefe que los libere de la esclavitud en Egipto, y los lleve hacia la libertad y la tierra prometida. Un jefe destinado a infundir esperanza no solo a su pueblo, ni a todos los pueblos oprimidos por los egipcios, sino a todos los pueblos y a todas las familias de la historia.

4

LA LIBERACIÓN
Moisés contra el faraón

Si el protagonista de la Biblia es Dios, el coprotagonista es Moisés.

Toda generación tiene su Moisés. Para nuestros padres, el patriarca tiene el rostro terrible e indignado de Charlton Heston cuando, cubierto con su manto rojo, baja del monte Sinaí trayendo en sus manos las tablas de la ley y descubre que el pueblo se ha construido un becerro de oro. Para nuestros hijos, Moisés es *El príncipe de Egipto,* una de las películas de dibujos animados con las que Steven Spielberg inauguró su DreamWorks Animation. Para mí, y para muchos de mi edad, Moisés tiene el rostro llameante esculpido por Miguel Ángel en la basílica romana de San Pietro in Vincoli. Cuando lo vi, a los seis años, no pude dormir durante varias noches. En cuanto me dormía, soñaba con el Moisés de Miguel Ángel. Me impresionó su mirada, que realmente vio cosas que nosotros los humanos no creeríamos; y también esos extraños cuernos, cuyo origen ahora descubriremos.

Moisés es, en cierto modo, el fundador, o refundador, del pueblo hebreo. Pero también es una figura universal: es el libertador. Ese hombre frágil, tartamudo e inseguro que encuentra en Dios y en sí mismo la fuerza para romper las cadenas del esclavo, liberar al prisionero, redimir al oprimido, rescatar al siervo. Y devuelve a la humanidad una esperanza, una meta, una tierra prometida. De la que, sin embargo, permanecerá excluido.

SALVADO DE LAS AGUAS

Dios había prometido a Abrahán, Isaac y Jacob que sus descendientes serían más numerosos que los granos de arena y las estrellas del cielo. Y la profecía se cumple.

En Egipto, los hijos de Israel proliferan y se multiplican. El nuevo faraón, que no había conocido a José, ve que los hebreos son más numerosos y fuertes que los egipcios, o podrían llegar a serlo. Teme que en caso de guerra puedan aliarse con los enemigos de Egipto. Ante ese riesgo, ordena que sean sometidos, condenándolos a trabajos forzados en la construcción de nuevas ciudades para almacenar grano: Pitón y Ramsés. Pero cuanto más se les oprimía, más crecían y se propagaban los hijos de Israel. Los egipcios «les amargaron su vida con el duro trabajo del barro y de los ladrillos y con toda clase de faenas del campo».

Pero esto tampoco frenó su crecimiento. De hecho, a lo largo de la historia, los pueblos han tenido más hijos precisamente en los momentos más dramáticos, de mayor peligro y pobreza, que en los momentos aparentemente pacíficos y en los que, sin embargo, la inquietud y el miedo al porvenir se cuela en las almas (para muestra, un botón: actualmente en Italia nacen menos niños que durante las dos guerras mundiales.

En 1917, el año de la derrota de Caporetto, nacieron 735 000 niños. En 1943, el año del armisticio entre Italia y las fuerzas aliadas proclamado el 8 de septiembre y que llevó a la ocupación nazi del país, fueron 890 000. En 2023, apenas 386 000).

El faraón recurrió entonces a una artimaña, ordenándoles a las comadronas: «Cuando asistáis a las hebreas, y les llegue el momento del parto: si es niño, lo matáis; si es niña, la dejáis con vida». Pero las comadronas temían más a Dios que al faraón y no hicieron lo que este último les había ordenado, dejando con vida a los niños. Cuando el rey del Egipto las regañó, contestaron: «Es que las mujeres hebreas no son como las egipcias: son robustas y dan a luz antes de que lleguen las comadronas».

Entonces el faraón ordenó que se echara al Nilo a todo niño hebreo recién nacido y solo se dejara con vida a las niñas. Algo similar, aunque en sentido contrario, pasaba hasta hace pocos años en China cuando, como medida de control demográfico de su población, se impuso la política del hijo único y muchas parejas preferían el varón. El Gobierno chino se dio cuenta de que esa medida era un fracaso desastroso y en la actualidad impulsa la natalidad.

En la tribu de Leví nació un niño. La madre, al ver que era hermoso, decidió salvarle la vida, costara lo que costara, y lo tuvo escondido durante tres meses. Luego cogió una cesta de mimbre, la embadurnó de barro y pez, y creó una cuna flotante. Colocó en ella al bebé y la depositó entre los juncos, a orillas del Nilo.

La hermana del niño se quedó mirando desde lejos, para vigilarla. Se llamaba Myriam. He aquí el primer personaje que lleva el nombre bíblico al que más cariño le tenemos: María.

La hija del faraón bajó al Nilo a bañarse, vio la cesta y ordenó a su criada que fuera a recogerla. Miró dentro, vio al niño llorando y tuvo compasión de él: «Es un niño de los hebreos», dijo. Entonces María enseguida se ofreció a ir a buscar a una nodriza para que le amamantara. La hija del faraón aceptó y, como era de esperar, María fue a buscar a su madre, que así pudo criar al hijo; además, cobrando un salario.

En definitiva, los hebreos engañan a la hija del faraón, que se encuentra pagando a la madre de Moisés por una tarea que ella habría llevado a cabo de todos modos con alegría y amor; pero a su vez la hija del faraón engaña a su padre, salvando a una criatura condenada a morir. Una cadena de tres mujeres —la madre biológica, la hermana María, la madre adoptiva— que se activa para salvar a ese niño destinado a una gran misión; igual que otra cadena de tres mujeres —la Virgen María, santa Lucía y Beatriz— se activa al comienzo del viaje en el mundo ultraterreno de Dante para salvarlo de la selva oscura en la que se había perdido.

Cuando el niño se hizo mayor, la madre se lo llevó a la hija del faraón, que lo adoptó como hijo suyo y lo llamó Moisés, diciendo «lo he sacado del agua».

(De hecho, en hebreo *mashah* significa 'sacar'. Sin embargo, el nombre es de origen egipcio: *mosi* significa 'hijo de'; por ejemplo, Ramsés significa 'hijo de Ra'. Según los estudiosos podría tratarse precisamente de Ramsés II, el faraón enemigo de los hebreos. En los antiguos textos egipcios, la única referencia a Israel de la que se tiene noticia la encontramos en la estela de Merenptah, el sucesor de Ramsés II, en la que los hebreos aparecen en un listado de los pueblos derrotados. En la estela está grabada una fecha que corresponde aproximadamente al año 1220 antes de Cristo y que podría coincidir con la época del éxodo).

Pero Moisés no reniega de sus raíces. Al contrario, a menudo visita a su familia de origen y se indigna al ver cómo los egipcios tratan a su pueblo. Un día ve a un egipcio golpear a un hebreo, mira entonces a un lado y a otro para cerciorarse de que no hay nadie y mata al egipcio; luego lo entierra en la arena. Al día siguiente se encuentra con dos hebreos riñendo y le dice al culpable: «¿Por qué golpeas a tu compañero?». El hombre le replica: «¿Quién te ha nombrado jefe y juez nuestro? ¿Es que pretendes matarme como mataste al egipcio?».

Moisés se da cuenta de que su crimen no ha pasado desapercibido. Incluso el faraón se entera de lo ocurrido, y ordena que lo busquen para ejecutarlo. Moisés no tiene más remedio que huir. Abandona Egipto y busca refugio en la tierra de Madián, en el desierto de Arabia, donde vivían los descendientes de Abrahán y su segunda esposa, Queturá.

También Moisés, como el criado de Abrahán primero y Jacob después, tiene un encuentro decisivo en un pozo. En una zona árida, el pozo representa la vida, la fertilidad y el amor. Moisés ve acercarse primero a las siete hijas de Reuel, el sacerdote de Madián, y luego a unos pastores, que intentan echarlas. Indignado ante el mal, Moisés defiende a las muchachas y abreva su rebaño, tras haber puesto en fuga a aquellos pastores arrogantes. De vuelta a casa, las mujeres cuentan lo sucedido a su padre, quien les ordena que inviten a Moisés a comer. Moisés acepta, accede a quedarse a vivir en la casa de Reuel y se casa con una de sus hijas, Séfora.

Cuando el faraón muere, la situación para los hebreos no mejora; al contrario. Pero el Señor no podía permanecer lejos de su pueblo aún por mucho tiempo. «Dios escuchó sus quejas y se acordó de su alianza con Abrahán, Isaac y Jacob. Dios se fijó en los hijos de Israel y se les apareció».

Una vez más Dios vuelve a manifestarse, a hablar con los hombres, a cuidar de ellos. Se manifiesta en el desierto, lejos de todos. Moisés había llevado su rebaño a pastar a la montaña de Dios, cuyo nombre en aquel entonces era Horeb y más adelante Sinaí. Se queda asombrado al ver una zarza que arde sin consumirse, y se acerca. Y en esa zarza estaba Dios, que está en todas partes, pero en ese momento en concreto estaba allí, entre las espinas, participando del dolor de su pueblo.

El Señor le llama desde la zarza: «Moisés, Moisés». Él responde igual que sus padres: «Aquí estoy». El Señor le dice: «No te acerques; quítate las sandalias de los pies, pues el sitio que pisas es terreno sagrado». Y añade: «Yo soy el Dios de tus padres, el Dios de Abrahán, el Dios de Isaac, el Dios de Jacob». Entonces Moisés se tapa la cara, porque tiene temor de ver a Dios.

Aquí es cuando Dios le encomienda una misión: ha oído los lamentos de los hebreos y ha bajado a librarlos de los egipcios y a llevarlos a una tierra de la que mana leche y miel: «El clamor de los hijos de Israel ha llegado a mí y he visto cómo los tiranizan los egipcios. Y ahora marcha, te envío al faraón para que saques a mi pueblo, a los hijos de Israel».

Como suele ocurrir ante una manifestación divina, un cambio repentino, una tarea tan ardua que parece imposible, a Moisés le entra miedo, duda, se resiste. El más grande de los profetas intenta una y otra vez eludir la misión que Dios quiere encomendarle. Los egipcios le condenaron a muerte, los hebreos le expulsaron, vive en tierra extranjera: ¿cómo le van a dar crédito el faraón y su propio pueblo?

La objeción que plantea Moisés está más que justificada: «Mira, yo iré a los hijos de Israel y les diré: "El Dios de vuestros padres me ha enviado a vosotros". Si ellos me preguntan: "¿Cuál es su nombre?", ¿qué les respondo?».

En otras palabras, Moisés le está preguntando a Dios: ¿tú quién eres? ¿Cómo te llamas?

Aquí Dios pronuncia una de las frases más enigmáticas de la Biblia, por lo menos en apariencia. A las preguntas de Moisés, Dios responde: «Yo soy el que soy».

Esta frase es, posiblemente, el más grande misterio de la Biblia y uno de los más fascinantes de la historia de la humanidad. La frase en hebreo es *'ehyè 'ashèr 'ehyè*, «yo soy el que soy».

Pero ¿por qué Dios se muestra tan reticente? ¿Por qué da esta respuesta tan ambigua y aparentemente vaga, una no respuesta?

Lo que ocurre es que Dios no quiere que se le llame por su nombre. Ya no nos llama la atención, pero, si nos paramos a pensarlo, incluso en el cristianismo no existe un nombre propio para Dios, simplemente le llamamos Dios. Esto se debe a que los nombres sirven para distinguir a un ser de otro. Pero si Dios es uno, no necesita un nombre propio. Es Dios, no sirve añadir nada más. No se le puede alcanzar, no se le puede tocar, no se le puede conocer; pero se le puede reconocer como el origen del mundo, el padre de toda criatura, el motor de la historia.

Dios fue el que fue, es el que es y será el que será. No es sencillamente un ídolo más poderoso que el del faraón; Dios es el eterno devenir y es siempre el mismo. Es un hecho y es un proyecto. Siempre está más allá de donde lo buscamos. Por eso podemos construir con él un futuro de liberación: porque no solo es el Dios de la libertad, es un Dios libre. (En realidad, para los hebreos Dios tiene un nombre, pero es impronunciable. Se compone de cuatro consonantes: JHVH. De ahí procede Yahvé, un nombre que, de todos modos, nunca se pronuncia, y que en las lecturas en voz alta se sustituye por *Adonái*, 'Señor', o incluso simplemente *Hashem*, 'el Nombre').

Dios le da más instrucciones a Moisés: «Esto dirás a los hijos de Israel: "El Señor, Dios de vuestros padres, el Dios de Abrahán, Dios de Isaac, Dios de Jacob, me envía a vosotros. Este es mi nombre para siempre: así me llamaréis de generación en generación"».

Acto seguido, Dios anuncia prodigios y castigos terribles: «Yo sé que el rey de Egipto no os dejará marchar ni a la fuerza; pero yo extenderé mi mano y heriré a Egipto con prodigios que haré en medio de él, y entonces os dejará marchar». Y añade: «Haré que este pueblo alcance el favor de los egipcios, de modo que cuando partáis, no salgáis con las manos vacías. Cada mujer pedirá a su vecina y a la dueña de su casa objetos de plata, objetos de oro y vestidos, que pondréis a vuestros hijos y a vuestras hijas. Así despojaréis a los egipcios». (Este es uno de los pasajes menos conocidos de la Biblia, que se suele citar a regañadientes. Sin embargo, demuestra que el Señor no se preocupa solo de la libertad de su pueblo, sino también de su bienestar material).

Moisés replica que los hebreos no confiarán en él, no creerán que Dios se le ha aparecido. Entonces el Señor le pregunta: «¿Qué tienes en tu mano?». «Un bastón», contesta Moisés. «Tíralo al suelo», le ordena el Señor. El bastón se convierte en una serpiente y Moisés huye asustado. Pero el Señor le insta: «Échale mano y agárrala por la cola». Moisés la agarra y en su mano la serpiente se vuelve a convertir en bastón.

Luego el Señor le da a Moisés otro signo: le dice que meta la mano en su pecho y, cuando la vuelve a sacar, ve que estaba leprosa, «blanca como la nieve». Luego Moisés vuelve a llevarse la mano al pecho (el gesto icónico con el que se representa a Napoleón) y, cuando la saca, ve que está normal, como el resto de su cuerpo. Este signo viene de Dios y debería convencer a los hebreos. Sin embargo, si esto tampoco fuera suficiente, entonces Dios indica un tercer signo: Moisés tomará agua del Nilo, la derramará en el suelo seco y esa agua se convertirá en sangre.

Pero Moisés tiene otra objeción: no es un buen comunicador, es «torpe de boca y de lengua», casi tartamudo. Igual que Virgilio, el gran poeta que había estudiado retórica, pero que, en su primer alegato ante el tribunal, no pudo pronunciar ni una sola palabra; y que también detestaba leer en voz alta la *Eneida,* como solía pedirle el emperador Augusto.

Dios le tranquiliza: «¿Quién dio la boca al hombre? ¿Quién lo hace mudo o sordo, vidente o ciego? ¿No soy yo, el Señor? Ahora pues, ve: yo estaré con tu boca y te enseñaré lo que has de decir».

Moisés no se da por convencido y ruega al Señor que envíe a otro ante el faraón. Entonces Dios pierde la paciencia y le dice: «¿No está ahí tu hermano Aarón, el levita? Sé que él habla bien; además, él saldrá a tu encuentro y se alegrará de corazón al verte. Tú le hablarás y pondrás las palabras en su boca. Yo estaré con tu boca y con su boca, y os enseñaré lo que tenéis que hacer».

Es frecuente que Dios elija a hombres aparentemente débiles: Abrahán es viejo y sin hijos, Isaac es ciego, Jacob cojo —como secuela de la lucha con el ángel—, Moisés tartamudo; David será un pastorcito que tendrá que luchar contra un gigante, Goliat.

LAS PLAGAS DE EGIPTO

Moisés tomó a su mujer y sus hijos, los montó en un asno y regresó a la tierra de Egipto. Antes de marcharse, el Señor le dio una última advertencia: «Fíjate en todos los signos que yo he puesto en tus manos y realízalos ante el faraón. Yo endureceré su corazón y no dejará salir al pueblo». Otro fragmento de la Biblia que resulta inquietante: Dios está detrás de cualquier decisión, incluso de las más malvadas; puede inducir a la misericordia, pero también a la crueldad. En este sentido, la crueldad del faraón también forma parte del diseño de Dios porque le permite cumplir sus prodigios, mostrándoles a todos, hebreos y egipcios, que él es el Señor. Finalmente, Dios le da a Moisés un mensaje para el faraón: «Israel es mi hijo primogénito. Yo te digo: Deja salir a mi hijo para que me dé culto. Si te niegas a dejarlo salir, yo daré muerte a tu hijo primogénito».

Y, como era de esperar, este será el terrible epílogo de esta historia. Sin embargo, Dios, a través de Moisés, antes intentará convencer al faraón con castigos terribles, pero no tan crueles.

* * *

Aarón va al encuentro de su hermano y media entre él y el pueblo de Israel. Ante los prodigios, los hebreos se dan cuenta de que realmente el Señor se había manifestado a Moisés, y se postran ante él. La primera fase de la misión termina exitosamente. La segunda, en cambio, fracasa.

Moisés y Aarón piden al faraón que, en nombre del Señor, deje salir a los hebreos, aunque solo sea a celebrar una fiesta en el desierto, donde puedan ofrecer un sacrificio. «Deja salir a mi pueblo» se convertirá en la frase clave, repetida una y otra vez. «Let my people go», dice el espiritual, uno de los cantos religiosos de esperanza que ya entonaban los esclavos negros en las plantaciones de Virginia, y que Louis Armstrong hizo inmortal con el título *Go down Moses.* Y aquí surge otra reminiscencia cinematográfica: esta vez nos acordamos de Charlton Heston, el Moisés de *Los diez mandamientos,* y del faraón calvo y displicente interpretado por Yul Brynner.

El verdadero faraón reacciona con arrogancia a las súplicas de Moisés: «¿Quién es el Señor para que tenga que obedecerle dejando marchar a Israel? No conozco al Señor ni dejaré marchar a Israel». Y, desafiante, ordena que se deje de proporcionar paja a los esclavos para fabricar adobes; tendrán que ir a buscarla ellos mismos y deberán seguir produciendo el mismo número de adobes.

Esto hace que Moisés pierda credibilidad ante el pueblo, que ahora se niega a escucharle, ya que sus condiciones en lugar de mejorar han empeorado. No obstante, Dios le envía otra vez ante el faraón. Aarón convierte el bastón en serpiente, pero el faraón manda llamar a sus hechiceros, que repiten el mismo prodigio; y aunque el bastón de Aarón se traga los otros bastones, el rey no queda impresionado. Hará falta mucho más para que se convenza.

Dios vuelve a hablarle a Moisés, que a su vez le da instrucciones a Aarón para golpear Egipto: «Toma tu bastón y extiende la mano sobre las aguas de Egipto: sobre sus ríos, canales, estanques y aljibes, y el agua se convertirá en sangre. Y habrá sangre por todo Egipto: en las vasijas de madera y en las de piedra».

Aarón levanta el bastón y golpea el agua del Nilo ante los ojos del faraón y de sus ministros. Toda el agua se convierte en sangre, los peces mueren, el río apesta y ya nadie puede beber. Pero otra vez los magos de Egipto, con sus encantamientos, demuestran que ellos también pueden transformar el agua en sangre. El faraón se da la vuelta y regresa a su palacio, sin tomarse en serio la advertencia.

Al cabo de siete días, el Señor le ordena a Moisés que informe al faraón de que otra calamidad se cierne sobre Egipto: «Pulularán las ranas en el Nilo, saltarán y se meterán en tu palacio, en tu alcoba y en tu lecho, en las casas de tus servidores y entre tu pueblo, en tus hornos y artesas».

Y así ocurre: Aarón extiende su mano con el bastón sobre los ríos, los canales y los estanques y las ranas se esparcen por toda la tierra de Egipto. De nuevo los magos replican el prodigio, pero esta vez el faraón se abre a negociar: si el Señor hace desaparecer las ranas al día siguiente, dejará que los hebreos se marchen al desierto para que celebren sus sacrificios. Moisés acepta, las ranas desaparecen. Pero cuando el faraón ve que hay una tregua, no cumple con su palabra. Igual que nos pasa a nosotros, que hacemos buenos propósitos en los momentos de dificultad, pero en cuanto podemos, volvemos a la vida de antes.

Sin embargo, cuando una vez más Aarón extiende el bastón, golpea el polvo del suelo y lo convierte en mosquitos, los magos de Egipto ya no consiguen replicar el prodigio, y advierten al faraón: «Es el dedo de Dios». Los mosquitos atormentan a hombres y animales; pero el corazón del faraón, como Dios había previsto, se endurece aún más. (Las diversas traducciones de la Biblia no coinciden sobre qué insecto es el que Dios envía para atormentar a los egipcios: la versión griega habla de mosquitos, la siríaca de piojos, la latina de chinches. Sobre lo que no cabe duda es que eran insectos que picaban y mordían, y que para los egipcios representaban un verdadero martirio; no obstante, les esperaba algo aún peor).

Con la cuarta plaga empieza la negociación. Las casas y los campos se llenan de tábanos, toda la tierra de Egipto es devastada, excepto la región de Gosén, donde viven los hebreos. El faraón convoca a Moisés y Aarón y les concede permiso para ofrecer sacrificio a Dios, pero en la tierra de Egipto, no en el desierto. Moisés replica que no es posible: los hebreos sacrifican animales, como la vaca y el toro, que son sagrados para los egipcios, que los apedrearían; lo más prudente es que vayan al desierto, a tres días de camino. El faraón accede, pero con dos condiciones: «Yo os dejaré marchar para que ofrezcáis sacrificios en el desierto al Señor vuestro Dios, a condición de que no os alejéis demasiado. Rogad por mí». Moisés ahuyenta a los tábanos, no queda ni uno; pero el faraón vuelve a cambiar de idea, y no deja marchar a los hebreos.

Entonces, Dios manda otra advertencia al faraón: «Deja marchar a mi pueblo para que me rinda culto, pues si te niegas a dejarlo marchar y lo sigues reteniendo, la mano del

Señor golpeará a tus ganados del campo —los caballos, los asnos, los camellos, las vacas y las ovejas— con una peste horrible. Pero el Señor hará distinción entre el ganado de Israel y el ganado de Egipto, y no morirá ni una res de los hijos de Israel».

Aquí nos topamos con una pequeña incongruencia: según la mayoría de los estudiosos, en la época de los faraones en Egipto no había camellos. De hecho, no hay ningún jeroglífico que represente al camello. El preciado animal solo se introducirá en el periodo helenístico, cuando los faraones, los de verdad, ya no estaban. Pero la cuestión que más llama la atención es otra. La señala Gianfranco Ravasi. Las plagas de Egipto representan la subversión de la creación. Dios golpea primero a través del agua, convertida en sangre; luego por medio del aire, infestado de insectos; después a través de la tierra, con la matanza de ganado; y, finalmente, deberá golpear directamente al hombre.

Muere todo el ganado de Egipto. El faraón averigua que, en cambio, no muere ni una res del ganado de los hijos de Israel. Aun así, no cambia de idea. Dios ordena entonces a Moisés y Aarón: «Tomad un puñado de ceniza del horno, y que Moisés lo avente hacia el cielo en presencia del faraón. Se convertirá en polvo sobre toda la tierra de Egipto y producirá úlceras y llagas en hombres y ganados por toda la tierra de Egipto».

Todos los egipcios, incluidos los magos, se cubren de úlceras; aquí nos podemos imaginar la humillación que sufren los hechiceros, definitivamente derrotados por Dios. Pero el protagonista de esta escena sigue siendo el faraón. Presencia todo lo ocurrido, y en su obstinación representa el poder absoluto e irresponsable, al que no le preocupa salvar a su pueblo ni teme al ojo de Dios, que lo está mirando. Y que a través de Moisés le advierte una y otra vez: podría haber mandado estallar la peste desde el principio, borrando al faraón y a todos los egipcios de la faz de la tierra de una vez; en cambio, le ha dejado vivir y lo hace para mostrarle su poder y para que se proclame su nombre en toda la tierra. Delante de la obstinación del faraón, otra plaga es inevitable.

«Pues mira —dice el Señor a Moisés—, mañana a estas horas haré caer una granizada tan fuerte como no la ha habido en Egipto desde su fundación hasta hoy. Ahora, manda recoger tu ganado y cuanto tienes en el campo...».

Los servidores del faraón que temían al Señor guardaron en casa a sus esclavos y ganado; aquellos que no le hicieron caso, en cambio, los dejaron en el campo. Moisés extendió su mano hacia el cielo y el Señor lanzó truenos, granizos y rayos a la tierra. El granizo golpeó a hombres y ganado, destrozó las cosechas, partió todos los árboles del campo. En la región de Gosén, donde habitaban los hijos de Israel, no cayó ni una sola gota.

Esta vez parece que el faraón está dispuesto a recapacitar. El desastre es descomunal: el lino y la cebada se han echado a perder, pues la cebada estaba en espiga y el lino floreciendo; solo el trigo y la espelta no se habían estropeado, por ser tardíos. «Esta vez he obrado mal —admite el faraón—. El Señor es justo, mientras yo y mi pueblo somos culpables. Rogad al Señor que ya basta de truenos y granizo. Yo os dejaré marchar y no os retendré más».

Moisés reza al Señor, y los truenos y el granizo dejan de caer sobre la tierra. Pero el faraón vuelve a faltar a su palabra: los hebreos siguen esclavos.

Entonces Dios prepara la octava plaga: si el faraón no se doblega, las langostas invadirán todo su territorio y arrasarán con lo poco que se ha salvado del granizo, devorarán todo árbol que crezca en el campo y llenarán todas las casas. Los servidores del faraón le ruegan que deje marchar a los hebreos, pero él acepta que solo se vayan los hombres, sin el ganado; y solo el tiempo estrictamente necesario para rendir culto al Señor. A estas alturas, el castigo es inevitable.

«Moisés extendió su bastón sobre la tierra de Egipto y el Señor hizo soplar el viento del Este sobre la tierra todo el día y toda la noche. Al amanecer, el viento del Este había traído la langosta. La langosta invadió toda la tierra de Egipto y se posó en todo el territorio egipcio; fue tal la cantidad de langostas que nunca la había habido ni la habrá».

La tierra quedó oscurecida. Las langostas devoraron toda la hierba de la tierra y todos los frutos de los árboles que se habían salvado del granizo: no quedó nada de verde. Una escena que también debería servirnos de advertencia a nosotros: un escenario de pesadilla que se está haciendo realidad en muchos lugares de la tierra, asolados por la sequía y la desertificación. Y esa misma obstinación que muestra el faraón ante la destrucción de Egipto la estamos mostrando hoy nosotros frente a los efectos del calentamiento global. Pues una vez más el faraón primero se declara arrepentido haciendo que Moisés levante un viento del mar que barre todas las langostas, pero luego no deja marchar a los hebreos.

Con la novena plaga el orden de la creación se ve alterado en lo más profundo, como si el caos primordial volviera a reinar en la tierra. Una densa oscuridad cubrió todo Egipto, «una oscuridad palpable». Durante tres días los egipcios no pudieron verse unos a otros, lo que les impedía desplazarse de un sitio a otro. Mientras tanto, sobre los hebreos lucía el sol. Tres días duró la oscuridad y no fue un eclipse, sino un presagio de muerte. La prueba de la victoria del Dios de Israel sobre Ra, el dios del Sol de los egipcios.

Esta vez el faraón acepta que, junto con los hombres, también se marchen los niños, pero no el ganado. Moisés rechaza: ni una res se quedará en Egipto. El faraón le grita: «Sal de mi presencia y cuidado con volver a presentarte; si te vuelvo a ver, morirás inmediatamente». Responde Moisés: «Lo que tú dices: no volveré a presentarme ante ti».

LA MATANZA DE LOS PRIMOGÉNITOS

Dios lo había previsto todo y ahora se dirige a Moisés sin rodeos: «Todavía tengo que enviar una plaga al faraón y a Egipto, tras lo cual os dejará marchar de aquí; más aún, os expulsará definitivamente de aquí». También le previene de que, en un primer momento, el faraón no le hará caso; y así sucederá, para que Dios pueda demostrar todo su poder.

Moisés está furioso. Se enfrenta al faraón con una violencia que no habíamos visto antes. Tal vez esté indignado por su obstinación, tal vez le angustie la idea de que, por medio de él, una terrible matanza está a punto de producirse. Lo que es indudable es que Moisés pronuncia un discurso muy duro ante el faraón y sus servidores aterrorizados: «Así dice el Señor: "A medianoche yo pasaré por medio de Egipto. Morirán en la tierra de Egipto todos los primogénitos: desde el primogénito del faraón que se sienta en su trono hasta el primogénito de la sierva que atiende al molino, y todos los primogénitos del ganado. Y se oirá un inmenso clamor en la tierra de Egipto como nunca lo ha habido ni lo habrá. Mientras que a los hijos de Israel ni un perro les ladrará, ni a los hombres ni a las bestias; para que sepan que el Señor distingue entre Egipto e Israel"». Moisés mira al faraón a los ojos y pronuncia la última frase de su discurso: «Entonces todos estos servidores tuyos acudirán a mí y se postrarán ante mí, diciendo: "Sal con el pueblo que te sigue". Entonces saldré».

A través de Moisés, Dios también les da instrucciones a los hebreos: cada familia deberá procurarse un cordero o un cabrito, deberá sacrificarlo al atardecer y deberá cubrir con su sangre las jambas y el dintel de la puerta de su casa. Por la noche, los hijos de Israel comerán la carne, asada al fuego, con hierbas amargas y panes sin fermentar; y lo comerán a toda prisa, con las sandalias en los pies, la cintura ceñida y un bastón en la mano, listos para salir.

Esa noche el Señor pasará por la tierra de Egipto, pero cuando vea la sangre en las puertas de las casas que habitan los hebreos pasará de largo y los salvará. Será la Pascua (en hebreo *pésaj*, 'pasaje'; aunque se barajan otras etimologías). Es la Pascua judía, la que celebrará Jesús en su última cena. Una fiesta que también compartirán los cristianos y en la cual, de hecho, se come carne de cordero o de cabrito. También en la Pascua cristiana hay un primogénito que es sacrificado: es Jesús, el hijo de Dios, cuyo símbolo es el cordero, y cuya sangre es derramada para salvar a la humanidad.

La noche del paso del Señor es una de las grandes noches de la Biblia. Como la primera noche de la creación, cuando el espíritu de Dios aletea sobre las tinieblas y las separa de la luz; y también como la noche en la que Dios atraviesa la oscuridad en forma de antorcha de fuego para sellar su alianza con Abrahán.

Esa noche, a las doce en punto, «el Señor hirió de muerte a todos los primogénitos de la tierra de Egipto: desde el primogénito del faraón, que se sienta en el trono, hasta el primogénito del preso encerrado en el calabozo; y todos los primogénitos de los animales. Aquella noche se levantó el faraón, sus servidores y todos los egipcios, y se oyó un clamor inmenso en todo Egipto, pues no había casa en que no hubiera un muerto».

Delante del cadáver de su hijo, solo, el faraón llama a Moisés y Aarón y les suplica que se vayan, todos, y que se lleven también el ganado, y hasta casi se humilla: «Id a ofrecer culto al Señor y rogad por mí». También el pueblo egipcio urge a los hebreos que se vayan —«Moriremos todos»— y acepta darles utensilios de plata y de oro y ropa, a modo de indemnización por los años de esclavitud.

Los israelitas que salen de Egipto son seiscientos mil, sin contar a los niños. Pero no están solos: «Los seguía una multitud inmensa». Está formada por los marginados, los parias de la sociedad, los perseguidos, tal vez incluso los criminales. Son mujeres y hombres a los que Dios concede una segunda oportunidad, un nuevo inicio. Ellos también son el pueblo elegido. Es la imagen del Dios cristiano que viene a salvar a los pobres, los débiles, los últimos; el mismo Dios que en la Biblia libera a los esclavos.

Los hijos de Israel habían permanecido en Egipto durante cuatrocientos treinta años. José había muerto cuatro siglos antes, pero Moisés se llevó consigo sus huesos, porque José había hecho jurar solemnemente a los hebreos que un día lo llevarían a la tierra prometida. De la misma manera, aunque obviamente en un contexto distinto, los 350 000 italianos originarios de Fiume, Istria y Dalmacia que fueron obligados a dejar sus tierras se llevaron consigo los huesos de Nazario Sauro, un irredentista istriano que sacrificó su vida para volver a unificar su tierra con Italia; actualmente descansa en el cementerio del Lido de Venecia.

El Señor caminaba delante de los hebreos y les indicaba el camino: de día con una columna de nubes y de noche con una columna de fuego, para alumbrarlos; para que pudieran caminar día y noche y así alejarse rápidamente de Egipto.

Dios los guio por el camino corto, el que iba por la tierra costera de los filisteos, porque temía que, en caso de ataques por parte de los pueblos hostiles, los israelitas se volverían atrás, directos a los brazos del faraón. Llevó a su pueblo por el desierto, hacia el mar Rojo (por lo menos, así se indica en las versiones griegas y latinas; en el texto hebreo se habla de un mar de juncos, o mar de cañas, aludiendo posiblemente al delta del Nilo).

Aquí Dios prepara la trampa definitiva para el faraón. Ordena a los hebreos que se detengan a orillas del mar, de manera que los egipcios crean que no conocen el camino y se han perdido. Al mismo tiempo, el Señor hace que el faraón se mantenga en su obstinación, con el fin de que sufra su derrota final.

Así pues, el faraón decide perseguir a los hebreos. Prepara su propio carro seguido de todos los caballos y los carros de Egipto, con sus jinetes y su ejército, y se lanza a la batalla.

Al ver al ejército egipcio acercarse, los hebreos quedan sobrecogidos e increpan a Moisés: «¿No había sepulcros en Egipto para que nos hayas traído a morir en el desierto?». Pero Moisés los tranquiliza: «Esos egipcios que estáis viendo hoy, no los volveréis a ver jamás».

Y aquí se nos viene a la mente un clásico de la antigua literatura india, el «Canto del Bienaventurado», parte del poema épico titulado *Mahabharata,* cuando, en vísperas de la batalla decisiva, el dios Krishna anima al líder Arjuna, cuyas piernas se doblan ante las filas enemigas, y para asegurarle la inevitabilidad de la victoria le dice: «Yo ya he derrotado a todos estos guerreros».

La guerra del mar Rojo, tres mil años después

El ángel de Dios, que estaba al frente de la caravana, y la columna de nubes pasan a retaguardia y se colocan entre los hebreos y el ejército egipcio, dejando a este último envuelto en la oscuridad, mientras sobre el campamento de los hijos de Israel resplandecía el sol. Durante toda la noche el Señor hace soplar un fuerte viento del este que hace retroceder el mar y divide las aguas: de esta manera, los hebreos desfilan en medio del mar, con las aguas que les hacen de muralla a derecha y a izquierda.

Los egipcios se lanzan a su persecución, pero Dios traba las ruedas de sus carros impidiéndoles avanzar. Cuando los hebreos están a salvo, Moisés extiende la mano sobre el mar y las murallas de aguas se precipitan encima de los egipcios: sus carros, sus jinetes, el ejército al completo quedan sumergidos, no se salva nadie. Ni siquiera el faraón. Moisés y los hebreos entonan entonces un canto de victoria al Dios «guerrero», mientras María guía las danzas de las mujeres al son de su pandero.

* * *

A primera hora de la tarde del 6 de octubre de 1973 el cielo estaba despejado sobre el desierto y el mar Rojo. De nuevo, más de tres mil años después, un ejército egipcio estaba a punto de lanzar un ataque contra los hebreos.

En la Biblia abundan sucesos que nos pueden recordar acontecimientos del presente, pero también hay que saber reconocer las diferencias. Los egipcios de hoy, por ejemplo, tienen muy poco en común con los antiguos egipcios: no coinciden la lengua, la escritura ni la religión. Sin embargo, en la historia no se da ningún otro caso de pueblos que, tres mil años después, lleven el mismo nombre y se hagan la guerra en el mismo lugar.

Esa tarde de 1973, mil quinientos tanques egipcios (un número no muy diferente al de los carros del faraón) cruzaron el canal de Suez para atacar la cadena de fortificaciones del ejército judío en el Sinaí. Israel es tomado por sorpresa. Un agente secreto en El Cairo había advertido que Egipto atacaría a las 18 horas. La noticia era correcta, la hora incorrecta: tal vez el agente estaba haciendo un doble juego. El hecho es que Israel cree que es un farol, y no tiene preparadas a todas sus unidades.

Seis años antes, en 1967, en la época de la guerra de los Seis Días, las tropas aéreas israelíes habían atacado por sorpresa a las egipcias, que estaban en tierra. El riesgo era altísimo: todo el mundo sabía que la guerra era inminente. El comandante Yosef Salat, al frente del primer escuadrón, dirigió un breve discurso a sus hombres: «Sentado con ustedes en la cabina está el pueblo de Israel. Generaciones de judíos les observan y esperan que cada uno cumpla con su deber». Dos horas después, la fuerza aérea egipcia ya no existía.

Aquel 6 de octubre de 1973 en el Sinaí las cosas ocurren de manera muy diferente. La fuerza aérea israelí tarda en intervenir. Los egipcios avanzan, los sirios atacan desde el Golán. Israel vive unas de las horas más dramáticas de su historia. Entonces Sharón lidera el contraataque, cruza el canal de Suez y se detiene mientras se dirige a El Cairo tras la declaración de alto al fuego. Pero Israel se ha dado cuenta de que es vulnerable. Y acepta iniciar conversaciones de paz con Egipto.

Egipto recuperará el Sinaí, pero perderá a su líder, Sadat, que fue asesinado el 6 de octubre de 1981 por un comando de extremistas islámicos que le acusaban, precisamente, de haber suscrito un acuerdo de paz con el Estado de Israel; igual que un extremista judío asesinará a Isaac Rabin en 1995, para castigarle por firmar la paz con los palestinos. Es como si en Tierra Santa el diablo no dejara de meter mano.

EL MANÁ DEL CIELO

Los hebreos vagan por el desierto en dirección a la tierra de sus padres, que sin embargo desconocen. Caminan durante tres días sin encontrar agua. Y cuando por fin llegan a una poza, se encuentran con que el agua está amarga y no pueden beber. El pueblo empieza a murmurar y Moisés pide ayuda al Señor, que le muestra un palo. Moisés tira el palo al agua y esta se vuelve dulce.

No es la primera vez ni será la última: los hebreos no confían del todo en Dios y, por consiguiente, en Moisés y Aarón. Cuando el hambre se hace sentir, el pueblo la toma con los dos hermanos: «Nos habéis sacado a este desierto para matar de hambre a toda la comunidad». Entonces el

Señor le dice a Moisés: «Mira, haré llover pan del cielo para vosotros: que el pueblo salga a recoger la ración de cada día; lo pondré a prueba, a ver si guarda mi instrucción o no. El día sexto prepararán lo que hayan recogido y será el doble de lo que recogen a diario».

Por la tarde, una bandada de codornices cae milagrosamente sobre el campamento; enseguida son asadas. A la mañana siguiente, una capa de rocío se deposita alrededor de las tiendas de los hebreos. Cuando se evapora, aparece en la superficie del desierto «un polvo fino, como escamas, parecido a la escarcha sobre la tierra». Al verlo, los hijos de Israel se preguntan: «¿Qué es esto?», en hebreo *man hu;* de ahí que esa comida misteriosa se conozca con el nombre de «maná». Era blanca, parecida a la semilla de cilantro, y con sabor a torta de miel.

Cada uno recogió lo que necesitaba para comer, siguiendo las instrucciones de Dios, que también había precisado que nadie guardara para el día siguiente. Sin embargo, algunos no le hicieron caso y se guardaron una parte: una señal de desconfianza hacia Dios que enseguida es castigada. El maná que algunos habían guardado se llena de gusanos y se echa a perder. Al sexto día, los hebreos recogen el doble de maná, que esta vez no se echa a perder. De esta forma, podrán comer el séptimo día, el sábado, cuando a todos les corresponde descansar, Dios incluido. El Señor les ordena que tomen una ración y la conserven para que las generaciones futuras «vean el pan con que os alimenté en el desierto cuando os saqué de la tierra de Egipto».

Los israelitas comerán el maná durante cuarenta años, lo que durará su «travesía por el desierto». Una expresión que hoy en día seguimos utilizando para indicar un periodo atormentado, de pruebas, de sacrificios, de espera y de preparación. Una condena que, como veremos más adelante, el pueblo merecerá a los ojos del Señor.

Si la Biblia es la autobiografía de Dios, el Éxodo —es decir, el relato de la salida de Egipto y la llegada a la tierra prometida— es el momento de la historia en el que la presencia de Dios se hace más patente, manifestándose por medio de castigos y recompensas, marcada por la severidad y la justicia. Cuando los amalecitas —esto es, los descendientes de Amalec, el nieto de Esaú— atacan a los hebreos, Moisés sube a la cima de un monte con el bastón de Dios en la mano. Mientras Moisés tiene en alto las manos, Israel gana la batalla, guiado por un joven jefe militar, Josué; mientras las tiene bajadas, domina Amalec. Entonces Aarón y Jur, otro hebreo, toman una piedra para que Moisés se siente encima, mientras le sostienen los brazos, uno a cada lado, hasta que cae la noche. Josué derrota a Amalec y a su pueblo a filo de espada.

La vida de Moisés estaba completamente dedicada a la redención de su pueblo, y por eso le había pedido a su esposa Séfora que se volviera a casa de su padre Jetró, junto con sus dos hijos. Pero habían llegado a los oídos de Jetró las maravillas obradas por Dios a través de Moisés y decidió ir a ver su yerno, junto con Séfora y sus hijos. Moisés se postró ante su suegro y lo besó. Luego ofrecieron juntos sacrificios al Señor.

Al día siguiente de recibir a su suegro, Moisés se sienta a resolver los asuntos del pueblo, desde la mañana hasta la noche. Intrigado, Jetró le pregunta qué hace, cuál es su función; Moisés le explica que el pueblo acude a él para consultar a

Dios: cuando tienen una controversia, le corresponde a él resolverla, él decide entre unos y otros y establece los premios y los castigos. El suegro, preocupado, le advierte: «No está bien lo que haces; os estáis matando tú y el pueblo que te acompaña. La tarea es demasiado grande y no puedes despacharla tú solo». Los hebreos necesitan leyes que establezcan lo que se puede hacer y lo que no; y también necesitan jefes que administren la justicia diaria, dejando para Moisés solo los asuntos más graves. Los jefes deberán ser «hombres valientes, temerosos de Dios, sinceros y enemigos del soborno». Preparado, eficiente, justo, insobornable: la Biblia traza el perfil del buen político. Toca ahora establecer las leyes.

LOS DIEZ MANDAMIENTOS O, MEJOR DICHO, LOS NUEVE

Tres meses después de su salida de Egipto, los hijos de Israel llegan al Sinaí y acampan frente a la montaña. Dios les hace llegar un mensaje a través de Moisés: «Vosotros habéis visto lo que he hecho con los egipcios y cómo os he llevado sobre alas de águila y os he traído a mí. Ahora, pues, si de veras me obedecéis y guardáis mi alianza, seréis mi propiedad personal entre todos los pueblos, porque mía es toda la tierra. Seréis para mí un reino de sacerdotes y una nación santa». Un mensaje que aún hoy en día evoca una conocida canción de misa.

El pueblo acepta el pacto: «Haremos todo cuanto ha dicho el Señor». Entonces el Señor avisa a Moisés: «Voy a acercarme a ti en una nube espesa, para que el pueblo pueda escuchar cuando yo hable contigo, y te crean siempre».

En esta ocasión la alianza no es solitaria, entre dos. Dios no habla al corazón de Noé para salvarle del diluvio, o de

Abrahán, para asegurarle descendencia. Dios habla a todo el mundo. A los hebreos, en primer lugar, y también a la humanidad entera. Está a punto de dictar las leyes que, desde hace tres mil años, están en la base del ordenamiento jurídico occidental, que regularon la conducta de nuestros padres y decidieron los destinos de quienes las infringieron.

Pero el pueblo no podrá subir al Sinaí: Dios decreta que quien toque la montaña morirá, y nadie podrá tocar al culpable, sino que será apedreado o se le disparará con un arco y una flecha. El pueblo se purifica durante dos días: lavan sus ropas y evitan las relaciones sexuales.

Dios está a punto de dictar sus mandamientos.

«Al tercer día, al amanecer, hubo truenos y relámpagos y una densa nube sobre la montaña; se oía un fuerte sonido de trompeta y toda la gente que estaba en el campamento se echó a temblar. Moisés sacó al pueblo del campamento, al encuentro de Dios, y se detuvieron al pie de la montaña. La montaña del Sinaí humeaba, porque el Señor había descendido sobre ella en medio de fuego. Su humo se elevaba como el de un horno y toda la montaña temblaba con violencia. El sonar de la trompeta se hacía cada vez más fuerte; Moisés hablaba y Dios le respondía con el trueno».

No podemos no citar todas las palabras que Dios pronuncia en el Sinaí.

La Biblia no los llama «los diez mandamientos», sino «las diez palabras».

«Yo soy el Señor, tu Dios, que te saqué de la tierra de Egipto, de la casa de esclavitud. No tendrás otros dioses frente a mí».

Dios no se presenta como el único Dios posible, sino como el único Dios verdadero. Quiere ser elegido en exclusiva, porque es el Dios de la libertad: libertad de la esclavitud, y también libertad interior.

«No te fabricarás ídolos, ni figura alguna de lo que hay arriba en el cielo, abajo en la tierra, o en el agua debajo de la tierra. No te postrarás ante ellos, ni les darás culto; porque yo, el Señor, tu Dios, soy un Dios celoso, que castigo el pecado de los padres en los hijos, hasta la tercera y la cuarta generación de los que me odian. Pero tengo misericordia por mil generaciones de los que me aman y guardan mis preceptos».

Si a Dios no se le puede nombrar, si su nombre no se puede pronunciar, entonces tampoco se le podrá representar en pinturas, esculturas o cualquier otro tipo de efigie. Los cristianos no aplicarán esta norma de manera literal, lo que dará como resultado grandes obras maestras del arte; en otros momentos de la historia, en cambio, algunos movimientos religiosos sí la aplicaron, lo que llevó a la destrucción de imágenes de Dios y de los santos. Tal vez lo que de verdad le preocupa a Dios es evitar que los hombres se construyan sus propios ídolos y rindan culto a falsos dioses como son el poder, el dinero, las armas.

«No pronunciarás el nombre del Señor, tu Dios, en falso. Porque no dejará el Señor impune a quien pronuncie su nombre en falso».

El segundo mandamiento no solo impone no blasfemar, sino sobre todo hace hincapié en no instrumentalizar a Dios, no utilizar su nombre con fines ideológicos o militares, no matar en nombre de Dios. Es un mandamiento de una modernidad asombrosa. «Deus vult», Dios lo quiere, gritaban los cruzados antes de masacrar a los musulmanes. El lema

«Gott mit uns», Dios está con nosotros, lucía alrededor del águila imperial y de la esvástica en los uniformes de los agentes de las SS que perseguían a los judíos. «Allahu akbar», Dios es grande, gritan los terroristas suicidas islámicos antes de dar muerte a los «infieles», ya sean cristianos, judíos o incluso otros musulmanes. Y hoy en Israel hay partidos extremistas que, en nombre de Dios, avivan el fuego de la violencia. Cada historia es una historia en sí misma, tiene sus propias peculiaridades, y no se trata de hacer comparaciones imposibles. Pero aún hoy se sigue matando en nombre de Dios, se le utiliza, se incumple el mandamiento que dictó en el Sinaí.

«Recuerda el día del sábado para santificarlo». Es el descanso del *sabbat*. Para los cristianos el día del Señor es el domingo, haciendo una traducción libre del tercer mandamiento, que correspondería a «recuerda santificar las fiestas».

«Honra a tu padre y a tu madre, para que se prolonguen tus días en la tierra, que el Señor, tu Dios, te va a dar».

Los padres continúan la creación: nos dan la vida, nos transmiten la fe, nos enseñan los valores. Respetar al padre y a la madre también significa, en cierto sentido, respetar la patria, entendida como la tierra de los padres y las madres, el lugar en el que se nos ha permitido vivir, sin dañar a los demás.

«No matarás».

«No cometerás adulterio».

«No robarás».

«No darás falso testimonio contra tu prójimo».

He aquí cuatro mandamientos que empiezan con un «no» y que condenan acciones que perjudican al prójimo. Dio resalta el valor de la vida, del matrimonio, de la propiedad personal, de la reputación. Y de la verdad.

«No codiciarás los bienes de tu prójimo. No codiciarás la mujer de tu prójimo, ni su esclavo, ni su esclava, ni su buey, ni su asno, ni nada que sea de tu prójimo».

En la tradición cristiana este mandamiento se divide en dos, y acertadamente. Equiparar la mujer a los bienes, los esclavos y los animales es una barbaridad para nuestra cultura; y lo es aún más si pensamos que la esclavitud en Occidente se abolió hace tiempo. No está de más recordar que Dios es el mismo en todas las épocas y en todos los lugares; sin embargo, el significado de sus enseñanzas puede variar según el periodo en el que vive cada pueblo. En todo caso, la esencia del último mandamiento permanece invariable: respetar la esfera afectiva y patrimonial del prójimo.

JESÚS Y MOISÉS

Los Evangelios darán un paso más allá, pero las raíces del pensamiento cristiano están aquí.

Cuando Jesús diga: «Todo lo que deseáis que los demás hagan con vosotros, hacedlo vosotros con ellos», estará parafraseando la máxima de un eminente rabino, Hillel: «No hagas a los demás lo que no quieres que te hagan a ti; esa es toda la Torá, el resto es su interpretación. Ve a estudiar».

Cuando Jesús diga: «Amarás a tu prójimo como a ti mismo» estará citando, de manera literal, un fragmento de un libro de la Biblia, el Levítico.

Cuando Jesús nos diga que tenemos que amar a nuestros propios enemigos, estará remitiendo, aunque de forma más explícita y radical, a un pasaje de la ley de Moisés: «Cuando encuentres extraviados el buey o el asno de tu enemigo, devuélveselos. Cuando veas al asno de alguien que te aborrece caído bajo su carga, no pases de largo; préstale ayuda».

Jesús era hebreo y conocía bien la Biblia. Eso sí, el amor no forma parte de la ley, y es la esencia de su mensaje: ama a tu enemigo, porque amar solo a los amigos no tiene mérito.

En el monte Sinaí, Dios, además de los mandamientos, da otras indicaciones. En concreto, indica los delitos para los que se aplicará la pena de muerte: el homicidio voluntario, el secuestro, la violencia contra los padres, la práctica de la magia, los actos sexuales con animales y los sacrificios a otros dioses.

La forma en que Dios distingue entre el homicidio intencional o doloso y el involuntario resulta extraordinaria tanto desde el punto de vista jurídico como literario: «El que hiera mortalmente a un hombre, es reo de muerte. Pero si no fue intencionado, sino que Dios lo permitió, te indicaré un lugar donde podrá refugiarse». Es lo que se conoce como asilo en sagrado o con la expresión «acogerse a sagrado», vigente en la historia y la literatura hasta el siglo XIX: cualquier perseguido por la justicia podrá buscar protección en iglesias y monasterios. Al asilo en sagrado se acogerán, entre otros, fray Cristóforo en *Los novios* y Esmeralda en *Nuestra Señora de París* (la cual, además, era inocente, pero terminará ahorcada). Luego Dios precisa: «En cambio, si alguien guarda rencor a su prójimo y lo asesina a traición, lo arrancarás de mi altar para que muera».

Cuando en una pelea entre hombres, uno golpee a una mujer embarazada provocándole el aborto, pero «sin causarle otras lesiones», es decir, la mujer sobrevive, el culpable deberá pagar una multa; pero «si hay lesiones», es decir, la mujer muere, «pagarás vida por vida, ojo por ojo, diente por diente, mano por mano, pie por pie, quemadura por quemadura, herida por herida, cardenal por cardenal».

Es un principio que encontramos en muchos códigos de Oriente Medio de esa época, no solo en el de Hammurabi: es la conocida ley del talión. Esta palabra deriva de la raíz latina *talis, tale,* que significa 'semejante' o 'igual'. Por lo tanto, la ley del talión propone que el castigo debe ser equivalente al delito. Su propósito es poner un límite a la venganza y evitar reacciones desproporcionadas. El cristianismo dará un paso más allá con la invitación a poner la otra mejilla y a perdonar no siete veces, sino setenta, es decir, sin limitaciones.

En el Antiguo Testamento también se vislumbra ese amor que predicará Jesús, en concreto, en los principios que regulan la solidaridad hacia los adversarios, especialmente hacia los más débiles: «No odiarás de corazón a tu hermano», «no maldecirás al sordo ni pondrás tropiezo al ciego» y «no dormirá contigo hasta la mañana siguiente el jornal del obrero»: el trabajador debe recibir su salario cuando corresponde, respetando así el trabajo y honrando las deudas.

Dios regula también un tema sobre el cual aún hoy en día hay controversia: la legítima defensa. «Si un ladrón es sorprendido abriendo un boquete y es herido de muerte, no hay homicidio, a no ser que ya hubiese salido el sol: entonces sí es homicidio». El homicidio del ladrón se considera involuntario si se produce por la noche, pero se castiga si tiene lugar de día: la vida es sagrada y tiene más valor que las propiedades materiales.

La legítima defensa, por tanto, tiene unos límites, igual que los tiene el matrimonio reparador. Dios establece al respecto: «Cuando alguien seduzca a una muchacha soltera y se acueste con ella, deberá pagar la dote y tomarla por mujer. Si el padre de la muchacha se niega a dársela, él pagará la dote que se da a las doncellas». Y aunque para nuestra sensibilidad actual resulta inaceptable porque la pena se limita a un desembolso de dinero, dejando la decisión en manos del padre y no de la víctima, hay que decir que las disposiciones de la Biblia en cuanto al matrimonio reparador son en realidad más avanzadas y menos punitivas hacia las mujeres que las que estuvieron en vigor en Italia hasta 1981, como hemos mencionado anteriormente.

El Señor también exige al hombre que sea misericordioso con los débiles. Es una parte menos terrible, más luminosa: «No maltratarás ni oprimirás al emigrante, pues emigrantes fuisteis vosotros en la tierra de Egipto. No explotarás a viudas ni a huérfanos».

Algunas normas deberían prevenirnos no solo de la usura, sino también de unas finanzas desreguladas: «Si prestas dinero a alguien de mi pueblo, a un pobre que habita contigo, no serás con él un usurero cargándole intereses». No es de extrañar que Dante mande al infierno a los usureros, junto con los blasfemos y los que ofenden a Dios, con este razonamiento: la naturaleza es hija de Dios; el arte imita a la naturaleza y, por tanto, es nieto de Dios. El hombre obtiene su sustento de la naturaleza, como ocurre con los campesinos o los viticultores, o del arte, en el caso de los artesanos y los artistas. Pero quien hace dinero con dinero aprovechándose de los más débiles ofende a Dios y acaba en el infierno.

También nos encontramos con algunos preceptos que, aunque se dictaron en el contexto de una sociedad arcaica y agrícola, en el fondo se podrían aplicar a la convivencia en la época actual: «Si tomas en prenda el manto de tu prójimo, se lo devolverás antes de ponerse el sol, porque no tiene otro vestido para cubrir su cuerpo, ¿y dónde, si no, se va a acostar? Si grita a mí, yo lo escucharé, porque yo soy compasivo». Pero en el juicio el testigo no deberá favorecer al débil; todos obrarán según justicia, y nunca para proteger al culpable.

El pacto entre Dios y los hombres es ratificado de la forma más solemne: Moisés lee en voz alta al pueblo el documento de la alianza y luego lo rocía con la sangre de los animales que había mandado sacrificar (Jesús también dirá: «Esta es mi sangre de la alianza, que es derramada por muchos…»). Luego sube otra vez a la montaña junto con Aarón y sus hijos, Nadab y Abiú —recomiendo al lector que no se encariñe con ellos—, y setenta ancianos de Israel. «Vieron al Dios de Israel: bajo sus pies había como un pavimento de zafiro, brillante como el mismo cielo».

El arca de la Alianza

Durante seis días la nube del Señor cubrió la cima de la montaña del Sinaí, que parecía estar envuelta por las llamas. Al séptimo día, Dios llamó a Moisés. Moisés se adentró en la nube y estuvo en la montaña cuarenta días y cuarenta noches.

Tras haber creado el mundo, tras haberlo casi destruido con el diluvio, tras haber elegido a su pueblo por medio de Abrahán y tras haberlo liberado de la esclavitud por medio de Moisés, ahora Dios viene a habitar entre los hombres. Así que les da instrucciones para construir su casa.

Los hijos de Israel construirán un arca de madera de acacia de dos codos y medio de longitud —aproximadamente un metro y veinticinco centímetros— por un codo y medio de ancho y otro tanto de alto, unos setenta y cinco centímetros. La revestirán de oro y tendrá cuatro anillas de oro en las que insertarán cuatro varales de madera de acacia, también revestidos de oro, que servirán para transportarla. El arca tendrá una tapa de oro, el «propiciatorio», con dos querubines en los extremos, uno frente al otro, que extenderán sus alas por encima para proteger el arca. Allí se encontrará Dios con Moisés, entre las alas de los querubines, y Dios le comunicará todo lo que tiene que ordenar a los hijos de Israel.

Dios también explica cómo deben ser la menorá, el candelabro de siete brazos y con las llamas siempre encendidas y alimentadas con aceite de oliva, y su morada: una sencilla tienda en el desierto, con un armazón de madera y diez tapices de lino fino retorcido, de púrpura violácea, roja y escarlata, y que llevarán por encima unas cubiertas de pieles de cabra, de carnero y de tejón.

El interior estará dividido en dos partes por un velo de púrpura, que separará el Santo, donde se colocará el candelabro, del Santo de los Santos, donde se guardará el Arca de la Alianza. En la parte exterior del santuario se levantará el altar de los holocaustos, que estará construido en madera y revestido de bronce; también habrá un altar más pequeño, para quemar el incienso.

Cada hebreo que haya cumplido los veinte años abonará medio siclo (poco más de cinco gramos de un metal precioso) como tributo para la construcción del santuario, que será igual para todos, ricos y pobres: lo que vendría a ser un impuesto fijo.

Dios también le da a Moisés la receta para preparar el óleo de la unción santa con el que consagrar a los sacerdotes y los objetos sagrados: «Procúrate los perfumes más finos: mirra virgen, cinamomo, caña aromática, casia y de aceite de oliva. Con ellos prepararás el óleo de la unción santa; harás una mezcla perfumada, como la prepara un perfumista...». Con otros bálsamos de nombres evocadores —estacte, ámbar, gálbano oloroso e incienso puro— se hará el perfume que se quemará delante del Arca de la Alianza.

En definitiva, Dios actúa como el comitente que encarga una obra de arte, detallando también el artista que deberá construir el Arca, la morada, el candelabro, el altar y hasta el óleo y el perfume: Besalel, de la tribu de Judá. Sobre él le dice a Moisés: «Le he llenado del espíritu de Dios, de sabiduría, de prudencia y de habilidad para toda clase de tareas»; también añade que le ha dado como ayudante a Oliab, de la tribu de Dan, y que «a todas las personas expertas les he dado habilidad». Es maravilloso pensar que estos dos hebreos desconocidos fueron los primeros artistas inspirados por Dios, a los que les siguieron muchos otros, siendo algunos de los más grandes de origen italiano, ancestros nuestros a los que les debemos obras como el Dios creador de los mosaicos conservados en la Basílica de San Marco; el Dios severo pero justo del Baptisterio de Florencia —el «mi bello san Juan» de Dante—; el Dios piadoso de Giotto en la Capilla de los Scrovegni; el Dios poderoso de Miguel Ángel en la Capilla Sixtina; el Dios elegante de Rafael Sanzio de las Logias Vaticanas... Obras de una belleza conmovedora que, sin duda, son el fruto de una técnica extraordinaria, de mucho estudio y reflexión, pero que también puede que no hubieran visto nunca la luz sin la fe, sin una inspiración que, aunque no queramos calificar de divina, debemos admitir que sobrepasa los límites de lo humano. Una inspiración que es, a la vez, celestial y terrenal.

EL BECERRO DE ORO Y LOS CUERNOS DE MOISÉS

Cuando acaba de hablar con Moisés en la montaña del Sinaí, el Señor le da las dos tablas de piedra «escritas por el dedo de Dios».

Pero el pueblo, viendo que Moisés tardaba y ante el temor de que no bajara de la montaña, le pide a Aarón: «Haznos un dios que vaya delante de nosotros». Aarón se hace entregar todas las joyas, las funde y fabrica un becerro de oro. Al verlo, todos exclaman: «Este es tu dios, Israel, el que te sacó de Egipto».

Lo hebreos no quieren otro dios, sino una imagen de Dios, un símbolo de fuerza y poder; precisamente lo que Dios no quiere. Por si esto fuera poco, ofrecen sacrificios en honor del becerro y celebran banquetes con comida y bebida, seguidos de bailes impúdicos, a los que la Biblia se refiere pudorosamente con el verbo «regocijarse».

Evidentemente, a los ojos Dios estas acciones son una afrenta gravísima, tanto que medita exterminar a su pueblo, y advierte a Moisés: «Veo que este pueblo es un pueblo de dura cerviz», en otras palabras, cabezota. «Por eso, déjame: mi ira se va a encender contra ellos hasta consumirlos. Y de ti haré un gran pueblo».

Entonces Moisés suplica al Señor que no encienda su ira contra el pueblo, ya que, de lo contrario, ¿de qué habría servido cumplir tantos prodigios y sacar a los hebreos de Egipto para luego exterminarlos, para regocijo de los mismos egipcios? «Acuérdate de tus siervos, Abrahán, Isaac e Israel, a quienes juraste por ti mismo: "Multiplicaré vuestra descendencia como las estrellas del cielo, y toda esta tierra de que he hablado se la daré a vuestra descendencia para que la posea por siempre"».

Tras lo cual se produce un hecho del todo nuevo e inesperado: Dios cambia de parecer. Recapacita. Se arrepiente del daño que había amenazado con infligir a su pueblo.

Sin embargo, los hebreos no se van a librar de un buen castigo.

Moisés baja del monte con las dos tablas en la mano. En cuanto ve el becerro y las danzas monta en cólera: tira las tablas contra las rocas y las parte. Después agarra el becerro, lo quema y lo tritura hasta hacerlo polvo; echa el polvo al agua y se la hace beber a los hijos de Israel.

Pero el castigo no termina con la humillación. Aarón intenta en balde justificar lo ocurrido. Moisés grita: «¡A mí los del Señor!». Se le acercan, rodeándole, los hombres de la tribu de Leví: son los levitas, los sacerdotes, los guardianes de la ortodoxia. Moisés les da una orden terrible: «Mate cada uno a su hermano, a su amigo y a su vecino». En un solo día tres mil hebreos que habían adorado al becerro de oro mueren a filo de espada, a mano de sus compatriotas.

Luego Moisés sube nuevamente a la montaña para pedirle perdón a Dios por su pueblo y le dirige un ruego: «Este pueblo ha cometido un pecado gravísimo haciéndose dioses de oro. Pero ahora, o perdonas su pecado o me borras del libro que has escrito». Moisés está ofreciendo su vida, como diciendo que, si Dios va a exterminar a todo su pueblo, que le mate a él también. Y para hacerlo, Dios deberá borrarle del libro que está escribiendo, el libro de la vida, el libro que recoge los nombres de los justos. Es como si Dios determinara el curso de los acontecimientos igual que un escritor inventa una historia.

El Señor no revoca la condena: «Al que haya pecado contra mí lo borraré del libro»; pero levanta el castigo. Moisés llevará al pueblo de los israelitas a la tierra que mana leche y miel; pero el camino será largo y tortuoso.

A partir de entonces, cada año y para siempre, en la época de la cosecha de aceitunas y uvas, los judíos pasarán una semana en cabañas con techos de ramas, que les permitan ver el cielo: es la fiesta más querida, la del Sucot —cabañas, precisamente—, con la que recuerdan los años de la travesía por el desierto, sin tener un hogar.

Ahora Moisés ya no tiene que subir al Sinaí para hablar con Dios; levanta la tienda fuera del campamento, a cierta distancia de las demás, y Dios se manifiesta a través de la columna de nubes que se detiene a la entrada del santuario, mientras todos los hebreos se postran cada uno delante de su propia tienda. «El Señor hablaba con Moisés cara a cara, como habla un hombre con un amigo». Y en señal de misericordia le dice: «Labra dos tablas de piedra como las primeras y yo escribiré en ellas las palabras que había en las primeras tablas que tú rompiste. Prepárate para mañana, sube al amanecer a la montaña del Sinaí y espérame allí en la cima de la montaña. Que nadie suba contigo, ni aparezca nadie en toda la montaña; ni siquiera las ovejas o las vacas pastarán en la ladera de la montaña». Esta vez Moisés estará solo.

El profeta obedece. Sube al Sinaí llevando en la mano las dos tablas de piedra, y está allí con el Señor durante otros cuarenta días con sus cuarenta noches, sin comer pan y sin beber agua; y escribe en las tablas las palabras de la alianza.

Cuando baja de la montaña, Moisés no sabe que la piel de su cara está radiante por haber estado hablando con Dios. Aarón y todo el pueblo, al verle, tienen temor a acercársele, entonces Moisés se cubre la cara con un velo. (La Biblia describe este momento usando la palabra *qaràn,* 'irradiar' o 'emitir rayos', parecida a *qèren,* 'cuerno'. Por una confusión lingüística, san Jerónimo traduce en latín «Moisés no sabía que su rostro se había vuelto cornudo». Por eso Miguel Ángel representa a Moisés con cuernos, que en realidad son rayos).

Los hebreos hicieron todo lo que Dios les había mandado: los artistas a los que el mismo Dios había infundido inspiración construyeron el santuario y el Arca de la Alianza; todos ofrecieron su tributo, y siguieron incluso cuando el Señor les dijo que dejaran de hacerlo; Aarón y sus hijos fueron consagrados y la unción les confirió el sacerdocio eterno. «Eris sacerdos in aeternum», es decir, «serás sacerdote para siempre»: todavía hoy esta inscripción se puede leer en las tumbas de muchos hombres de Dios.

Sin embargo, los sacerdotes deberán cumplir con una serie de preceptos y rituales, y el que los infringe lo paga con la vida. Como les ocurre a Nadab y Abiú, los hijos de Aarón, los cuales, en lugar de quemar el incienso encima de los carbones del altar del holocausto, donde se había quemado una ofrenda a Dios, lo esparcieron encima de un fuego «ilícito», profano, esto es, que no se había encendido respetando los preceptos, razón por la cual un fuego sale de la presencia del Señor y los devora.

Frente al final atroz de sus hijos, Aarón se calla. Su culpa es tan grave que Moisés ordena que saquen sus cuerpos fuera del campamento y que Aarón y los otros hijos no guarden luto, no lleven la cabeza desgreñada y no se rasguen las vestiduras.

No comas murciélagos y lleva mascarilla

Hoy en día las leyes de Moisés nos pueden parecer oscuras, en algunos casos incluso incomprensibles; sin embargo, resuenan en nuestro interior. Algunos pasajes resultan en especial fascinantes por su misterio y su excentricidad, a menudo solo aparentes. Es lo que ocurre, por ejemplo, con los preceptos sobre la alimentación.

«No comeréis grasa de buey, ni de cordero ni de cabra»; un nutricionista actual estaría sin duda de acuerdo. «No cocerás un cabrito en la leche de su madre»: carne y lácteos no se pueden consumir juntos, y esta también es una recomendación saludable. «Tampoco comeréis sangre de ave o de otro animal»: la sangre es sagrada, es el símbolo de la vida, y solo le pertenece a Dios.

No siempre resulta fácil separar la razón de la fe, entender dónde prevalece la salud física y dónde la simbología espiritual. El consumo de vino, por ejemplo, está permitido para todos, excepto para los sacerdotes antes de los ritos sagrados. Por otra parte, hay animales impuros, que no se deben comer.

Dice el Señor: «Cualquier animal de pezuña partida, hendida en dos mitades, y que rumia, lo podéis comer». Por tanto, los hebreos no pueden comer el camello, que es rumiante, pero no tiene la pezuña partida; ni liebre, que también rumia, pero no tiene la pezuña partida; ni tampoco cerdo, que tiene la pezuña hendida en dos mitades, pero no es rumiante. Entre los animales impuros, la Biblia también incluye al damán (lo he buscado en la Wikipedia: es un roedor, parecido a un conejo grande). No menciona, sin embargo, otros animales que los judíos observantes aún hoy en día evitan comer, como el caballo y el conejo.

«De los animales que viven en el agua, sean de mar o río, podéis comer todos los que tienen aletas y escamas. Pero los bichos acuáticos, u otros animales que viven en el agua, de cualquier clase que sean, en mar o río, que carecen de aletas y escamas, los consideraréis abominables». De hecho, los judíos observantes no comen marisco, incluyendo gambas, pulpo y ostras.

De las aves, se consideran «abominables» el águila, el quebrantahuesos, el pigargo, el buitre y el halcón en todas sus variedades, igual que el cuervo, el avestruz, la lechuza, la gaviota, todos los tipos de gavilán, el búho, el somormujo, el ibis, el cisne, el pelícano, el calamón, la cigüeña, la garza en todas sus variedades y la abubilla. Por lo general, se trata de aves que a nosotros tampoco se nos ocurriría comer. Pero la Biblia también prohíbe comer avestruz, que actualmente criamos en los países occidentales para consumo de carne, y focha, considerada un manjar por los cazadores, y que hoy es una especie protegida.

Entre los insectos, «todo bicho alado que anda sobre cuatro patas lo consideraréis abominable. Pero de todos los bichos alados que andan sobre cuatro patas, podéis comer aquellos que, además de sus cuatro patas, tienen zancas para saltar con ellas sobre el suelo. De estos podéis comer los siguientes: la langosta en todas sus variedades y todas las variedades de saltamontes, caballetas y grillos». Y aquí se nos vienen a la mente las recientes directivas europeas, que abren el camino al consumo de insectos, empezando por la harina de grillos, ante la indignación de los euroescépticos.

«De los bichos que pululan por la tierra, tendréis por impuros los siguientes: la comadreja, el ratón, el lagarto en cualquiera de sus variedades, el erizo, el cocodrilo, el camaleón, la salamandra y el topo». Además, «cualquier objeto sobre el que caiga alguno de esos cadáveres quedará impuro: el hornillo y el fogón serán destruidos», así como la vasija. En definitiva, si un ratón muerto cae dentro o encima de un utensilio, este se tendrá que tirar: una norma higiénica fundamental en un clima cálido.

Entre los animales que no se deben consumir, Dios también menciona el murciélago. Según parece, es posible que el salto entre especies que originó la pandemia de COVID-19 se produjera en los puestos del mercado de Wuhan, donde los murciélagos sí se comían. Y hablando de enfermedades infecciosas, el leproso tendrá que estar fuera del campamento, es decir, permanecerá aislado, y tendrá que gritar: «¡Impuro, impuro!», cuando vea a alguien cerca para prevenirle; también deberá ir con la barba tapada, es decir, llevar mascarilla. Cuando esté curado, podrá volver: el sacerdote saldrá del campamento para ir a examinarlo y si comprueba que, efectivamente, su enfermedad ha remitido, le permitirá regresar al campamento, aunque durante una semana deberá dormir fuera de la tienda por precaución, para asegurarse de que no contagie a nadie.

Las leyes de Moisés nos pueden parecer anticuadas, y a veces lo son. Sobre todo, las que afectan a las mujeres, las cuales deben purificarse después del parto, debido a la pérdida de sangre.

El adulterio es castigado con la muerte de ambos amantes. Si un hombre se acuesta con una joven virgen que está prometida a otro hombre, y el hecho ocurre en una ciudad, se les lapidará a ambos hasta que mueran: a él «por haber violado a la mujer de su prójimo» y a ella «por no haber pedido socorro», lo que la Biblia interpreta como una señal de consentimiento. Sin embargo, si el hecho ocurre en el campo, morirá solo el hombre, mientras que la mujer será considerada inocente porque «aunque la joven prometida hubiese gritado, nadie pudo oírla».

Si el marido sufre un «ataque de celos», la mujer deberá someterse a una especie de juicio divino: beberá agua amarga, y si se le hincha el vientre y se le aflojan los muslos, será la prueba de que ha engañado a su marido; de lo contrario, no sufrirá ningún daño y tendrá hijos.

Las mujeres, en principio, no pueden heredar; sin embargo, siguiendo las indicaciones de Dios, Moisés establece que, en el caso de un terrateniente que fallece sin herederos varones, la herencia vaya a las hijas. Sigue funcionando así en muchos países, también occidentales: la Constitución española, por ejemplo, establece que la corona solo va a la primogénita mujer en ausencia de herederos varones. El actual rey Felipe no tiene hijos varones, y de hecho su hija mayor Leonor se está preparando para ser reina.

Otras normas de la ley mosaica serían imposibles de aplicar para las nuevas generaciones: por ejemplo, las que prohíben los tatuajes. Y lo mismo ocurre con la que veta los disfraces, hoy ampliamente incumplida: «La mujer no llevará prendas de hombre ni el hombre se vestirá con prendas de mujer, porque el que hace eso es una abominación para el Señor, tu Dios».

Otras normas, en cambio, son muy avanzadas para la época: por ejemplo, las que prohíben matar a los padres por las faltas de los hijos, o a los hijos por los pecados de los padres. Hoy nos parece obvio, pero en aquel entonces no lo era. La Biblia afirma que la responsabilidad es personal: cada uno responde de sus propios actos.

Otras leyes están profundamente arraigadas no solo entre el pueblo judío, sino en la cultura occidental en general. Pensemos en expresiones como «año sabático», «jubileo», «chivo expiatorio»: todas proceden de las disposiciones que Moisés recibió de Dios en el Sinaí, en el desierto.

«Cuando entréis en la tierra que yo voy a daros, la tierra gozará también de su descanso en honor del Señor. Seis años sembrarás tu campo, seis años podarás tu viña y la vendimiarás; pero el séptimo año será de completo descanso para la tierra, un sábado en honor del Señor». Es el año sabático. En la tierra prometida, los hebreos serán agricultores y un año de cada siete se abstendrán de cultivar la tierra. Porque no hay que explotar la tierra, sino respetarla.

La rotación de cultivos es una práctica muy extendida incluso hoy en día. Pero el significado del año sabático es, evidentemente, más amplio. No solo es el descanso que todo el mundo sueña con tomarse, aunque casi nunca acabemos haciéndolo. Es el respiro que hay que darse de vez en cuando en la enajenada carrera del progreso, de la industria, del desarrollo, que también significa frenesí, contaminación, desequilibrio. Saber parar o frenar de vez en cuando forma parte de la responsabilidad que Dios le ha confiado al hombre: cuidar la creación. La mayoría de las veces se queda en una buena intención. Solo en una circunstancia dramática como fue la pandemia, que nos obligó a los confinamientos, sentimos que la tierra descansaba, y nosotros con ella.

EL JUBILEO Y EL CHIVO EXPIATORIO

Dios también imparte otra orden: «Haz el cómputo de siete semanas de años, siete veces siete, de modo que las siete semanas de años sumarán cuarenta y nueve años. El día diez del séptimo mes harás oír el son de la trompeta: el día de la expiación haréis resonar la trompeta por toda vuestra tierra. Declararéis santo el año cincuenta y promulgaréis por el país liberación para todos sus habitantes. Será para vosotros un jubileo: cada uno recobrará su propiedad y retornará a su familia». La última frase se refiere a que, cada cincuenta años, aquellos que habían tenido que ir a servir a otro por una deuda que no pudieron pagar tendrán derecho a ser liberados; y aquellos que se vieron obligados a vender su propiedad podrán recuperarla. El Señor precisa: «La tierra no puede venderse a perpetuidad, porque la tierra es mía, y vosotros sois emigrantes y huéspedes en mi tierra». Esta norma implica, *de facto*, la abolición de la esclavitud entre los hebreos y una limitación a la propiedad privada (que, sin embargo, no se aplica en el caso de «la casa situada en ciudad amurallada»; en este sentido, la Biblia es más avanzada que la legislación inglesa, la cual establece que la propiedad del suelo sobre el que están edificadas muchas casas del centro de Londres corresponde a la Corona o a otros miembros de la nobleza).

La palabra «jubileo» deriva de *yobel*, que literalmente significa 'carnero' y, por extensión, remite al cuerno de carnero, que se utilizaba como trompeta, cuyo sonido anuncia un mensaje de liberación, salvación y renacimiento: un nuevo comienzo.

Se acordará de esta celebración el papa Bonifacio VIII cuando en año 1300 convoque el primer jubileo, aunque con fines menos nobles y más políticos. E incluso Dante, el gran enemigo de Bonifacio, acudirá a Roma y verá las multitudes de peregrinos abarrotando la ciudad. Precisamente para permitirles cruzar el Tíber por el único puente disponible —el de Castel Sant'Angelo— sin amontonarse, los romanos inventaron la barrera y el doble sentido de circulación.

En el Renacimiento, los jubileos se utilizaron como pretexto para recaudar dinero a cambio de indulgencias, para escándalo de Lutero.

En cambio, un jubileo fuertemente espiritual fue el que vivieron nuestros abuelos en 1950, en tiempos de Pío XII: la guerra había terminado, el Duce había acabado colgado cabeza abajo, el rey había abdicado, su hijo se había exiliado; pero el papa se había quedado, y en aquella Italia aún campesina, la gente acudía a Roma con la fe de los humildes, incluso a pie o en bicicleta.

Veinticinco años después, en 1975, Pablo VI proclamó para nuestros padres un jubileo extraordinario: salíamos del boom económico y del Concilio Vaticano II, Italia y la Iglesia vivían un periodo convulso, y al papa le esperaban unas pruebas terribles, desde el conflicto con Lefebvre hasta el asesinato de su amigo Aldo Moro, al que apenas sobrevivió tres meses.

Del jubileo del año 2000 tenemos un recuerdo más fresco: fue el triunfo del papa polaco que había derrotado al comunismo y abierto el frente occidental contra el capitalismo salvaje.

Luego vinieron los jubileos proclamados por el primer papa que lleva el nombre de Francisco: en 2015 el Jubileo Extraordinario de la Misericordia, y luego la gran cita de 2025, en un mundo atormentado por las guerras.

La Biblia establece que cada cincuenta años se celebre esta especie de amnistía general. Pero la expiación de los pecados no puede esperar tanto tiempo, por lo que Dios decreta que cada año el sumo sacerdote —el primero fue Aarón— deberá ofrecer en holocausto al Señor un novillo y dos machos cabríos, los cuales sorteará uno para el Señor y otro para Azazel. Tomará el primero y lo ofrecerá en sacrificio expiatorio a Dios. Luego Aarón pondrá sus manos sobre la cabeza del otro macho cabrío y «confesará sobre él las iniquidades y delitos de los hijos de Israel, todos sus pecados; se los echará encima de la cabeza al macho cabrío, y después, con el hombre designado para ello, lo mandará al desierto», para Azazel.

Pero ¿quién es Azazel?

En la tradición rabínica, la palabra indica un lugar escarpado y desolado. Sin embargo, según la mayoría de los biblistas, Azazel es un demonio.

Nos viene a la mente el señor Malaussène, de profesión chivo expiatorio, el personaje inventado por el brillante escritor Daniel Pennac (cuyo verdadero nombre es Pennacchioni, como su abuelo originario de Córcega). Y, en efecto, en todo colectivo humano siempre viene muy bien tener un chivo expiatorio, una persona elegida al azar a la que echar la culpa y atribuirle en exclusiva una responsabilidad que, de lo contrario, recaería sobre todos.

Y también se nos viene a la mente una película del 1998, *Fallen*, conocida en español con el título de *Poseídos*. El protagonista, interpretado por el gran actor Denzel Washington, es un policía que investiga unos misteriosos asesinatos, hasta descubrir que el verdadero culpable es el demonio Azazel, que toma los cuerpos de las personas y pasa de un cuerpo a otro a través de un ligero toque. Si el hombre poseído muere, el espíritu de Azazel puede alcanzar a otro ser vivo en un radio de quinientos codos, unos doscientos cincuenta metros. Entonces Denzel Washington decide sacrificarse para liberar a la humanidad del demonio. Lo atrae hacia una casa en el bosque, descubre que se ha apoderado de su mejor amigo, un compañero policía, lo mata y se suicida con un cigarrillo envenenado. Realmente parece que el protagonista ha conseguido atrapar y matar a Azazel; pero un gatito que pasa por allí le proporcionará al demonio un cuerpo en el que sobrevivir. Y quizá el macho cabrío simbolizaba precisamente eso: no solo una forma de lavar los pecados, sino también de exorcizar el mal, que siempre acecha donde menos lo esperamos.

Para sellar su pacto con los hijos de Israel, Dios hace una serie de promesas y advertencias. Vamos a dejar que hable él, pues lo hace con un lenguaje evocador y extraordinario. «Si camináis según mis preceptos y guardáis mis mandamientos, poniéndolos en práctica, yo os mandaré las lluvias a su tiempo» —no como ocurre ahora, con las lluvias torrenciales y a destiempo— «para que la tierra dé sus cosechas y el árbol del campo dé su fruto. El tiempo de trilla alcanzará hasta la vendimia, y la vendimia hasta la sementera; comeréis vuestro

pan hasta saciaros y habitaréis tranquilos en vuestra tierra
[…]. Me pasearé en medio de vosotros y seré vuestro Dios, y
vosotros seréis mi pueblo».

En definitiva: va a ir todo muy bien.

Pero si desobedecen, Dios les avisa: «Daré suelta sobre
vosotros al terror, a la tisis y a la fiebre, que os abrasen los ojos
y os consuman la vida. Sembraréis en vano vuestra semilla,
pues la cosecha se la comerán vuestros enemigos. Me volveré
contra vosotros y sucumbiréis ante vuestros enemigos».

Si aun así los hebreos tampoco escuchan al Señor, el castigo será siete veces más duro: «Quebrantaré vuestro orgullo
y vuestra fuerza. Convertiré vuestro cielo en hierro y en bronce vuestra tierra». Y aquí asistimos a un *crescendo* de maldiciones, cada una de ellas siete veces más severa que las anteriores, en una escala que va aumentando exponencialmente:
«Daré suelta contra vosotros a fieras salvajes, que os privarán
de vuestros hijos, acabarán con vuestro ganado y os reduci-
rán a unos pocos, hasta que vuestros caminos queden desier-
tos […]. Comeréis la carne de vuestros hijos y la carne de vuestras hijas comeréis. Destruiré vuestros altos, demoleré vuestros
altares de incienso, amontonaré vuestros cadáveres sobre
los cadáveres de vuestros ídolos y os aborreceré […]. Vuestra tierra será un yermo y vuestras ciudades una ruina […]. A
los que queden de vosotros, les infundiré pánico en sus corazones, en la tierra de sus enemigos; el susurro de una hoja
que vuela los pondrá en fuga: huirán como quien huye de la
espada, y caerán sin que nadie los persiga […]. Pereceréis
entre las naciones y os tragará la tierra de vuestros enemigos».

Son palabras terribles, sobre todo si pensamos en lo que
la historia les depara a los hijos de Israel. Se nos vienen a la
memoria todas las persecuciones sufridas por el pueblo

judío: la deportación a Babilonia; la destrucción del Templo de Jerusalén por parte de los romanos; la diáspora alrededor del mundo; los pogromos; y la Shoah, con los seis millones de muertos en los guetos y las cámaras de gas. Sin embargo, Dios también tiene para su pueblo una promesa de misericordia: en el colmo de la desventura, «yo me acordaré de mi alianza con Jacob y de mi alianza con Isaac, y de mi alianza con Abrahán [...] incluso cuando estén ellos en tierra enemiga, no los desecharé ni los aborreceré hasta exterminarlos y romper mi alianza con ellos, porque yo soy el Señor, su Dios. Me acordaré en favor de ellos de la alianza que hice con sus padres, a quienes saqué de la tierra de Egipto, ante los ojos de las naciones, para ser su Dios. Yo soy el Señor».

Los hebreos experimentarán desde el primer momento lo terrible que puede llegar a ser el Señor, con el largo camino que les espera y la difícil conquista de la tierra prometida.

5

LA CONQUISTA
Moisés, María y Josué
EN LA TIERRA PROMETIDA

La travesía por el desierto no es solo una marcha militar. Evidentemente, hay una tierra que alcanzar y conquistar, y hay enemigos a los que enfrentarse y derrotar. Pero la travesía por el desierto es ante todo un viaje espiritual. Es la peregrinación fundacional de un pueblo que, como hemos visto, está formado por esclavos liberados, por la escoria de la humanidad, por los olvidados en busca de una oportunidad de redención.

La misión de Moisés aún no ha terminado. En el desierto, volverá a encontrarse con Dios. Y también deberá volver a convencer al pueblo, una y otra vez, de que van por el buen camino. Incluso habrá ocasiones en las que tendrá que convencerse a sí mismo; y esa vacilación Dios no se la perdonará.

Moisés, recuerda la Biblia, «era un hombre muy humilde, más que nadie sobre la faz de la tierra». La relación privilegiada que mantiene con Dios es para él una prueba terrible, continua, agotadora.

El Señor le ordena a Moisés que haga un censo de todos los varones de veinte años o más que sean aptos para la guerra. Quedan excluidos los de la tribu de Leví, que se consagrarán al sacerdocio. A pesar de ello, las tribus que lucharán seguirán siendo doce, porque la de José se divide entre los descendientes de sus dos hijos, Efraín y Manasés.

La tribu de Rubén cuenta con 46 500 hombres. Los descendientes de Simeón son 59 300. Los de Gad, 45 650. La tribu más numerosa es la Judá: 74 600 hombres listos para combatir. Por parte de Isacar son 54 400 y de Zabulón 57 400. La tribu de Efraín cuenta con 40 500 hombres y la de Manasés con 32 200. Los hijos de Benjamín son 35 400 y los de Dan 62 700. Por último, están los descendientes de Aser, 41 500, y los de Neftalí, 53 400. Una de dos: o la Biblia exagera o estos números confirman que numerosos fugitivos se unieron a los hebreos cuando estos salieron de Egipto, llegando a formar parte del pueblo elegido.

El campamento está organizado siguiendo un orden militar: en el centro está la tienda donde Moisés se encuentra con Dios, rodeada por los levitas, los sacerdotes; alrededor se distribuirán las tribus, formando un cuadrado, tres en cada lado. Al este, en dirección de la marcha hacia la tierra prometida, está desplegada la tribu más fuerte, la de Judá. El Señor, por su parte, permanece todo el tiempo con el pueblo, tranquilizador y amenazante al mismo tiempo; protector, pero a veces también implacable.

Es el mismo Dios quien marca los tiempos de la marcha. Cuando la nube cubre la Morada, la tienda-santuario erigida en su nombre, los hebreos se deben detener; la nube puede permanecer parada sobre la Morada durante un día, un mes o un año. Pero cuando la nube se levanta, los hijos de Israel deben desmontar las tiendas y ponerse en marcha. Para que sus órdenes resulten más claras, Dios le dice a Moisés que haga dos trompetas de plata: el toque de una sola trompeta servirá para llamar al pueblo a reunirse; un toque con estruendo indicará que el campamento se debe mover, correspondiendo a un grito de guerra, una llamada a la batalla. Una carga, al fin y al cabo, como en las películas del lejano Oeste.

Las quejas empiezan a surgir entre «la masa» que iba con el pueblo, es decir, aquellos que habían seguido a los hebreos fuera de la tierra del faraón, y poco a poco van contagiando también a los demás: ¿dónde está el pescado que comían en Egipto? ¿Y los pepinos, los melones, los puerros, las cebollas y los ajos? «Ahora se nos quita el apetito de no ver más que maná».

Al ver que el pueblo llora, provocando la ira del Señor, Moisés es presa del desánimo. Y, por primera vez, se rebela y protesta ante Dios por haberle impuesto una carga tan descomunal como es guiar a una nación entera. Moisés se desahoga: «¿He concebido yo a todo este pueblo o lo he dado a luz, para que me digas: "Coge en brazos a este pueblo, como una nodriza a la criatura, y llévalo a la tierra que prometí con juramento a sus padres"? ¿De dónde voy a sacar carne para repartirla a todo el pueblo?». Y se queja de que la gente, al verle, le grita: «¡Danos de comer carne!».

Moisés no había sufrido tanto ni siquiera en los días más duros del enfrentamiento con el faraón. Ahora llega a invocar la muerte: «Yo solo no puedo cargar con todo este pueblo, pues supera mis fuerzas. Si me vas a tratar así, hazme morir, por favor, si he hallado gracia a tus ojos; así no veré más mi desventura».

La respuesta de Dios a Moisés y a los hebreos recuerda la que daría un padre severo a unos hijos malcriados: «Al pueblo le dirás: "El Señor os dará de comer carne. Y la comeréis, no un día, ni dos, ni cinco, ni diez, ni veinte, sino un mes entero, hasta que os salga por las narices y la vomitéis». Y, de hecho, el Señor hace que se levante un viento que trae bandadas de codornices del mar y las hace caer sobre el campamento, en un radio equivalente a una jornada de camino.

Para aliviar la carga que lleva Moisés, Dios también le pide que reúna a setenta ancianos y los lleve fuera del campamento; apartará una parte del espíritu que posee Moisés y se la pasará a ellos, para que también puedan juzgar y así ayudarle en el gobierno. Pero los celos empiezan a aparecer, también en el seno de la familia.

Con el pretexto de que Moisés se había casado con una mujer cusita, es decir, etíope —no está claro si se trata de su esposa Séfora, la cual era extranjera, pero madianita, o de una nueva mujer—, María y Aarón empezaron a hablar a sus espaldas. Entonces Dios llamó a los tres a la Tienda del Encuentro y les dijo: «Escuchad mis palabras: si hay entre vosotros un profeta del Señor, me doy a conocer a él en visión y le hablo en sueños; no así a mi siervo Moisés, el más fiel de todos mis siervos. A él le hablo cara a cara; abiertamente y no por enigmas; y contempla la figura del Señor. ¿Cómo os habéis atrevido a hablar contra mi siervo Moisés?».

Se trata de un pasaje especialmente significativo. Vendrán otros profetas, tendrán visiones divinas, premoniciones, sueños. Pero solo con Moisés Dios habla «cara a cara», aunque sin revelar nunca su rostro. Como castigo, María se convierte en leprosa, «con la piel como la nieve». Moisés suplica al Señor que sane a su hermana; este le dice que se curará, pero no enseguida. Y lo justifica con unas palabras durísimas: «Si su padre le hubiera escupido en la cara, ¿no habría tenido que pasar siete días de vergüenza? Que quede siete días fuera del campamento y luego se incorpore de nuevo».

Doce exploradores en la tierra prometida

Los hebreos han llegado a las inmediaciones de la tierra prometida: la tierra de Canaán, la que Jacob había dejado para volver a reunirse con José en Egipto. Moisés elige a doce exploradores, uno de cada tribu, y les ordena realizar una expedición de reconocimiento: deben comprobar si la tierra es buena o mala; si los habitantes son fuertes o débiles, escasos o numerosos; y si las ciudades son de tiendas o amuralladas. Y los despide con una exhortación: «Sed valientes y traednos frutos del país».

Después de cuatro siglos, un puñado de descendientes de Abrahán, Isaac y Jacob vuelven a la tierra de sus padres. Llegan hasta Hebrón y cogen granadas, higos y un racimo de uvas tan grande que deben colgarlo de una vara y llevarlo entre dos. Pero cuando al cabo de cuarenta días vuelven al campamento, su relato es estremecedor.

La tierra es hermosa y verdaderamente mana leche y miel; pero los pueblos que habitan el país son poderosos, tienen grandes ciudades fortificadas. Están los amalecitas, que Josué derrotó con la ayuda de Moisés levantando los brazos al cielo; en la montaña viven los hititas, los jebuseos y los amorreos; junto al mar y junto al Jordán residen los cananeos, también conocidos como filisteos. E incluso los exploradores vieron a los últimos gigantes, los descendientes de las colosales criaturas que poblaban la tierra en los tiempos del diluvio, tal vez fruto del encuentro entre las hijas de Caín y los ángeles caídos. A su lado los exploradores se sintieron como saltamontes, temiendo ser aplastados.

El miedo y el desánimo se apoderan de los hijos de Israel. Todos reconocen que los pueblos que habitan la tierra prometida son más fuertes. Los hebreos lloran, se desesperan y meditan nombrar a un nuevo jefe que los lleve de vuelta a Egipto.

Sin embargo, hay dos exploradores que no pierden la esperanza. Son Josué y Caleb, que intentan animar a sus compatriotas: «No os rebeléis contra el Señor ni temáis a los habitantes del país, pues nos los comeremos. Su sombra protectora se ha apartado de ellos, mientras que el Señor está con nosotros. ¡No les tengáis miedo!». Si el Señor está de su lado, todo es posible.

Pero Dios ha escuchado ese escepticismo que empieza a calar entre los suyos, y decide hacer su aparición en la Tienda del Encuentro: «¿Hasta cuándo me va a rechazar este pueblo? ¿Hasta cuándo van a desconfiar de mí, con todos los signos que he hecho entre ellos?». Nuevamente amenaza con exterminar a todos los israelitas y salvar solo a Moisés; y nuevamente Moisés suplica piedad para su pueblo. Dios los perdona, pero les inflige un castigo terrible: «Ninguno de los hombres que vieron mi gloria y los signos que hice en Egipto y en el desierto, y me han puesto a prueba diez veces ya, y no han escuchado mi voz; ninguno de ellos verá la tierra que prometí con juramento a sus padres». Ninguno, excepto dos: Josué y Caleb, los exploradores valientes.

Esto significa que todos aquellos que salieron de Egipto deberán morir en el desierto, sin poder entrar en la tierra prometida. De hecho, Dios ordena a los hebreos que emprendan el camino de regreso y se dirijan hacia el mar Rojo. Y lo hace con palabras explícitas, casi crueles: «En este desierto caerán vuestros cadáveres». Para cada uno de los cuarenta días que los exploradores permanecieron en la tierra prometida, Dios castigó a los israelitas a un año de peregrinación en el desierto: cuarenta años dando vueltas, sin poder construir una casa, levantar una ciudad, cultivar un terreno. Y de los doce exploradores, los diez que habían asustado al pueblo con sus relatos cayeron fulminados ante el Señor.

Como era de esperar, los hebreos se resisten ante un castigo tan terrible. Han llegado a la frontera con la tierra prometida, ¿por qué deberían volver al desierto? Así que toman las armas y se lanzan al asalto del primer monte con el que se encuentran, con la esperanza de demostrar su valor y conseguir el perdón del Señor. En vano Moisés los exhorta para que desistan: «¿Por qué hacéis eso, quebrantando la orden del Señor? Será un fracaso. No subáis, porque el Señor no está en medio de vosotros, y seréis derrotados por vuestros enemigos». Los hebreos se obstinan en subir a la cumbre del monte; sin embargo, ni el Arca de la Alianza del Señor ni Moisés se movieron del campamento. Entonces, «bajaron los amalecitas y los cananeos que habitaban en aquella montaña, los derrotaron y los destrozaron».

Es la primera gran derrota militar para los hijos de Israel. Y por primera vez, la autoridad de Moisés es abiertamente cuestionada.

LA SERPIENTE DE BRONCE

Doscientos cincuenta hombres se alzan contra Moisés. A la cabeza está un hombre distinguido y poderoso de la tribu de los Leví, un levita, es decir, un sacerdote. Su nombre es Coré, y cuenta con el apoyo de Datán y Abirón, dos jefes de la tribu de Rubén.

Dios ofrece a Moisés exterminarlos a todos con fuego, pero Moisés lo rechaza: quiere que el castigo recaiga solo sobre los tres insubordinados que con sus familias —mujeres, hijos, nietos— se han rebelado contra él. Y proclama: «Si estos hombres mueren como muere cualquier mortal, según el destino común a todo hombre, es que el Señor no me ha enviado; pero si el Señor obra algo portentoso, si la tierra abre su boca y los traga con todo lo que les pertenece, y bajan vivos al Abismo, sabréis que esos hombres han despreciado al Señor».

Evidentemente, en cuanto Moisés termina de pronunciar estas palabras, la tierra se abre debajo de Coré, Datán y Abirón y de todos sus familiares, que caen vivos al abismo; luego la tierra se vuelve a cerrar por encima de ellos. Pero no acaba aquí. Una llamarada de fuego sale del Señor y devora a los doscientos cincuenta rebeldes. Y como el pueblo habla a espaldas de Moisés acusándole de haber dejado morir a tantos hijos de Israel, Dios envía una plaga que deja a 14 700 fallecidos antes de que Aarón consiga aplacar su ira quemando el incienso sagrado.

Luego, para reafirmar definitivamente la autoridad de sus profetas, Dios piensa también en un gesto incruento, una señal de esperanza. Ordena que los jefes de las doce tribus de Israel pongan una vara en la tienda donde Dios se manifiesta y anuncia: «Aquel cuya vara florezca, es el que yo elijo». Al día siguiente, en la vara de Aarón, representante de la tribu de Leví, habían brotado yemas, habían salido flores y había producido almendras.

Pero también los profetas pueden dudar de Dios.

En el oasis de Cadés muere y entierran a María, la hermana de Moisés, la jovencita que había vigilado su cuna y que había visto cómo la hija del faraón lo encontraba y cuidaba de él. Cuando en Cadés falta el agua, el pueblo protesta, pero la gloria del Señor se le aparece a Moisés y le ordena: «Coge la vara y reunid la asamblea, tú y tu hermano Aarón, y habladle a la roca en presencia de ellos y ella dará agua. Luego saca agua de la roca y dales de beber a ellos y a sus bestias». Moisés y Aarón obedecen: reúnen a la asamblea, pero sienten que su fe vacila. Temen fracasar, les preocupa que el pueblo se vuelva a levantar contra ellos, dudan del auxilio del Señor. Moisés golpea la roca, pero no ocurre nada; da otro golpe y esta vez brota el agua en tal cantidad que bebieron toda la comunidad y los animales. Se la llamará la Fuente de Meribá, donde los hijos de Israel riñeron (*rabú* en hebreo) con el Señor.

Esta escena la representó Tintoretto en una bellísima pintura, y también la vemos en la Fuente del Moisés en Roma, que está al lado de la iglesia que alberga la maravillosa obra de Bernini de la que hablaremos más adelante, el *Éxtasis de santa Teresa*. Una fuente, la del Moisés, menos espectacular que la Fontana de Trevi, famosa también por el baño nocturno que se da Anita Ekberg en la película de Fellini *La dolce vita*, y donde miles de turistas lanzan cada día una moneda con el deseo de regresar a Roma (y siempre hay alguien que consigue recogerlas anticipándose a los empleados del Ayuntamiento).

Pero esa vacilación les costará cara a Moisés y Aarón: puesto que no creyeron en Dios, no serán ellos quienes accedan con los hebreos a la tierra prometida.

Moisés, después de todo lo que ha hecho y solo por haber golpeado la roca dos veces en lugar de una, debe pagar un precio muy alto.

Pero el primero en morir es Aarón.

Dios le ordena a Moisés: «Toma contigo a Aarón y a su hijo Eleazar y sube con ellos al monte Hor. Quítale los ornamentos a Aarón y reviste con ellos a su hijo Eleazar. Entonces Aarón se reunirá con los suyos: allí morirá». Moisés obedece: lleva a su hermano a morir y transfiere su autoridad al hijo. Aarón no puede entrar en la tierra prometida porque ha dudado de Dios; y a Moisés le espera el mismo destino.

Cuando los hebreos vieron a Moisés y Eleazar bajar del monte sin Aarón, entendieron que este había fallecido y le lloraron durante treinta días. Pero los castigos aún no habían terminado.

Los hijos del Israel ven la peregrinación en el desierto cada día más absurda, sin sentido. Ya está claro que, por voluntad del Señor, toda la generación del éxodo debe morir y que solo la generación siguiente entrará en la tierra prometida. Además, no hay otra cosa de comer que no sea maná, y esto genera un descontento continuo. La comida no es una obsesión solo contemporánea; en la Biblia la comida es muy importante. Los acontecimientos más solemnes se celebran con banquetes. Incluso Dios come, o, en todo caso, aprecia los sacrificios, el olor de los animales asados, las ofrendas de terneros y cabritos, que deben ser sin defectos, es decir, no vale con deshacerse de animales enfermos o débiles, pues a Dios hay que darle siempre lo mejor; de lo contrario, ¿qué sacrificio sería?

Para sofocar y, al mismo tiempo, castigar las protestas, el Señor envía al campamento serpientes venenosas, que muerden y matan a muchas personas. El pueblo pide ayuda a Moisés, y Moisés se la pide a Dios, el cual indica el remedio: «Haz una serpiente abrasadora y colócala en un estandarte: los mordidos de serpientes quedarán sanos al mirarla».

La serpiente de bronce salva así al pueblo hebreo. Ese animal tentador y maligno, el mismo que había perjudicado a Adán y Eva, se convierte en un instrumento de curación y renacimiento. No es casualidad que, en el Evangelio de Juan, Jesús pronuncie estas palabras: «Lo mismo que Moisés elevó la serpiente en el desierto, así tiene que ser elevado el Hijo del hombre». De aquí viene que los cristianos hayan visto en la imagen de una serpiente enrollada en un palo una premonición de Jesús clavado en la cruz, como sacrificio para la salvación de todos nosotros.

De hecho, Jesús conocía muy bien el Antiguo Testamento. En repetidas ocasiones afirma que su misión no es contradecir las leyes de Moisés, sino completarlas. Incluso los hebreos eruditos, a los que a menudo desafió, tuvieron que reconocer que Jesús respetaba la tradición judía. Y no está de más recordar que Jesús es la forma que hemos elegido para el nombre hebreo Yehoshua, es decir, Josué. El hombre que se dispone a recoger el legado de Moisés, y que conducirá al pueblo a la conquista de la tierra prometida.

BAAL, EL ENEMIGO DE DIOS

La primera gran victoria de los hijos de Israel es contra los amorreos, que se niegan a dejarlos pasar por su reino. Los enemigos son derrotados por la espada, y se ven obligados a entregar su territorio hasta el río Yaboc, el afluente del Jordán en el que Jacob había luchado con aquella misteriosa criatura: tal vez el espíritu del río, tal vez el ángel de Dios, tal vez el mismo Dios.

En cuanto a Og, rey de Basán, un territorio al este del Jordán que hoy pertenece a Siria, y su pueblo, el Señor le dice a Moisés: «No le temas, porque lo he entregado en tu mano». Og y su pueblo son derrotados, «hasta que no quedó nadie con vida».

Otro gobernante de la región, Balac, rey de Moab, sospecha que el pueblo extranjero y desconocido que gana todas las batallas lo hace con la ayuda de su dios. Encarga entonces a un poderoso vidente y profeta, Balaán, que maldiga a los hebreos. Un nombre que a nosotros nos suena como otro cualquiera. Sin embargo, en 1967 unos arqueólogos encontraron en la orilla oriental del Jordán unas inscripciones en las que se nombra a un famoso adivino: Balaán.

En la Biblia, Balaán rechaza en un primer momento seguir a los embajadores de Moab. Pero luego el mismo Dios le autoriza a ir con ellos: «Levántate y vete con ellos. Pero has de hacer lo que yo te diga».

Al día siguiente, Balaán, el adivino, se levanta de madrugada, apareja a su burra y se va con los jefes de Moab. Pero el ángel del Señor se planta en el camino cerrándole el paso. La burra ve al ángel con la espada desenvainada en la mano, pero el adivino no. El animal se niega a seguir, se tumba al suelo, y Balaál le pega con un bastón. Entonces Dios le da la palabra a la burra, que le dice a Balaál: «¿Qué te he hecho yo para que me apalees con esta ya tres veces? ¿No soy yo tu burra, y no me has montado desde siempre hasta el día de hoy? ¿Es que suelo portarme así contigo?». Balaál le responde que no. «Entonces el Señor abrió los ojos de Balaán y vio al ángel del Señor, plantado en el camino, la espada desenvainada en la mano; y se inclinó y se postró rostro en tierra».

Hasta aquí, la historia de Balaál y su burra se parece a una fábula de Esopo, a una *novella* de Boccaccio o a un relato picaresco. De hecho, la burra de Balaál gozará de gran fortuna literaria, tanto que «burra de Balaál» es el apodo que Dostoievski da a un personaje central de su novela *Los hermanos Karamázov*. Sin embargo, esta historia bíblica va a experimentar un giro sustancial.

El ángel del Señor autoriza a Balaál a seguir el camino, pero le advierte: «Dirás únicamente lo que yo te diga».

El rey Moab lleva a Balaál hasta la cima de un monte desde donde se divisa el campamento de los hebreos y le pide que los maldiga, pero Balaál los bendice. Otras dos veces llevan al adivino a otras dos cimas, cada una más alta que la anterior, desde la cual puede ver una porción cada vez más grande del campamento de los hebreos. Y en ambas ocasiones Dios infunde inspiración en Balaál para que, en lugar de maldecirlos, los bendiga. Finalmente, el adivino vaticina la llegada de «un cetro», un rey poderoso, que aplastará a Moab y todos sus enemigos.

El sacerdote que debía maldecir a los hebreos acaba corroborando la primacía de Dios y su benevolencia.

Esto no impide que los hebreos empiecen a «fornicar con las hijas de Moab». Los dos pueblos entran en contacto y algunos hebreos empiezan a rendir culto a la deidad del lugar, conocida con el nombre de Baal-Peor, es decir, el Baal del monte Peor. Aquí es donde entra en escena el gran rival de Dios.

Baal, que significa 'Señor', era la deidad principal de los habitantes de la tierra de Canaán. Dios de la fertilidad y la fecundidad y, por tanto, vinculado a ritos sexuales y procreativos, será una tentación perenne para los hebreos, y no solo. Era un dios muy antiguo: lleva su nombre Baalbek, la ciudad más antigua de la historia; y también será el nombre que Proust dará al pueblo normando —Balbec— donde el protagonista de la *Recherche* veraneará y conocerá a su gran amor, Albertine.

Los fenicios rindieron culto a Baal, los griegos lo identificaron con Cronos, el dios del tiempo, y los romanos con Saturno, el dios de la edad de oro. Incluso en los albores de la era cristiana, el emperador Marco Aurelio Antonino, conocido como Heliogábalo, intentó imponer el culto a Baal como como religión del Estado, pero fue asesinado por miembros de la guardia pretoriana.

También para los cristianos Baal es el enemigo de Dios. Belcebú, uno de los nombres con los que indicamos al diablo, deriva precisamente de Baal y significa 'el señor de las moscas'. *El señor de las moscas* es también el título de una espeluznante novela de William Golding: un grupo de muchachos ingleses de buena familia, únicos supervivientes del accidente de un avión que se estrella en una isla desierta, se convierten en una tribu salvaje, hasta reproducir los instintos básicos del ser humano, incluida la necesidad de tener un dios al que adorar, un dios terrible y aterrador, y al que se le ofrece una cabeza de cerdo cortada, que pronto se cubre de moscas (de ahí el título).

Baal es, en definitiva, el adversario de Dios, y como tal fascina al hombre contemporáneo: en 1934 Antonin Artaud dedica a Heliogábalo una novela en la que lo convierte en héroe antiburgués, *Heliogábalo o el anarquista coronado*, que inspiró una serie de obras del más importante artista contemporáneo, el alemán Anselm Kiefer. En 1968, un año fatídico, Alberto Arbasino escribe una novela titulada *Super-Heliogábalo*, la historia de un emperador que se inspira en Baal, «entre rituales y orgías, magia y catástrofes muy *kitsch*, en un *thriller* de género péplum-negro protagonizado por favoritos y sacerdotes, preceptores y senadores», como escribe el propio Arbasino. El emperador que adoraba a Baal ha inspirado a muchos roqueros que siempre se han sentido tentados por el satanismo, entre ellos, el conocido cantante Marilyn Manson, que le dedicó el álbum *The pale emperor*.

Dios reacciona con extrema dureza a este primer encuentro con Baal. El Señor ordena a Moisés que reúna a todos los que han cedido a su rival y le dice: «Empálalos en honor del Señor, a la luz del sol». Esta vez Moisés ni siquiera intenta invocar el perdón de Dios, sino que ordena a los jefes de las tribus: «Matad cada uno a aquellos de los vuestros que se hayan unido al Baal de Peor». Se produce una terrible plaga hasta que Pinjás, hijo del sumo sacerdote Eleazar, no atraviesa con una lanza una pareja de sacrílegos, formada por una mujer madianita y un israelita al que esta había conducido a la idolatría. El gesto de Pinjás detiene la plaga que azotaba a los hijos de Israel, que deja 24 000 víctimas. A continuación, se realiza un nuevo censo de varones adultos, cuyo resultado —601 730— es ligeramente inferior al del primer censo, pero que sobre todo certifica que no queda nadie de la generación anterior, salvo Josué y Caleb (y por supuesto Moisés). Todos los demás habían muerto en el desierto.

Es una generación perdida. Un destino común a otras generaciones en la historia de la humanidad. Pensemos en los europeos nacidos a finales del siglo XIX: se masacraron en una guerra mundial y los supervivientes vivieron otra, aún más terrible. En cambio, los nacidos en la segunda mitad del siglo experimentaron quizás el momento más feliz de la historia humana, cuando las guerras en Europa parecían abolidas. Desgraciadamente, no siempre que se vive en una época afortunada se es consciente de ello. Normalmente solo nos damos cuenta *a posteriori*, cuando la buena suerte ha pasado y es demasiado tarde para disfrutarla, y ya no nos queda más que lamentarlo.

Precisamente Pinjás, que con su diligencia había aplacado la ira del Señor, es el elegido para guiar a las tropas en la guerra contra los madianitas. La presencia del hijo del sumo sacerdote indica que se trata de una guerra santa, una guerra de religión, en la que todo el botín está destinado al Señor. Y es el Señor quien concede la victoria al pueblo de Israel: doce mil soldados, mil de cada tribu, son suficientes para derrotar a los madianitas, matar a todos los varones y quemar sus ciudades. Las mujeres, en cambio, son capturadas como prisioneras, junto con sus hijos. Pero Moisés se indigna.

Hemos llegado a unas de las páginas más duras y difíciles de aceptar de toda la Biblia.

Moisés increpa a los soldados: «¿Pero habéis dejado con vida a todas las mujeres? Precisamente fueron ellas las que indujeron a los hijos de Israel a prevaricar contra el Señor, siguiendo el consejo de Balaán, cuando lo de Peor; por eso hubo una gran mortandad en la comunidad del Señor. Dad muerte, pues, a todos los niños varones. Y a toda mujer que haya conocido varón, que se haya acostado con varón, matadla también. Pero reservaos para vosotros a todas las muchachas que no se hayan acostado con varón».

Entre las filas de los soldados hebreos que habían dado batalla no había habido ni una baja, lo que confirmaba que la victoria se había obtenido gracias a la intervención de Dios; sin embargo, se había cobrado un alto precio en sangre de los enemigos.

Ya no hay nada que separe a los hebreos de la tierra prometida. Sin embargo, Moisés no podrá entrar. Incluso él, que tenía una relación tan intensa y directa con Dios, como nadie antes tuvo y nadie después tendrá, tiene su parte de responsabilidad en los pecados cometidos por el pueblo de Israel. Solo se le permitirá contemplar la tierra prometida desde la cima del monte Nebo, donde fallecerá.

MOISÉS TAMPOCO ENTRARÁ EN LA TIERRA PROMETIDA

En el último día de su vida terrenal, Moisés pronuncia cuatro grandes discursos.

Rememora la travesía del desierto y la aventura que vivió a la cabeza del pueblo hebreo: los exploradores que regresaron con un enorme racimo de uvas y su aterradora historia de gigantes y ciudades fortificadas; el castigo del Señor; la derrota contra los amorreos; el resarcimiento con las primeras grandes victorias sobre los habitantes de la tierra de Canaán.

Luego Moisés le hace una confidencia a su pueblo, le revela su secreto. Cuenta que ha suplicado a Dios para que le deje entrar en la tierra prometida. Después de tantos años, Moisés ya sabe cómo tratar con Dios. Así que opta por no ir directo al grano e introducir su petición con una alabanza: «Señor Dios, tú has comenzado a mostrar a tu siervo tu grandeza y el poder de tu mano, pues ¿qué dios hay en los cielos o en la tierra que haga obras o hazañas como las tuyas? Permíteme pasar para que vea la tierra buena que está al otro lado del Jordán, esas hermosas montañas y el Líbano». Pero el Señor es inamovible: «¡Basta ya! No vuelvas a hablarme de este asunto». Moisés debe subir al monte Nebo, y desde allí contemplará la tierra prometida. No puede pasar al otro lado del Jordán.

Tras esta revelación, en su último discurso dirigido al pueblo, Moisés rememora el encuentro con Dios en el Sinaí, la montaña que ardía, las llamas que se elevaban hasta el cielo entre nieblas y densas nubes. «¿Sucedió jamás algo tan grande como esto o se oyó cosa semejante? ¿Escuchó algún pueblo, como tú has escuchado, la voz de Dios, hablando desde el fuego, y ha sobrevivido? ¿Intentó jamás algún dios venir a escogerse una nación entre las otras mediante pruebas, signos, prodigios y guerra y con mano fuerte y brazo poderoso, con terribles portentos, como todo lo que hizo el

Señor, vuestro Dios, con vosotros en Egipto, ante vuestros ojos?».

Desde el punto de vista literario, los últimos discursos de Moisés son maravillosos. Poderosos, evocadores. Si el pueblo sigue escuchando la voz del Señor y obedeciéndole, le alcanzarán todas estas bendiciones: «Bendito serás en la ciudad y bendito serás en el campo. Bendito el fruto de tu vientre, el fruto de tu suelo y el fruto de tu ganado [...]. Bendita tu cesta y tu artesa. Bendito serás cuando entres y bendito serás cuando salgas. El Señor te entregará derrotados a los enemigos que se alcen contra ti». Encontramos un eco de estas bendiciones en la oración cristiana a la Virgen, el Ave María: «Bendito es el fruto de tu vientre, Jesús».

Pero si el pueblo no obedece a la voz del Señor, todas esas bendiciones se convertirán en maldiciones: «Maldito serás en la ciudad y maldito serás en el campo. Maldita tu cesta y tu artesa. Maldito el fruto de tu vientre y el fruto de tu suelo, el parto de tus vacas y las crías de tu rebaño. Maldito serás cuando entres y maldito serás cuando salgas». Y siguen una serie de maldiciones que recuerdan los versos del poeta medieval Jacopone da Todi: «*O Segnor, per cortesia, manname la malsanìa*» —literalmente, Señor por cortesía, ¡mándame la enfermedad!—, en los que invocaba la enfermedad para expiar sus pecados.

El lenguaje de la Biblia es aún más despiadado: «El Señor hará que se te pegue la peste hasta que te consuma sobre la tierra adonde vas a entrar para tomarla en posesión. El Señor te herirá de tisis, fiebre, inflamación, gangrena, sequía, añublo y tizón que te perseguirán hasta destruirte». Aquel que está maldecido por Dios ni siquiera en la muerte encontrará paz: «Tu cadáver será pasto de las aves del cielo y de las bestias de la tierra, sin que nadie las espante».

Dios conoce muy bien el corazón del hombre, y a través de las palabras de Moisés hace un repaso de todos nuestros miedos: «Te casarás con una mujer, pero otro hombre cohabitará con ella; edificarás una casa, pero no la habitarás; plantarás una viña, pero no la vendimiarás. Tu buey será degollado ante tus ojos, pero no comerás de él [...]. Tus hijos y tus hijas serán entregados a otro pueblo [...]. Te volverás loco ante el espectáculo que contemplarán tus ojos».

Después de haber amonestado al pueblo con palabras tan contundentes, Moisés lo invita a no tener miedo cuando tenga que enfrentarse a los enemigos: «No tiembles ante ellos, pues en medio de ti está el Señor, tu Dios, un Dios grande y terrible». Sin embargo, Moisés advierte a los hebreos de que las victorias que obtengan no serán gracias a ellos: los hebreos conquistarán la tierra prometida solo gracias a Dios y a la maldad de los enemigos.

Este pasaje resulta muy significativo porque ayuda a comprender la historia que viene a continuación, la cual es verdaderamente grande y terrible.

El día de su muerte Moisés manda llamar a Josué y le invita a ser fuerte y valiente pues tendrá que llevar a su pueblo hasta la tierra de la leche y miel. Luego, Dios aparece en la Tienda del Encuentro en una columna de nubes, y se dirige por última vez a Moisés: «Tú vas a reunirte con tus padres». Dios sabe ya que los hebreos lo traicionarán porque conoce sus pensamientos. Sin embargo, alienta a Josué: «¡Sé fuerte y valiente, que tú has de introducir a los hijos de Israel en la tierra que les prometí con juramento! ¡Yo estaré contigo!». Finalmente, le da una última orden a Moisés: «Morirás en el monte y te reunirás con los tuyos».

Dios le muestra a Moisés toda la tierra prometida, hasta el mar, y le dice sus últimas palabras: «Esta es la tierra que prometí con juramento a Abrahán, a Isaac y a Jacob, diciéndoles: "Se la daré a tu descendencia". Te la he hecho ver con tus propios ojos, pero no entrarás en ella».

La Biblia narra que Moisés fue enterrado en un lugar desconocido, para que no se convirtiera en objeto de culto. «Moisés murió a la edad de ciento veinte años: no había perdido vista ni había decaído su vigor. Los hijos de Israel lloraron a Moisés en la estepa de Moab durante treinta días [...]. No surgió en Israel otro profeta como Moisés, con quien el Señor trataba cara a cara».

Aunque, para ser precisos, ni siquiera Moisés pudo ver el rostro del Señor. Solo en una ocasión, en el monte Sinaí, Dios le dijo: «Yo haré pasar ante ti toda mi bondad». (Algunas traducciones, en lugar de hablar de bondad, hablan de belleza). Lo metió en una cueva, le tapó los ojos con su mano y pasó delante de él, permitiéndole ver solo su espalda.

El profeta que mejor conoció a Dios murió sin ver su rostro.

«VEN CON JOSUÉ A LUCHAR EN JERICÓ»

Si Dios se despidió de Moisés de manera casi precipitada, será igual de explícito y claro con su heredero, Josué.

Josué es un jefe militar. Tiene una tarea que es a la vez gloriosa e ingrata: la conquista, que conlleva el exterminio de los rivales. Será una guerra santa: los enemigos son irreductibles y la coexistencia con ellos no es viable, porque hay que evitar que los hebreos se dejen seducir por deidades extranjeras.

Tras la muerte de Moisés, Dios habla con Josué y hasta en tres ocasiones le repite: «No tengas miedo ni te acobardes, que contigo está el Señor, tu Dios, en cualquier cosa que emprendas». Aunque, claro está, siempre a condición de que ni él ni el pueblo se aparten de la ley, no se desvíen «a derecha ni a izquierda».

La primera ciudad al otro lado del Jordán es Jericó. Una ciudad tan antigua como la civilización humana, que todavía existe y mantiene el mismo nombre. Josué manda a dos exploradores de avanzadilla, los cuales encuentran refugio en la casa de una prostituta, Rajab. El rey de Jericó se entera y le ordena que los saque, pero ella le asegura que ya se han escapado.

En realidad, Rajab los había escondido en la azotea, entre unos haces de lino que tenía allí apilados. Luego sube a hablar con ellos: «Sé que el Señor os ha dado el país, pues nos ha invadido una ola de terror, y toda la gente de aquí tiembla ante vosotros; porque hemos oído que el Señor secó el agua del mar Rojo ante vosotros». La prostituta les propone un pacto: ella los ha salvado del rey, pero ahora ellos tendrán que salvarla a ella y a toda su familia, es decir, su padre, su madre, sus hermanos y sus hermanas. Los dos aceptan.

La casa de Rajab estaba pegada a las murallas de Jericó, así que la mujer descuelga una soga por la ventana por la que huyen los dos exploradores, los cuales, antes de irse, le dicen que ate una cinta roja fuera de la ventana para que puedan reconocerla y perdonarles la vida a ella y a sus familiares. Y realmente parece una escena de vida en Oriente Medio: esta mujer sola, escondiendo a dos extraños cuyo poder ha percibido en una azotea blanca, ayudándolos a bajar desde una ventana, y hablando con ellos desde lo alto, como una Roxana con su Cyrano.

Esta vez, cuando los exploradores regresan al campamento no asustan al pueblo, al contrario, intentan tranquilizarlo; los que ahora tiemblan de miedo son los enemigos.

Tres días después, los sacerdotes levantan el Arca de la Alianza y descienden hacia el Jordán. A dos mil codos de distancia, unos novecientos metros, en señal de respeto, los sigue el pueblo. El Jordán bajaba crecido, pero cuando los pies de los sacerdotes tocaron en el agua, el río se abrió. Las aguas río arriba se detuvieron, como retenidas por un terraplén, mientras que las que iban río abajo fluían hacia el mar Muerto, dejando un espacio seco en medio del cauce.

Los sacerdotes que llevaban el Arca esperaron quietos en medio del vado hasta que el último hebreo alcanzó la otra orilla; entonces Josué ordenó que doce hombres, uno de cada tribu, tomaran cada uno una piedra en medio del Jordán y las depositaran cerca del lugar donde iban a levantar el campamento, como recuerdo de la hazaña que Dios había hecho por ellos. Solo cuando los sacerdotes terminaron de cruzar el Jordán y pusieron los pies en la otra orilla, el agua volvió a llenar el cauce y a correr como antes.

Esa noche, los hebreos comieron por primera vez los frutos de la tierra prometida. A la mañana siguiente, cesó el maná. La travesía por el desierto había llegado a su fin. Los varones fueron circuncidados, ya que esa práctica se había interrumpido durante los años que duró la peregrinación.

Ya cerca de Jericó, Josué vio a un hombre con la espada desenvainada en la mano y le preguntó: «¿Eres de los nuestros o del enemigo?». Contestó aquel: «No. Soy el general del ejército del Señor y acabo de llegar». Josué se arrodilló ante él, rostro en tierra, y el ángel le dijo las mismas palabras que Dios le había dicho a Moisés desde la zarza ardiente: «Quítate las sandalias de los pies, porque el lugar que pisas es sagrado».

La conquista de Jericó es más una ceremonia religiosa que una proeza militar. «*Joshua fit the battle of Jericho*», Josué ganó la batalla de Jericó, canta el conocido espiritual negro; aunque es Dios, y no Josué, quien gana la batalla (en español se conoce con el estribillo: «Ven con Josué a luchar en Jericó»).

Durante seis días, una vez al día, los hebreos dieron una vuelta alrededor de la ciudad, siguiendo al Arca de la Alianza y a siete sacerdotes con trompas de cuerno de carnero.

Al séptimo día, dieron siete vueltas a la ciudad. Luego, los sacerdotes tocaron las trompas y Josué ordenó al pueblo: «¡Gritad, que el Señor os da la ciudad! La ciudad, con todo lo que hay en ella, está consagrada al exterminio, en honor del Señor. Solo han de quedar con vida la prostituta Rajab y todos los que estén con ella».

El pueblo lanzó un poderoso alarido de guerra y las murallas se desplomaron. La orden era pasar a filo de espada a todo ser vivo: hombres y mujeres, muchachos y ancianos, vacas, ovejas y burros. La orden fue ejecutada. Los dos exploradores fueron a buscar a Rajab y la salvaron, junto con su padre, su madre, sus hermanos y todas sus pertenencias; la mujer se quedó «viviendo en medio de Israel», tanto que su nombre aparece en la genealogía de Jesús. Y esta es la única consolación que les queda a aquellos que lean esta historia con los ojos de la misericordia y la piedad.

Todas las riquezas de Jericó se quemaron en el incendio de la ciudad, excepto el oro, la plata y los objetos de bronce y de hierro, que fueron destinados al tesoro del Señor. Pero un hombre de la tribu de Judá, Acán, «se quedó con algo de lo consagrado».

Después de la caída de Jericó, quedaba una ciudad cercana por conquistar: Ay. Los exploradores que Josué había mandado de avanzadilla le dijeron a su regreso que los enemigos eran pocos y que no era necesario molestar a todo el ejército, con dos o tres mil hombres sería suficiente. Sin embargo, tres mil soldados tuvieron que huir ante la gente de Ay, y treinta y seis perdieron la vida. Josué se rasgó las vestiduras, se postró rostro en tierra delante del Arca del Señor, se echó polvo sobre la cabeza y le pidió explicaciones al Señor. La derrota representaba un hecho gravísimo y eso precisamente porque la guerra no era solo una cuestión militar; los habitantes de la tierra prometida temían a los hebreos, pero si veían que no eran invencibles se envalentonarían y borrarían su nombre de la tierra. El Señor le habló entonces a Josué: se había cometido un sacrilegio, y había que castigar al responsable. Se sortearía a una tribu, y dentro de esa tribu a un clan, y dentro de ese clan a una familia, y dentro de la familia se indicaría a un individuo.

Y así ocurrió. La suerte señaló a la tribu de Judá, luego al clan, a la familia y, por último, a Acán. Antes esta situación,

Josué, con actitud paterna, le invita a confesar: «Hijo mío, da gloria al Señor, Dios de Israel, y ríndele alabanza; confiésame lo que has hecho, no me lo ocultes». Acán confiesa: ha escondido en su tienda un manto, plata y un lingote de oro. Los bienes son recuperados. Acán y toda su familia son apedreados y quemados, junto con todos sus bienes. Tras lo cual, es el mismo Dios quien le proporciona a Josué el plan para la batalla, la estrategia para conquistar Ay.

Josué divide el ejército en dos grupos. Uno, guiado por el mismo Josué, subirá a Ay. El otro grupo tomará la ciudad por detrás. Josué y los suyos simulan huir mientras todos los habitantes de Ay salen detrás de ellos; pero cuando Josué sacude la jabalina, el segundo grupo entra en la ciudad desierta y la quema. Cuando ven el humo, los enemigos se vuelven atrás y se quedan atrapados entre las dos columnas de soldados hebreos: caen en total doce mil habitantes, y el rey termina colgado de un árbol.

Y JOSUÉ DETUVO EL SOL

La primera derrota había sido vengada; sin embargo, se había producido. Cuando todos los reyes de los pueblos que viven entre el río Jordán, Líbano y el Mediterráneo —que la Biblia llama el Gran Mar— descubren que los hebreos no son invencibles, se unen contra los hijos de Israel. Son los hititas, los amorreos, los cananeos, los perizitas, los heveos, los jebuseos...

Solo los habitantes de Gabaón, una ciudad cercana a Jerusalén, recurren a una estratagema para evitar enfrentarse a un enemigo que es más fuerte que ellos. Saben que los hebreos no pueden mezclarse con los pueblos de la región, pero no tienen motivos para ensañarse contra otros pueblos. Así que fingen ser prófugos, hoy diríamos migrantes, procedentes de una tierra lejana. Y montan un verdadero teatro. Con gran realismo la Biblia describe la astucia de los habitantes de Gabaón, los cuales «cargaron sus asnos con alforjas viejas y odres de vino viejos, rotos y recosidos; se pusieron sandalias viejas y remendadas, y ropas viejas. El pan que llevaban para su sustento era todo él seco y hecho migajas». Con esa pinta se van a ver a Josué y le dicen: «Venimos de un país lejano: haced, pues, un pacto con nosotros».

Los israelitas no lo ven claro: «¿A ver si habitáis en nuestro territorio? En ese caso, no podemos hacer ningún pacto con vosotros». Pero ellos insisten: de verdad vienen desde una tierra lejana porque han oído hablar del Dios de los hebreos, de los prodigios que hizo en Egipto y en el valle del Jordán; cuando salieron cogieron panes calientes que ahora están duros, tenían odres de vino que ahora están rotos, y sus sandalias y sus vestidos están gastados por el largo camino que han recorrido.

Josué cae en la trampa. Comete el fallo de no consultarlo con el Señor. Y promete a los habitantes de Gabaón que los dejarán con vida. Tres días después, los hebreos se dan cuenta de que son habitantes de la región, disfrazados de prófugos, y murmuran a espaldas de sus jefes. Finalmente, los jefes encuentran una solución: los dejarán con vida, pero tendrán que servir a los hebreos; de hecho, Josué les dice: «Sois, pues, unos malditos y nunca dejaréis de servir como leñadores y aguadores de la casa de mi Dios».

Pero los reyes de otras cinco ciudades, entre ellas Hebrón y Jerusalén, atacan a los habitantes de Gabaón, culpables de haber hecho las paces con los hebreos. Y aquí tiene lugar uno de los episodios más famosos de toda la Biblia, destinado a condicionar la historia durante siglos.

Josué despliega su ejército para defender a un pueblo que ya considera como aliado, aunque en una condición subalterna. El Señor interviene en la batalla, matando a más enemigos con el pedrisco que lanza desde el cielo de los que los hebreos matan con las espadas. Pero cuando está a punto de anochecer, Josué implora al sol que se detenga, para así cerrar el partido ese mismo día: «Y el sol se detuvo y la luna se paró, hasta que el pueblo se vengó de los enemigos [...]. Ni hubo antes ni ha habido después un día como aquel, en que el Señor obedeciera a la voz de un hombre. Es que el Señor luchaba por Israel».

Basándose en este relato, la Iglesia católica ha considerado durante muchos siglos que era el sol el que giraba alrededor de la tierra y no al revés. Esta es también la impresión que tenemos quienes habitamos en la tierra, sin poder observar el cielo con un telescopio: un invento que perfeccionó Galileo Galilei.

En realidad, incluso antes de Galileo, varios científicos habían defendido que la Tierra no era el centro del universo. Copérnico y Kepler, con sus descubrimientos revolucionarios, revelaron que era la tierra la que se movía alrededor del sol, que a su vez se movía en una armonía de estrellas y de cielos que solo aparentemente contradecía el relato bíblico, cuando en realidad lo adornaba, alabando con más fuerza aún al Dios creador.

Pero la Iglesia no podía aceptarlo.

Desde luego, el papa, los cardenales, los padres dominicos eran hombres de cultura. Muchos de ellos sabían que no era el sol el que giraba alrededor de la tierra. El cardenal Maffeo Barberini, que se convertiría en el papa Urbano VIII, era un humanista, y también fue amigo de Galileo. Pero la Iglesia de la época no estaba interesada en la verdad, sino en la autoridad; no en la ciencia, sino en el poder. Galileo era libre de hacer todos los descubrimientos que quisiera, siempre y cuando no los publicara, no los reivindicara, no los utilizara para refutar lo que la Iglesia había apoyado durante siglos. Por eso Galileo tuvo que abjurar, aunque tuviera razón.

Los cinco reyes que habían sido derrotados se escondieron en una cueva. Josué ordenó que hicieran rodar piedras grandes hasta la entrada, para así dejarlos atrapados y tener el tiempo necesario para exterminar a sus ejércitos. Luego los dejó salir y ordenó a sus capitanes que pusieran los pies sobre las nucas de los reyes, en señal de victoria. Finalmente, los hirió de muerte y los colgó de cinco árboles. Cuando se hizo de noche, descolgaron los cadáveres y los arrojaron a la cueva donde se habían escondido.

Queda aún una batalla por librar. Los otros gobernantes de la región entienden que están en una encrucijada: o ganan, o mueren. Así que se unen y van a la guerra contra Israel, «una muchedumbre innumerable como la arena de la playa, con muchísimos caballos y carros». Pero Dios tranquiliza a Josué: «No les tengas miedo, porque mañana, a esta misma hora, haré que caigan todos ellos muertos ante Israel; tú les desjarretarás los caballos y les quemarás los carros». Confiando en las palabras de Dios, Josué ataca por sorpresa y consigue una victoria total.

La Biblia enumera a treinta y un reyes derrotados y ajusticiados por los hebreos tras cruzar al otro lado del Jordán, y precisa: «Ninguna ciudad hizo las paces con los hijos de Israel, excepto los heveos que vivían en Gabaón: de todas las demás se apoderaron por la fuerza. Porque era designio del Señor endurecer su corazón para que se opusieran a Israel y así fueran consagradas al exterminio sin remisión y fueran exterminadas».

La tierra conquistada se repartió entre las tribus. A Caleb, el otro superviviente de la travesía del desierto, se le recompensó con la ciudad de Hebrón. Josué fue el último en recibir su recompensa: una ciudad en el territorio de la tribu de Efraín. Su misión había terminado.

Josué se despide de su pueblo con un discurso mucho más breve que el que había pronunciado Moisés: «Mirad que yo me voy ya por el camino de todo el mundo». Recuerda su primer llamamiento a los hebreos, cuando les había suplicado que no se desviaran de la ley de Moisés, ni a la derecha ni a la izquierda. Finalmente, les transmite un mensaje del Señor: «Os di una tierra por la que no habíais sudado, ciudades que no habíais construido y en las que ahora vivís, viñedos y olivares que no habíais plantado y de cuyos frutos ahora coméis». Dios a su pueblo se lo ha dado todo, y se lo puede quitar todo.

Josué murió a la edad de ciento diez años y le enterraron en las montañas de Efraín, en el pequeño territorio que había recibido como recompensa por haber conducido a los hebreos a grandes victorias. No lejos de él fue enterrado también el sumo sacerdote Eleazar, hijo de Aarón. Con ellos se iba la generación de la conquista. Como sello y forma de apropiación definitiva de esa tierra, los hebreos dieron sepultura a los huesos de José, que habían traído de Egipto y habían custodiado durante tantos años: José descansa en una parcela de tierra comprada mucho antes por su padre Jacob, en Siquén. A modo de colofón, la Biblia concluye: «El Señor puso en sus manos a todos sus enemigos. No falló ni una sola de todas las magníficas promesas que el Señor había hecho a la casa de Israel. Todo se cumplió».

Las páginas sobre la conquista son las que más consternados nos dejan. Nos hablan de un Dios casi feroz, que ha elegido a un pueblo y considera a los demás como enemigos a los que hay que exterminar.

Los expertos biblistas y los historiadores modernos han revisado esta interpretación. Nos recuerdan que no podemos tomar la Biblia literalmente. Históricamente, las cosas no fueron así: el asentamiento de los hebreos entre el Jordán y el mar fue lento, progresivo, marcado más por la convivencia que por la guerra. Cuando en la Biblia se habla de pueblos masacrados sin dejar un solo superviviente, no es algo que ocurrió realmente, sino que se está recurriendo a metáforas. No es casualidad que estos enemigos sean puros nombres. No sobresale entre ellos un personaje, un líder, un adivino, un individuo cualquiera, incluso malvado, pero que tenga su propio carácter distintivo. La historia de la conquista de la tierra prometida es una alegoría de la lucha entre el bien y el mal.

En el relato de Josué también hay signos de misericordia. Por ejemplo, se identifican varias ciudades de asilo o de refugio, donde cualquier persona que hubiera asesinado involuntariamente a otra podía ser acogida y escapar a la venganza de sangre de los familiares de la víctima, después de haber sido juzgada por los ancianos fuera de los muros de la ciudad.

Otros detalles nos advierten de que el relato no debe tomarse demasiado en serio.

Tras la conquista de Ay, que se produce con el engaño, la ciudad es incendiada y arrasada. El nombre Ay, vocalizado de forma diferente, significa precisamente 'ruina' (*'iy*). Tal vez los hebreos no ocuparon una ciudad habitada, sino los restos de una ciudad abandonada. La misma Jericó en aquel tiempo estaba en ruinas y la muralla antigua se había derrumbado.

Además, la historia de Josué presenta numerosas incoherencias. Si los muros de Jericó se hubieran derrumbado, ciertamente no habría sido suficiente una cinta roja para salvar a Rajab y a su familia. Ni las tropas del ejército que acechaban detrás de la fortaleza de Ay habrían podido ver desde tan lejos a Josué agitando la jabalina, como señal convenida para atacar.

También conviene recordar que la Biblia es la autobiografía del Dios del Antiguo Testamento, quien, por otra parte, no es ajeno al sentimiento de misericordia y amor; un aspecto que será central en el Nuevo Testamento, donde, de todas maneras, Dios no pierde su carácter de severidad, hasta el punto de exigir el sacrificio de su propio hijo. Además, también los celos del Señor, que no tolera la convivencia con otros dioses y castiga a los hijos de Israel que adoran a deidades paganas, son una forma de amor.

En cualquier caso, no resulta fácil leer estas páginas sin sentirse turbado. También porque la tierra disputada es la misma en la que se combate, ininterrumpidamente, desde hace casi ochenta años. E incluso los nombres de las ciudades y los pueblos son a veces los mismos.

Si es erróneo interpretar el relato bíblico en términos históricos y de forma literal, es aún más inadecuado abordarlo desde la crónica actual, el presente, el tiempo de hoy; por difícil que sea resistirse a la tentación de hacerlo.

También porque las guerras en la Biblia acaban de empezar.

Los hebreos han logrado dominar casi toda la región entre el Jordán y el mar. Pero quedan, irreductibles, los filisteos, con sus carros de hierro y los últimos gigantes aún presentes entre sus filas.

Los filisteos defienden las ciudades costeras: Ascalón, Asdod, Gat y Ecrón. De la palabra «filisteo», ya lo comentamos, deriva la palabra «Palestina». Y en las próximas batallas se enfrentarán precisamente hebreos y filisteos. Serán contiendas heroicas y despiadadas, con protagonistas legendarios por su fuerza, pero también por sus dimensiones.

6

EL SEÑOR DE LOS EJÉRCITOS
SANSÓN, SAÚL, DAVID Y GOLIAT

Después del tiempo de los patriarcas, viene el tiempo de los héroes. Y como todos los héroes, tampoco los de la Biblia no son unos santos. Son combativos, pasionales, carnales, valientes hasta la temeridad, pero a veces también pecadores hasta la impiedad.

Los hebreos reclaman un rey y Dios accede a contentarlos recayendo su elección, por lo menos en un primer momento, en el más alto, el más fuerte, el más guapo: Saúl. Saúl es un gran guerrero, pero también es un hombre impetuoso, impulsivo, inconstante. Es devoto a Dios, pero se persuade de que no lo necesita, que puede forzar sus designios. Entonces Dios abandona a Saúl a un destino terrible y elige al más joven, el más pequeño, en apariencia el más insignificante: David. Un pastorcito que deberá enfrentarse a Goliat, un gigante demasiado alto para Saúl, pero no para un hombre que confía en Dios; aunque luego también David será culpable de un pecado odioso, que le acarreará mucho sufrimiento.

Sin embargo, el primer héroe del que vamos a hablar es otro.

Sansón es el Hércules de la Biblia. *Hércules contra Sansón* fue una película taquillera, aunque no recibió grandes halagos por parte de la crítica cinematográfica. Posteriormente se estrenaron *Combate de gigantes* —protagonizada por Hércules, Sansón, Maciste y Ursus— y *Sansón y el tesoro de los incas*. Y también está el perro Marmaduke, conocido en Italia con el nombre de Sansón: imparable, simpático, lleno de energía, en fin, una verdadera fuerza de la naturaleza.

Sansón, el verdadero, fue efectivamente el hombre más fuerte que jamás haya existido, porque estaba consagrado a Dios. Era un nazareo: término que procede del hebreo *nazir*, 'separado de los demás'. Pero no era un hombre místico y espiritual. Al contrario, era desenfrenado y sensual, y esta naturaleza suya le costó muy cara. Dios fue generoso con él; sin embargo, no pudo salvarle del destino lamentable que se fue forjando.

Las nazareos habían hecho un voto especial de consagración a Dios, que preveía tres preceptos principales. No podían consumir el fruto de la viña, bajo ninguna forma: no podían comer uvas y tampoco podían beber vino, vinagre ni cualquier otra bebida procedente de la uva. No podían acercarse a un cadáver, ni siquiera al del padre, de la madre, del hermano o de la hermana. Y no se podían cortar el cabello, por lo menos hasta que no terminaran su voto.

Sansón fue consagrado en el seno de su madre, es decir, desde la concepción: estaba destinado a ser nazareo para siempre y nunca podría cortarse el cabello. El mismo destino que corrieron Samuel, cuya madre lo ofreció a Dios de por vida, y Juan Bautista (el ángel avisó al padre de que el niño nunca bebería vino ni bebidas que pudiesen provocar estado de embriaguez).

Sansón vivió en la época de los Jueces. Los hebreos ya no tienen grandes líderes como fueron Moisés y Josué, y todavía no tienen grandes reyes como serán David y Salomón. Se han asentado en la tan ansiada tierra prometida, pero tienen que defenderse de las poblaciones locales. Cuando olvidan o descuidan a Dios, Dios los abandona y los entrega a sus enemigos; la solución pasa en ese momento por la designación de un comandante, eso es, un juez, para guiar a los hebreos en la guerra y hacer justicia en tiempos de paz.

Trescientos hombres bebieron llevándose el agua a la boca con las manos

El más famoso de los jueces fue Gedeón. Su clan era el más pobre de su tribu (la de Manasés), y él era el menor de su familia. Pero ya hemos visto que el Señor rara vez escoge al primogénito. Y Dios escogió a Gedeón para derrotar a los madianitas, que oprimían al pueblo de Israel con maldad y de forma sistemática. Cada vez que los hebreos sembraban, los madianitas destruían todos los frutos de la tierra y masacraban ovejas, bueyes y asnos; así que los hebreos se habían visto obligados a refugiarse en las cavernas que hay en los montes, en las cuevas y en los riscos.

Cuando el ángel del Señor se le aparece a Gedeón y le dice «El Señor esté contigo», Gedeón se rebela y contesta: «Perdón, mi señor; si el Señor está con nosotros, ¿por qué nos ha sucedido todo esto?».

Gedeón es escéptico. El Señor le asegura que será él quien salvará a Israel de los madianitas, pero él no se lo cree. Duda. Y pide una señal.

Gedeón deja un vellón de lana en la era durante una noche entera. Si a la mañana siguiente habrá caído rocío únicamente sobre el vellón, y todo el suelo alrededor quedará seco, Gedeón sabrá que Dios salvará a Israel por su mano. Y así ocurrió: Gedeón se levanta de madrugada, estruja el vellón y exprime el rocío, llenando una cazuela de agua. Pero Gedeón aún no está del todo convencido y pide otra señal: esta vez el vellón deberá quedar seco y todo el suelo alrededor cubierto de rocío. Los teólogos cristianos consideran la historia del vellón como un símbolo de la concepción de la Virgen María, que fue cubierta por el rocío de Dios, mientras que todo lo demás permaneció seco.

Los madianitas estaban acampados con sus aliados, los amalecitas y los demás «hijos de Oriente». Gedeón junta a un gran ejército para hacerles frente, pero Dios no está conforme: demasiada gente. Los hebreos podrían pensar que se han salvado a sí mismos, cuando en realidad será Dios quien los salvará. De modo que Gedeón pregona para que el pueblo lo oiga: «Quien tenga miedo y tiemble, vuelva». Se marchan veintidós mil hombres; solo quedan diez mil.

Es un relato interesante, antiheroico, antiépico. Para nosotros, como hombres modernos, resulta difícil concebir el valor con el que los guerreros antiguos se abalanzaban unos sobre otros, con espadas y lanzas, para masacrarse ferozmente. La Biblia nos muestra que los guerreros antiguos también tenían miedo. Los historiadores modernos creen que los soldados que realmente resistían el impacto de las batallas eran unos pocos, siendo ellos los que decidían el desenlace. El ejército derrotado era perseguido y la guerra se convertía más en una cacería que en un combate. (Pero no es cierto lo que escribe Wikipedia cuando dice que en la batalla de Campaldino Dante entró en pánico; Dante luchó valientemente entre los *feditori*, los caballeros alineados en las primeras filas del ejército florentino, que finalmente consiguió derrotar a los gibelinos de Arezzo).

A Gedeón le quedan diez mil hombres, pero siguen siendo demasiados. A Dios se le ocurre otra prueba, otro test de selección. Los soldados bajan a la fuente y allí el Señor establece cómo hacer la criba: todo el que beba metiendo la cabeza en el agua, como los perros, será apartado a un lado; todos aquellos que beban el agua llevándosela con las manos a la boca, irán al otro lado. Trescientos hombres beben con las manos y Dios le dice a Gedeón: «Os salvaré con los trescientos hombres que han lamido y entregaré a Madián en tu mano».

Esa misma noche, Dios ordena a Gedeón que ataque; si tiene miedo de hacerlo, puede bajar con su siervo al campamento de los madianitas y escuchar sus conversaciones. Gedeón llega en secreto con su criado hasta donde están los enemigos y oye a un hombre contándole a su compañero el sueño que había tenido: una hogaza de pan de cebada rodaba hacia el campamento, golpeaba una tienda y esta se venía abajo. Y el compañero responde: «Eso no es otra cosa que la espada de Gedeón, hijo de Joás, el israelita. Dios ha entregado en su mano a Madián y a todo el campamento».

Son pocos los personajes de la Biblia a los que se les dan tantas garantías. Y en este caso había razón para ello, ya que los enemigos eran numerosos como las langostas, y sus camellos eran incontables, como la arena en la orilla del mar; Gedeón, en cambio, solo contaba con trescientos soldados, divididos en tres unidades. A cada uno de ellos se le da un cuerno y una antorcha encendida, escondida en un cántaro.

Imaginémonos los tres escuadrones acercándose en la oscuridad al campamento enemigo, donde todos están durmiendo. De repente, Gedeón rompe el cántaro y toca el cuerno, seguido por todos sus hombres. Los madianitas se despiertan sobresaltados por las luces y los ruidos, desorientados. Y Dios los confunde aún más, haciendo que luchen entre ellos, matándose los unos a los otros con sus propias espadas.

Los hebreos consiguen una victoria aplastante y ofrecen a Gedeón la corona de rey: «Manda tú sobre nosotros, y lo mismo tu hijo y el hijo de tu hijo, pues nos has salvado de la mano de Madián». Pero Gedeón se niega: «Ni yo ni mi hijo mandaremos sobre vosotros. El Señor es quien mandará sobre vosotros».

Sin embargo, uno de los setenta hijos que Gedeón había tenido con sus esposas y concubinas, de nombre Abimélec, intentó convertirse en rey de Israel. Mató a todos sus hermanos —solo quedó con vida el más pequeño, que consiguió esconderse—, y durante tres años dominó al pueblo, aterrorizando a los adversarios. Asedió la ciudad de Siquén y quemó la torre fortificada, donde se habían refugiado los habitantes. Intentó hacer lo mismo en la ciudad de Tebes, pero desde lo alto de la torre sitiada una mujer arrojó una rueda de molino que golpeó de lleno la cabeza de Abimélec rompiéndole el cráneo.

Abimélec se desplomó en el suelo, pero, antes de exhalar el último respiro, llamó a su escudero y le ordenó: «Desenvaina tu espada y remátame, para que no se diga de mí que me mató una mujer». El escudero obedeció y lo atravesó con la espada. Y durante mucho tiempo no se volvió a hablar de reyes entre el pueblo de Israel.

A ojos del impío Abimélec era un deshonor que le derrotara una mujer; sin embargo, fue precisamente una mujer, de la cual la Biblia no dice el nombre, quien salvó al pueblo de Israel. Y no sería la última en hacerlo.

LA HIJA DE JEFTÉ

Los hebreos olvidaron a Dios y empezaron a venerar a Baal y las deidades de otros pueblos. Y Dios los abandonó en las manos de los amonitas.

En la Biblia encontramos un diálogo muy vivo entre los israelitas, que suplican protección, y Dios, que les contesta enojado: «Vosotros me habéis abandonado para servir a otros dioses. Por ello, no volveré a salvaros. Id e invocad a los dioses que os habéis escogido. Que os salven en la hora de vuestra angustia».

Pero, como siempre, Dios finalmente se deja convencer. Y disfruta con una jugada inesperada: para salvar a su pueblo, elige a alguien insospechado, un excluido, un hombre al margen de la sociedad.

Jefté era el hijo de una prostituta. Sus hermanos, hijos de la esposa legítima de su padre, lo habían echado de casa y él se dedicaba a hacer correrías, junto con otros hombres «desocupados». Eso sí, era un joven fuerte y valiente, por lo que los ancianos de Israel le pidieron ayuda para luchar contra el ejército enemigo.

Jefté aceptó e hizo un voto al Señor: «Si entregas a los amonitas en mi mano, el primero que salga de las puertas de mi casa a mi encuentro, cuando vuelva en paz de la campaña contra los amonitas, será para el Señor y lo ofreceré en holocausto». Jefté hace una promesa terrible, que en el relato bíblico hasta ahora no tiene paralelo: los hebreos no hacían sacrificios humanos. Dios había puesto a prueba a Abrahán pidiéndole que sacrificara a su hijo Isaac, pero luego lo había salvado; y en los mandamientos de Moisés la vida humana es considerada sagrada, y hay que protegerla en todos los sentidos. Pero la relación con otros pueblos y otras deidades había corrompido a los israelitas. Y un hombre con una vida difícil y acostumbrado a la violencia como es Jefté, cuando se ve delante de la prueba decisiva, de su gran oportunidad para la redención, no duda en arriesgar lo más preciado que tiene.

Es una historia poco conocida, que casi se ha querido olvidar, pero que vuelve a aflorar en muchas leyendas de la era cristiana. Allí donde hay un puente de construcción especialmente arriesgada sobre un río o un arroyo, se le suele llamar «puente del diablo»; de hecho, se dice que fue el mismo diablo quien lo construyó a cambio de la primera alma que cruzara el puente. Sin embargo, en casi todas las leyendas los ciudadanos engañan al diablo: en lugar de sacrificar a un ser humano, como hizo Jefté, envían a un perro o algún otro animal. Solo para ceñirnos a Italia, son puentes del diablo el Pont-Saint-Martin en el Valle de Aosta, el puente de Dronero en Piamonte, el de Cividale en el Friul, el de Borgo a Mozzano en Toscana, el de Tolentino en Las Marcas, el de la encantadora localidad de Civita di Bagnoregio en el Lacio, el de Barizzo cerca de Éboli, en Campania, el de Paola en la región de Calabria, y unos cuantos más... Muchos pobres diablos burlados.

Dios entrega a los amonitas en manos de Jefté y Jefté los arrolla, los humilla, conquista veinte de sus ciudades.

Luego regresa a su casa.

La noticia de su victoria ya se ha difundido. Y su hija sale a su encuentro, celebrando su hazaña con panderos y danzas. La Biblia precisa: «Era su única hija. No tenía más hijos». En cuanto la ve, Jefté se rasga las vestiduras y le dice una frase terrible: «¡Ay, hija mía, me has destrozado por completo y has causado mi ruina!».

Igual que les ocurre a muchas personas que no consiguen liberarse de un pasado doloroso, ahora Jefté asocia a su hija, que por su promesa imprudente deberá morir, con todos aquellos que le habían hecho daño a lo largo de su vida. Como si la responsable de su desgracia fuera la joven, o el Señor, o sus enemigos, y no él mismo.

La hija de Jefté, de la que no conocemos el nombre, acepta su horrible destino sin rechistar: «Padre mío, si has hecho una promesa al Señor, haz conmigo según lo prometido, ya que el Señor te ha concedido el desquite de tus enemigos amonitas». Solo tiene una petición: «Concédeme esto: déjame libre dos meses, para ir vagando por los montes y llorar mi virginidad con mis compañeras». La Biblia aclara que «ella no había conocido varón», ni lo conocerá. Al cabo de dos meses de llantos —que, como ocurre con las condenas en diferido pero inevitables, multiplicarán el dolor— se cumple el voto. La Biblia no nos cuenta cómo; lo único que añade es que desde entonces «quedó como costumbre en Israel que de año en año vayan las hijas de Israel a conmemorar durante cuatro días a la hija de Jefté».

Esta vez no hay ningún ángel que detenga el cuchillo del padre ni un carnero cuyo sacrificio reemplace al de la joven.

Jefté ejerció como juez de Israel durante seis años, e incluso tuvo que enfrentarse a una guerra civil. Los hombres de la tribu de Efraín se rebelaron, molestos porque Jefté no había contado con ellos en la guerra contra los amonitas. Jefté les declaró la guerra y los derrotó; los efraimitas huyeron. Los hombres de Jefté ocuparon los vados del Jordán y, para reconocer a los enemigos entre los soldados que querían cruzar, le pedían a cada uno de ellos: «Pronuncia, por favor, *shibbolet*». Si el hombre decía «*sibbolet*», no pudiendo pronunciar correctamente esa palabra, lo mataban. De esta manera, cayeron 42 000 efraimitas.

La palabra hebrea *shibbolet* puede significar 'espiga' o 'torrente'. En el suceso que acabamos de relatar, se emplea como trabalenguas o, mejor dicho, como prueba fonética, ya que, según parece, algunos hebreos tenían dificultades para pronunciar correctamente el sonido /sh/. Y aquí nos viene a la mente un episodio de la historia de Italia o, mejor dicho, de la tradición. Cuando los sicilianos se rebelaron contra los franceses en la revuelta popular conocida como las Vísperas Sicilianas, para descubrir a sus enemigos, que intentaban esconderse desesperados, les mostraban unos garbanzos y les preguntaban: «¿Estos qué son?». En italiano «garbanzos» se dice *ceci* y en el dialecto siciliano *ciciri*, pero los franceses no saben pronunciar el sonido italiano de la «c», que corresponde al español «ch», así que decían *shishiri*. Los que no superaban la prueba lingüística eran ejecutados (o eso cuenta la historia).

EL ACERTIJO DE SANSÓN

Después de la dolorosa victoria de Jefté, los hebreos se alejaron de nuevo de Dios, que los entregó durante cuarenta años en manos de los filisteos. Pero el ángel del Señor se apareció a una mujer estéril, esposa de un hombre de la tribu de Dan, para anunciarle el nacimiento de un hijo y advertirle que no bebiera vino ni comiera nada impuro porque el niño que daría a luz sería un *nazir* o nazareo, es decir, estaría consagrado a Dios, desde el seno materno.

Un don de Dios, que había que devolverle.

La mujer dio a luz un niño, al que puso el nombre de Sansón: según algunas interpretaciones, 'pequeño sol' en hebreo. El espíritu del Señor estaba con él e hizo que Sansón tuviera una fuerza descomunal. Pero también era de naturaleza lujuriosa e incapaz de contener sus pasiones. Así que se enamoró de una mujer filistea, para gran disgusto de su padre y su madre; Dios, sin embargo, se alegró de su elección, porque buscaba un motivo de enfrentamiento entre su pueblo y los filisteos.

Un día Sansón iba por la calle cuando salió a su encuentro un león. Le invadió, entonces, el espíritu del Señor, y Sansón despedazó al animal como se despedaza un cabrito. Al cabo de un tiempo volvió a pasar por donde había dejado el cadáver del león y vio que en su interior había un enjambre de abejas con miel. Cogió la miel y fue comiendo de camino; también les ofreció a su madre y su padre, pero sin contarles de dónde procedía. Así pues, rompió su voto al ingerir alimento que había estado en contacto con un cadáver y, por consiguiente, impuro; y, por primera vez, se volvió detestable a los ojos de Dios.

En el banquete de bodas con la mujer filistea, Sansón propuso un enigma a los treinta invitados: «Del que come salió comida y del fuerte salió dulzura». A aquellos que acertaran la adivinanza en los siete días que duraría el banquete se les obsequiaría con treinta túnicas y treinta mudas de vestidos; pero aquellos que no acertaran le darían a Sansón treinta túnicas y treinta mudas de vestidos. El acertijo era claramente imposible de resolver y los invitados se enfadaron mucho. Entonces, pidieron ayuda a la mujer de Sansón, que empezó a presionarle: «Solo me tienes odio y no me amas. Has propuesto un enigma a los de mi pueblo y no me lo has desvelado». Sansón intentó justificarse: «No se lo he desvelado ni a mi padre ni a mi madre, ¿y te lo voy a desvelar a ti?». Pero la mujer no dejó de insistirle hasta que se salió con la suya.

Sansón le contó lo que le había pasado con el león, las abejas y la miel. Cuando, llegado el séptimo día, los filisteos resolvieron el acertijo —«¿Qué más dulce que la miel y qué más fuerte que el león?»—, Sansón entendió que le habían engañado. Y montó en cólera. Entró a la ciudad de Ascalón, mato a treinta hombres, los desvistió y con sus treinta túnicas pagó su apuesta. Luego se volvió a casa de sus padres, dejando que su mujer se casara con el testigo de boda.

No obstante, Sansón se sentía muy atraído por esa mujer y fue a verla a su casa. El padre de ella no le permitió entrar porque la joven ya estaba casada con otro hombre. Sansón, como venganza, atrapó a trescientos zorros, los juntó rabo con rabo, metió una tea entre cada par de ellos y los soltó por los campos de los filisteos, que se incendiaron. Los filisteos, furibundos, la tomaron con la mujer y su padre y los quemaron.

A estas alturas, la enemistad entre Sansón y los filisteos es total.

Los hebreos están preocupados y deciden que lo más prudente es entregar a ese energúmeno a los filisteos antes de que esa disputa se les vaya de las manos y se vean perjudicados ellos también. Sansón deja que le aten y le entreguen a los enemigos. Pero cuando los filisteos se le echan encima gritando de alegría, el espíritu del Señor le invade y Sansón se libera de las cuerdas, tras lo cual, armado solo con una quijada de asno, mata a mil hombres.

LAS PUERTAS DE GAZA

Sansón ejercerá como juez de Israel durante veinte años, pero su voluptuosidad seguirá provocando altercados, además de darle varias oportunidades de demostrar su fuerza sobrehumana.

Un día fue a Gaza, vio a una prostituta y la siguió hasta su casa. Los filisteos la rodearon en secreto, decididos a esperar a que Sansón saliera al amanecer para abalanzarse sobre él. Pero a medianoche se levantó, agarró las hojas de la puerta de ciudad, las arrancó de cuajo junto con las dos jambas y la barra, las cargó sobre sus hombros y las subió a la cumbre del monte que estaba frente a Hebrón. Un mensaje claro de que nadie podía detenerlo.

Sansón también se volvió a enamorar, y de nuevo de una mujer filistea: Dalila. Los príncipes de los filisteos fueron a verla y le ofrecieron cada uno mil cien siclos de plata —más de doce kilos— a cambio del secreto de la fuerza de Sansón. Solo el poder de la seducción y la indefensión del amor podían derrotar a ese hombre tan poderoso como odiado. Dalila preguntó a Sansón cuál era el secreto de su fuerza y con qué se le podría atar para doblegarle. Él pensó en ponerla a prueba, y respondió con una mentira: «Si me ataran con siete cuerdas frescas, que no se hayan secado, me debilitaría y vendría a ser como un hombre cualquiera». Los jefes filisteos le dieron a Dalila las siete cuerdas frescas; la mujer le ató y gritó: «Los filisteos sobre ti, Sansón»; pero él rompió las cuerdas como el fuego devora un hilo de estopa.

Tras esta mala jugada, un hombre sensato se buscaría otra novia. Pero Sansón mantiene su relación con Dalila, la cual insiste: «Te has burlado de mí, y me has mentido. Ahora, pues, dime, por favor, con qué se te habría de atar». De nuevo Sansón se burla de ella, o pretende ponerla a prueba: «Si me ataran bien atado con cuerdas nuevas con las que no se hubiera realizado trabajo alguno, me debilitaría y vendría a ser como un hombre cualquiera». De nuevo Dalila lo ata, esta vez con cuerdas nuevas, y grita: «Los filisteos sobre ti, Sansón». Pero él rompe las cuerdas como si fueran hilos.

Dalila no desiste, al contrario, se vuelve cada vez más desafiante a la hora de intentar averiguar el secreto de la fuerza de Sansón, el cual le sugiere una solución aún más imaginativa. Su cabello, que nunca se había cortado, estaba recogido en siete trenzas. Si Dalila trenzara sus siete trenzas con el telar y las sujetara con una clavija, Sansón se debilitaría y sería como un hombre cualquiera. Así que Dalila lo adormece, trenza los siete mechones de su cabeza con el telar y luego grita: «Los filisteos sobre ti, Sansón». Pero él se despierta y sin ninguna dificultad libera sus trenzas del telar.

Y aquí Dalila recurre a su arma más poderosa y le suelta estas palabras a Sansón: «¿Cómo puedes decir que me amas, si tu corazón no está conmigo? Es la tercera vez que me has engañado y no me aclaras en qué reside tu enorme fuerza».

Sigue siendo un misterio la razón por la cual Sansón accede a revelar su secreto a Dalila. La Biblia cuenta que ella lo atosigaba, lo importunaba cada día con sus palabras, hasta que él no aguantó más y le abrió su corazón. A lo mejor fue esa fórmula mágica, ese «me amas» evocado por Dalila, lo que consigue engañarlo. O tal vez Sansón, con lo superficial que era, piensa que Dios no lo abandonará y que siempre saldrá airoso de cualquier circunstancia, pase lo que pase. Le encanta desafiar al destino, no piensa en las consecuencias de sus actos. Y acaba condenándose a sí mismo.

Entonces Sansón le abre su corazón a Dalila y le revela: «La navaja no ha pasado por mi cabeza, pues soy nazir de Dios desde el seno de mi madre. Si me raparan, mi fuerza se alejaría de mí. Me debilitaría y vendría a ser como cualquier hombre».

Dalila se da cuenta de que esta vez Sansón dice la verdad, que confía en ella. Manda llamar a los príncipes de los filisteos y les anuncia que ha llegado el momento. Ellos acuden, con el dinero prometido en la mano.

Dalila adormece dulcemente a Sansón en sus rodillas; luego, llama a un hombre que le rapa las siete trenzas de su cabeza. Entonces comienza a debilitarse y su fuerza poco a poco le abandona. Cuando ella grita: «Los filisteos sobre ti, Sansón», él se despierta y piensa que también esta vez podrá liberarse y salir indemne. No sabía que Dios se había alejado de él.

Los filisteos lo capturaron y le arrancaron los ojos. Luego lo llevaron a una cárcel de Gaza donde le ataron con una doble cadena de bronce y lo obligaron a tirar de una muela de molino, dando vueltas como un burro.

Al cabo de un tiempo, los príncipes filisteos reúnen a su pueblo en el templo de su Dios, Dagón, para ofrecerle un sacrificio. Imaginemos una ceremonia dominical: después del rito religioso, el pueblo alegre está deseando celebrar, para así exorcizar el miedo a la muerte y al enemigo. Y el enemigo más poderoso de los filisteos está ahora en sus manos, cegado e impotente. Así sacan a Sansón, para que divierta a los filisteos con algún juego; como el albatros de Baudelaire que ya no puede volar, al que los marineros que lo han atrapado atormentan, burlándose de él.

Pero los filisteos no se han percatado de que el cabello de Sansón ha vuelto a crecer.

El prisionero pide al criado que le lleva de la mano que le permita apoyarse en las dos columnas centrales sobre las que se asentaba el templo, que en ese momento estaba abarrotado de gente. Luego invoca al Señor: «Dueño y Señor mío, acuérdate de mí y dame fuerzas solo esta vez, oh Dios, para que de un solo golpe pueda vengarme de los filisteos, por lo de mis dos ojos». Dios le escucha y accede a su ruego.

Con esa seguridad que tienen los invidentes, Sansón palpa con las manos las dos columnas, se apoya sobre ellas —en una con la derecha y en la otra con la izquierda— y grita: «Muera yo también con los filisteos».

El templo se derrumba sobre los príncipes y sobre toda la gente que había allí congregada. «Los que mató al morir fueron más que los que había matado en vida». Finalmente, el juez Sansón había encontrado la paz: sus hermanos fueron a recogerlo y lo enterraron al lado de su padre.

En 2024 se publicó en Italia un libro importante titulado *Gaza*. Su autor, Gad Lerner, es un conocido periodista. En la portada hay una imagen de Sansón derrumbando las columnas del templo de Dagón. Lerner cita este episodio de la Biblia trazando un paralelismo con la actual guerra de Gaza, atizada por la nefasta e inaceptable caza de judíos desatada por Hamás el 7 de octubre de 2023. E igual de inaceptable fue la reacción del Gobierno de Netanyahu, que provocó la muerte de decenas de miles de palestinos, incluidos muchos niños y mujeres; de hecho, como era fácilmente previsible, Hamás no dudó en usar a los civiles palestinos como escudos humanos.

Lerner cita la última frase que pronuncia Sansón antes de morir para denunciar que la reacción de Israel a los ataques del 7 de octubre había sido desmesurada. Como Sansón había matado a más filisteos con su suicidio que en toda su vida, así Israel, con la masacre de palestinos en Gaza, se estaba arriesgando a perderse a sí mismo. Y quien escribe estas palabras es un amigo de Israel; de hecho, en ese mismo libro, Lerner afirma seguir apoyando la causa sionista, es decir, está a favor del regreso de los judíos a Palestina; y lo justifica con este argumento: si él llegó a nacer y su padre no murió en los campos de concentración nazi como el resto de su familia, fue precisamente gracias a que, antes de la guerra, sus abuelos paternos pudieron refugiarse en Israel.

UNA HISTORIA TERRIBLE (QUE EL LECTOR SE PUEDE SALTAR)

La Biblia no es un libro edificante. Ciertamente transmite a menudo valores morales universales; sin embargo, lo hace a través de historias terribles. Historias que pueden ser dolorosas de contar y leer. Además, en la Biblia hay tal cantidad de historias que a veces su lectura se hace densa y difícil de disfrutar para un lector contemporáneo, acostumbrado a la sencillez y la brevedad.

En definitiva, quien quiera se puede saltar la historia que se cuenta a continuación y continuar leyendo en el apartado siguiente. De hecho, no es una historia esencial para la narración. Pero existe, es parte de la Biblia. No me parece correcto silenciarla.

No se conocen los nombres de los protagonistas. Él es un levita, es decir, un hombre de la tribu de Leví, la de los sacerdotes. Ella es una concubina: no una verdadera esposa, sino una mujer que él había tomado para sí y con la que vivía. Sin embargo, ella no se encuentra a gusto y decide regresar a casa de su padre, en un pueblo destinado a desempeñar un papel crucial: Belén.

El levita, al que la Biblia llama «el marido», va a recuperar a la mujer. El suegro, al verle, se alegra y le acoge agasajándole con toda clase de atenciones. Durante tres días procura que no se marche: le ofrece comida y vino y lo entretiene hasta que es demasiado tarde para salir de viaje. Tal vez quiera mucho a su hija y desee tenerla más tiempo a su lado.

Finalmente, el levita decide emprender el viaje, junto con la mujer y sus criados, aunque le quedan pocas horas de luz por delante. Podrían hacer una parada en Jerusalén, pero aún no está habitada por los hebreos —su conquista llegará a manos de David—, y el levita no se atreve a pasar la noche en tierra extranjera. Decide por tanto continuar el camino hasta la ciudad de Guibeá, controlada por la tribu de Benjamín. Una vez llegados allí, nadie les ofrece cobijo. Solo un anciano se apiada de ellos y los invita a entrar a su casa.

Sin embargo, «gente de la ciudad, unos malvados» empezaron a aporrear la puerta y a gritarle al anciano que les entregara al forastero, para que pudiesen abusar de él; lo mismo que querían hacer los habitantes de Sodoma con los tres ángeles de Dios. Para calmar a los violentos, el anciano les ofrece a su hija, aunque finalmente es la concubina, la mujer de Belén, la que es horriblemente sacrificada. Abusan de ella durante toda la noche, hasta matarla.

A la mañana siguiente el marido la carga sobre el burro y regresa a su casa. Una vez llegado a su ciudad, agarra el cadáver la mujer y lo descuartiza en doce trozos, y envía cada trozo a una de las doce tribus de Israel, con el propósito de hacer un llamamiento a la unidad del pueblo de Israel y de castigar a los abusadores. El gesto surte efecto y se organiza una expedición contra la tribu de Benjamín, desencadenando una guerra civil.

Veinticinco mil benjaminitas caen en el campo de batalla. Solo entonces los hebreos se arrepienten: toda una tribu está a punto de ser aniquilada, también porque todas las demás tribus han jurado no dar a sus hijas en matrimonio a un hombre de la tribu de Benjamín; ¿cómo van a tener descendencia los supervivientes?

La solución pasa por atacar una ciudad habitada por hebreos, Yabés, que no había participado en la guerra contra la tribu de Benjamín, negándose así a cumplir con su deber. Todos los hombres fueron asesinados, igual que todas mujeres que ya habían tenido relaciones. Las vírgenes, por su parte, son entregadas como esposas a los supervivientes de la tribu de Benjamín. Y, por si fuera poco, los benjaminitas raptaron a otras jóvenes de la ciudad de Siló.

Ya había avisado de que se trataba de una historia terrible: una violación grupal, un cadáver desmembrado, una guerra civil, más violencia. Tal vez habría tenido que omitirla. Pero en la Biblia también ocurre esto, igual que en la historia: porque en todas las guerras, las mujeres siempre son las primeras víctimas. Es precisamente leyendo páginas como estas que uno siente un inmenso deseo de paz, una necesidad de respeto más allá de la lógica tribal, un profundo anhelo de amor.

Un rey para los hebreos

En aquel entonces, los hijos de Israel no tenían rey, y «cada uno hacía lo que le parecía correcto». Pero había llegado el momento de coronar a un gobernante, capaz de unir al pueblo y mantenerlo fiel al Señor. Y para encontrar y apoyar a un gran rey, primero había que contar con un gran profeta.

Elcaná, un hombre de la tribu de Efraín, tenía dos mujeres: Ana y Feniná. Feniná le había dado muchos hijos, mientras Ana era estéril. Pero el hombre amaba a Ana. Cada año, la familia al completo iba de peregrinación al santuario de Siló, donde, antes de la conquista de Jerusalén, estaba custodiada el Arca de la Alianza. Allí el marido daba a Ana la mejor ración de la carne que habían ofrecido en sacrificio; Ana, sin embargo, lloraba desconsolada y rechazaba la comida porque la otra mujer, su rival, la humillaba con el pretexto de que no podía tener hijos. Elcaná le preguntaba preocupado: «Ana, ¿por qué lloras y por qué no comes? ¿Por qué está apenado tu corazón? ¿Acaso no soy para ti mejor que diez hijos?».

En una ocasión, tras terminar de comer, Ana se levantó y entró en el templo, y allí, entre lágrimas vivas, se puso a implorar al «Señor del universo» o «Señor de los ejércitos», dependiendo de las traducciones. Es la primera vez que la

Biblia se refiere así a Dios, como el jefe de las fuerzas celestes, de los astros y de las fuerzas de todo el universo. Ese día Ana pronunció un voto: si el Señor le concediese un hijo, este sería un nazareo, como Sansón; no se cortaría el pelo nunca y estaría consagrado a Dios de por vida.

Mientras Ana rezaba para sus adentros, moviendo solo los labios, la vio el sumo sacerdote Elí, el cual, creyendo que la mujer estaba borracha, la regañó. Ella le contestó: «No, mi señor, yo soy una mujer de espíritu tenaz. No he bebido vino ni licor, solo desahogaba mi alma ante el Señor». Conmocionado por sus palabras, Elí le dijo: «Vete en paz y que el Dios de Israel te conceda el favor que le has pedido».

Ya en casa, Elcaná se unió a Ana y el Señor se acordó de ella. Ana concibió y dio a luz un hijo, al que llamó Samuel. Cuando el niño fue destetado, Ana lo llevó al templo y lo dejó al cuidado del sumo sacerdote Elí. Cada año subía al santuario para verle, y en cada viaje le llevaba una túnica un poco más grande.

Después de Samuel, Ana dio a luz otros tres hijos y dos hijas. Para celebrar su felicidad, la mujer entonó un cántico —«Mi corazón se regocija en el Señor, mi poder se exalta por Dios»— que servirá de inspiración para la oración del *Magníficat* de la Virgen María: «Proclama mi alma la grandeza del Señor, se alegra mi espíritu en Dios, mi salvador; porque ha mirado la humillación de su esclava. Desde ahora me felicitarán todas las generaciones, porque el Poderoso ha hecho obras grandes por mí».

Pero Elí no era un buen sacerdote, y sus dos hijos eran aún peores que él, malvados y oportunistas. Esta era su forma de proceder: cada vez que algún fiel ofrecía un sacrificio, enseguida llegaba el criado, que, con un tenedor de tres dientes en mano, pinchaba en la olla y se llevaba todo lo que podía sacar. La ley de Moisés establecía que la grasa de las víctimas de los sacrificios se reservara para el Señor y se quemara en el altar. Pero el criado del sacerdote se hacía entregar la carne cruda para así poder quedarse también con la grasa. Además, los hijos de Elí se unían con las prostitutas que prestaban servicio a la entrada del templo. A pesar de las numerosas reprimendas del padre, los hijos hacían oídos sordos y seguían ofendiendo al Señor.

Un día un hombre de Dios visitó a Elí y le anunció que sus dos hijos morirían ese mismo día. La maldición se había abatido sobre su casa. La única esperanza de futuro residía ahora en aquel niño que estaba criando como su propio hijo: Samuel.

«En aquellos días era rara la palabra del Señor y no eran frecuentes las visiones», cuenta la Biblia. El mismo Samuel aún no había conocido al Señor. Una noche, cuando estaba acostado en el templo, donde se encontraba el Arca de la Alianza, el muchacho oyó una voz que le llamaba por su nombre. «Aquí estoy», contestó. Enseguida corrió adonde estaba Elí y le dijo: «Aquí estoy, porque me has llamado». Pero el sacerdote le contestó: «No te he llamado, hijo mío. Vuelve a acostarte».

De nuevo Samuel oyó su nombre, de nuevo corrió adonde estaba Elí y de nuevo se volvió a acostar. A la tercera vez que se repitió la misma secuencia, Elí comprendió que era el Señor el que llamaba al joven y le dijo: «Ve a acostarte. Y si te llama de nuevo, di: "Habla, Señor, que tu siervo escucha"».

Samuel obedeció. El Señor le volvió a llamar y le confió un mensaje: «Mira, voy a hacer algo en Israel, que a cuantos lo oigan les zumbarán los dos oídos»; la justicia de Dios caería sobre la casa de Elí.

A la mañana siguiente, Elí le pidió a Samuel que le revelase qué le había anunciado el Señor. Samuel se lo contó todo, sin omitir nada. Elí aceptó la decisión con resignación: «Es el Señor, haga lo que le parezca bien».

Y la justicia del Señor no se hizo esperar.

¿Dónde está el Arca de la Alianza?

Los filisteos atacaron a los hebreos y los derrotaron: cayeron en el campo cuatro mil hombres. Entonces los hebreos enviaron algunos hombres a tomar el Arca de la Alianza del Señor del universo; y, junto con el Arca, también se unieron al ejército los dos hijos de Elí.

Cuando los hebreos vieron llegar el Arca al campamento, lanzaron un gran alarido, tan fuerte y terrible que la tierra se estremeció. Los filisteos, en cambio, fueron presas del terror y dijeron: «Dios ha venido al campamento», mientras recordaban los prodigios que el Dios de los hebreos había cumplido contra los egipcios.

Sin embargo, los filisteos salieron victoriosos del combate que hubo al día siguiente. De hecho, la sola presencia del Arca no era garantía de nada: sin la voluntad de Dios, ningún objeto sagrado podía proteger a los hebreos. Una leyenda que, casi tres mil años más tarde, inspirará una famosa película, *En busca del Arca perdida*, dirigida por Steven Spielberg. Indiana Jones, interpretado por Harrison Ford, arriesga su vida para impedir que los nazis se apoderen del Arca. La escena final es memorable: el Arca, encerrada en una caja de madera, termina en un depósito confundida entre otros miles de cajas similares, para que nadie pueda encontrarla y utilizar su terrible poder.

Adónde ha ido a parar el Arca de la Alianza es uno de los grandes misterios de la historia. En la basílica romana de San Juan de Letrán, se encuentra una lápida que reza: «Justo debajo de este altar se encuentra el Arca del Pacto», además del bastón de Moisés, una urna llena de maná y legendario candelabro de siete brazos. De hecho, en el Foro Romano la menorá aparece esculpida dentro del arco de Tito, el emperador que conquistó Jerusalén y destruyó el templo y que, según la leyenda, recibió por ello un terrible castigo: un mosquito se le introdujo por la nariz y anidó en su cerebro causándole grandes dolores, hasta que falleció. Cuando le practicaron la autopsia para averiguar la causa de una muerte tan misteriosa, al abrirle el cráneo salió volando un insecto del tamaño de una golondrina.

Por su parte, Haile Selassie, el último emperador de Etiopía, estaba convencido de que él era el guardián del Arca. De hecho, cuenta la leyenda que Salomón le dio una copia al hijo que tuvo con la reina de Saba, Menelik, y este astutamente la había cambiado por el original para llevársela a su patria.

Volvamos al campo de batalla, donde los filisteos han derrotado a los hebreos. Un mensajero con los vestidos rasgados y la cabeza cubierta de tierra se presenta delante de Elí. El sacerdote, que ya no ve, está sentado inquieto en la entrada del templo, con la mirada vacía fija en el horizonte. El mensajero trae una noticia terrible: «Israel ha huido ante los filisteos, y además ha habido una gran mortandad entre el pueblo.

También murieron tus dos hijos Jofní y Pinjás, e incluso el Arca de Dios fue apresada». En cuanto oyó nombrar el Arca, Elí cae de espaldas, se parte la nuca y muere. Tenía noventa y ocho años; había sido juez de Israel durante cuarenta.

Los filisteos han cogido el arca como botín de guerra y se han metido en un lío. Llevan el arca al templo de Dagón, en la ciudad de Asdod. A la mañana siguiente, se encuentran la estatua de su dios caída de bruces en el suelo. La vuelven a colocar en su sitio, pero al día siguiente el dios yacía otra vez en el suelo, también de bruces.

Dios castiga a los habitantes de Asdod con una plaga de tumores y estos, al ver lo que les estaba sucediendo, deciden deshacerse del Arca y la mandan a otra ciudad, Gad. Pero también a los habitantes de Gad les salen tumores, lo que les causa un pánico enorme. Llevan entonces el Arca a Ecrón, pero los ecronitas se rebelan por miedo a la ira del Señor.

¿Cómo devolver el Arca a los hebreos? Los filisteos consultan a los adivinos.

Los adivinos sugieren meter el Arca en un carro y uncir al carro dos vacas que estén criando, a las que no se les haya puesto nunca el yugo; si las vacas toman el camino que lleva a la frontera, en dirección a la primera ciudad de Israel, Bet Semes, estará confirmado que había sido realmente el Dios de los hebreos el que había provocado todas las desgracias que habían asolado a los filisteos. Evidentemente, las vacas enfilan directas hacia Bet Semes, sin desviarse ni a la derecha ni a la izquierda. Los habitantes de la ciudad estaban en el campo segando el trigo. Cuando ven el carro, lo acogen con gran alegría, aunque no se resisten a curiosear dentro del Arca; el Señor castiga a setenta de ellos con la vida por profanar el objeto sagrado.

Bajo el liderazgo de Samuel, los hebreos destruyeron las estatuas de Baal y los demás ídolos, y volvieron a servir al Señor. Veinte años después, Samuel dirigió al pueblo contra los filisteos. Mientras celebraba el sacrificio, los enemigos atacaron, pero «el Señor hizo tronar aquel día con gran estruendo sobre los filisteos, aterrorizándolos, e Israel los derrotó».

SAÚL, EL MÁS ALTO

Samuel fue juez de Israel durante toda su vida. Cuando envejeció intentó pasar el poder a sus dos hijos, quienes, sin embargo, como los hijos de Elí, tenían un mal comportamiento, aceptaban regalos, se dejaban sobornar e interpretaban la ley a su beneficio.

Fue entonces cuando los hebreos le pidieron a Samuel que nombrara a un rey para que los gobernara. Este no se lo tomó muy bien, pero el Señor lo tranquilizó: «Escucha la voz del pueblo en todo cuanto te digan. No es a ti a quien rechazan, sino a mí, para que no reine sobre ellos». En otras palabras, Dios le dice a su profeta: no están enojados contigo, lo están conmigo.

Sin embargo, Samuel se resiste y advierte a sus compatriotas: el rey se llevará a sus hijos y los obligará a arar sus campos, a segar sus mieses, a fabricar sus armas y a ir a la guerra; tomará a sus hijas como perfumistas, cocineras y panaderas; se apoderará de sus mejores campos, viñas y olivares para dárselos a sus ministros; se llevará a sus mejores servidores, a sus rebaños, a sus asnos; los obligará a pagar tributos y terminará convirtiendo a unos hombres libres en sus esclavos. Pero el pueblo no le hace caso e insiste: «No importa.

Queremos que haya un rey sobre nosotros. Así seremos como todos los otros pueblos».

Samuel se resigna y Dios le indica el nombre del primer rey: Saúl, el más apuesto entre los israelitas, y también el más alto, pues todos le llegaban por los hombros. Pero Saúl procedía de la familia más pequeña de la tribu más pequeña de Israel, la de Benjamín. Un día su padre lo manda a buscar algunas burras que se le habían extraviado, y a Saúl se le ocurre preguntarle a Samuel, con la esperanza de que el profeta le pueda decir dónde encontrarlas.

Cuando Samuel ve a Saúl, el Señor le confirma: «Ese es el hombre de quien te hablé. Ese gobernará a mi pueblo». Samuel informa a Saúl de que las burras han aparecido, tranquilizándole. Coge el frasco del óleo, lo derrama sobre su cabeza, le besa y le dice: «El Señor te unge como jefe sobre su heredad». Desde entonces, al elegido se le llama «el ungido del Señor». Así se definió a sí mismo Silvio Berlusconi para reclamar que se respetara la voluntad del pueblo italiano en las elecciones de 1994; pero esto no impidió que el entonces presidente de la República Italiana, Oscar Luigi Scalfaro, nombrara a otro como jefe del Gobierno.

También fueron unos cuantos los que dudaron de Saúl. Muchos aclamaron: «Viva el rey»; pero otros se quedaron sorprendidos de que un desconocido, aunque alto y apuesto, fuera el elegido para gobernarlos. Pero Saúl tuvo pronto la ocasión de demostrar su valor.

Najas, el jefe de los amonitas, tenía sitiada la ciudad hebrea de Yabés, que ofreció rendirse. Najas aceptó, pero les puso una condición muy cruel para pactar: les sacaría a todos los israelitas el ojo derecho. Los habitantes de Yabés acudieron a Saúl y le pidieron ayuda; el espíritu de Dios vino sobre él. Saúl y sus hombres atacaron el campamento de los amonitas hasta desperdigarlos a todos, de modo que «no quedaron dos juntos». Luego Saúl perdonó a aquellos que no habían aceptado su autoridad; ahora se había convertido en un rey a todos los efectos.

En este punto de la historia, Samuel toma una decisión inusual, incluso para la Biblia: dimite. Y pronuncia un discurso hermoso, simple y eficaz a la vez, que sería un buen modelo para los políticos al final de su mandato. Samuel se dirige directamente a los hebreos y les pide que le juzguen por cosas concretas: «He caminado ante vosotros desde mi juventud hasta el día de hoy [...]. ¿A quién he tomado el buey o a quién el asno? ¿A quién he oprimido o a quién he hecho mal? ¿De quién he aceptado soborno para hacer la vista gorda a su caso? Yo os lo restituiré». Los hijos de Israel, conmocionados, reconocen que Samuel nunca los ha oprimido, ni los ha maltratado, ni ha aceptado nada de nadie.

Luego Samuel exhorta a su pueblo a no apartarse de Dios, a no desviarse siguiendo la nada, que «no aprovecha ni puede librar». Cometieron un error al querer un rey para ellos, asegura. Y para demostrarlo, invoca al Señor para que mande truenos y lluvias. Evidentemente, caen truenos y lluvias, a modo de advertencia para el pueblo. Se acercan tiempos difíciles, y Saúl no se revelará como un rey a la altura de las circunstancias.

Los filisteos atacaron a los hebreos, a los cuales, aterrados, no les quedó otra que esconderse en cuevas, agujeros, roquedales, fosas y cisternas. En aquel entonces, los hebreos estaban totalmente sometidos a los filisteos, hasta el punto de que no podían fabricarse sus lanzas y sus espadas, y tenían que pedir permiso para afilar su arado o su azada. Los únicos que poseían lanzas y espadas eran Saúl y su valiente hijo, de nombre Jonatán.

Antes de librar la batalla había que realizar un sacrificio en honor a Dios. Saúl esperó siete días la llegada de Samuel. Al séptimo día, temiendo que el enemigo estuviera a punto de atacar, Saúl mismo ofreció el holocausto, sin esperar al profeta. Cuando acabó, llegó Samuel, que al ver lo que Saúl había hecho, se enfureció con él: el rey no había confiado ni en el profeta ni en el Señor, y añadió: «Por ello, aunque el Señor había establecido para siempre tu realeza sobre Israel, esta ya no se mantendrá en pie. El Señor se ha buscado un hombre según su corazón y le ha nombrado jefe sobre su pueblo, porque no has cumplido lo que te ordenó el Señor».

Desde ese momento, una sombra negra comienza a extenderse sobre la cabeza de Saúl. Un lento descenso al abismo de la infelicidad y la locura. La sospecha y el miedo se habían colado en el alma de un hombre extremadamente fuerte y audaz.

Ese día Israel logró una gran victoria gracias a Jonatán, el hijo del rey. Inspirado por Dios, se coló en el campamento de los filisteos acompañado solo por su escudero, consiguiendo matar a varios enemigos, uno tras otro. Cundió el pánico, hasta el punto de que «el país se estremeció y sobrevino un terror de parte de Dios».

Al cabo de un tiempo, Samuel le ordenó a Saúl que atacara y exterminara a filo de espada a los amalecitas, dando muerte a todo ser vivo, incluidos los animales. Pero Saúl le perdonó la vida al rey enemigo, Agag, y también salvó a los mejores animales. Dios informó a Samuel de que Saúl no había cumplido sus mandatos; y Samuel «se entristeció e invocó al Señor durante la noche». A la mañana siguiente fue a ver a Saúl, le reprendió por su desobediencia y le anunció que su reinado se había terminado. Saúl le imploró: «Por favor, perdona mi pecado y ven conmigo», pero Samuel le contestó: «No iré contigo. Has rechazado la palabra del Señor y el Señor te ha rechazado como rey de Israel».

Acto seguido, Samuel se da la vuelta para marcharse, pero Saúl le agarra la orla del manto y este se desgarra. Entonces Samuel le maldice: «El Señor te ha arrancado hoy el reino de Israel y lo ha entregado a otro mejor que tú».

Quedaba por ver a quién se refería.

DAVID, EL MÁS PEQUEÑO

Samuel lloró mucho por Saúl. Se había visto obligado a poner fin a su relación con él e incluso había llegado a maldecirle, pero le había querido mucho; y en el fracaso de Saúl como rey veía reflejado su propio fracaso. De hecho, los cambios repentinos de actitud y las reacciones inesperadas son frecuentes en estas páginas de la Biblia: lo veremos también en la relación entre Saúl y David, que alternarán el cariño con una rivalidad despiadada.

El Señor acudió para consolar a Samuel: «¿Hasta cuándo vas a estar sufriendo por Saúl […]? Llena tu cuerno de aceite y ponte en camino».

A continuación, Dios envió a Samuel a Belén, a casa de un pastor, Jesé, porque entre sus hijos había elegido a un rey.

En muchas catedrales podemos admirar frescos o vidrieras que representan a un hombre reclinado, que está durmiendo y soñando. De su cuerpo nace un árbol, con todos sus descendientes sentados en las distintas ramas. Se conoce como el árbol de Jesé. El primero de sus descendientes es un rey que toca la cítara: David; y el último es Jesús.

Samuel va a Belén y, para no levantar sospechas, justifica su viaje con el pretexto de sacrificar una novilla, porque Saúl controla sus movimientos. Cuando el profeta entra en la casa de Jesé, enseguida le llama la atención el primogénito, Eliab, un hombre alto y fuerte; Samuel piensa que él tiene que ser el elegido. Pero el Señor le dice que no, que no es Eliab. Y añade: «No te fijes en su apariencia ni en lo elevado de su estatura, porque lo he descartado. No se trata de lo que vea el hombre. Pues el hombre mira a los ojos, mas el Señor mira el corazón».

Samuel pasa revista a los siete hijos de Jesé, pero cada vez Dios le susurra: no, él no. Finalmente pregunta: «¿No hay más muchachos?». Jesé, que sigue sin entender qué está pasando, responde que falta uno, el más joven. Le tienen tan poca consideración que lo han enviado a pastorear el rebaño, en lugar de asistir a la visita del profeta Samuel.

El padre lo manda llamar: es un chico bajito, rubio, con unos ojos bonitos y de buena presencia. Su nombre es David. Entonces el Señor le dice a Samuel: «Levántate y úngelo de parte del Señor, pues es este».

Desde aquel día el espíritu del Señor se retiró de Saúl y vino sobre David. Un mal espíritu empezó a atormentar a Saúl provocándole inseguridad, mal humor y el presagio de que su fin estaba cerca. Para calmar el espíritu inquieto de su señor, los servidores de Saúl le sugirieron buscar a un joven que tocara la cítara. Uno de los criados se acordó de que había oído hablar de David. Así es como se entrecruzan los caminos del rey aún en el trono y del futuro rey ya ungido por Dios.

Saúl le tomó mucho cariño a David, el cual se convirtió en su escudero. Cuando tocaba la cítara, Saúl se tranquilizaba y el espíritu maligno se retiraba de él. Tal vez se trate de ese «acorde secreto» del que habla el cantautor Leonard Cohen en el primer verso de su maravillosa canción *Hallelujah*: David tocaba para Saúl y, a la vez, complacía a Dios.

Pero el destino, o quizá la voluntad del mismo Dios, pronto los separaría y los pondría uno contra el otro.

Los filisteos volvieron a reunir sus tropas para atacar a los hebreos y ocuparon con su ejército un lado de una montaña. El ejército de Israel se desplegó en el otro lado de la montaña. En medio había un valle, excavado por un arroyo.

De las tropas filisteas salió un gigante: Goliat de Gat.

No sabemos con precisión lo que medía. Según la versión griega de la Biblia, cuatro codos y un palmo, que corresponden a unos dos metros; una altura significativa hoy en día, pero que en aquel entonces era totalmente extraordinaria. La versión hebrea de la Biblia, sin embargo, habla de seis codos y un palmo: casi tres metros. Llevaba un yelmo de bronce en la cabeza y vestía una coraza, también de bronce, que pesaba unos sesenta kilos y que era imposible incluso de arañar. El asta de su lanza era del tamaño de un enjulio de tejedor y podía atravesar cualquier armadura.

Goliat propone un pacto: en lugar de derramar gran cantidad de sangre, la guerra puede resolverse con un duelo. Si Goliat es derrotado, los filisteos serán esclavos de los hebreos, pero si Goliat prevalece y mata a su adversario, ocurrirá lo contrario.

Los hebreos quedan consternados y aterrados: enfrentarse al gigante equivale a un sacrificio humano, no tienen opción de escapar de una muerte segura. Incluso Saúl tiene miedo. Durante cuarenta días, cada mañana y cada tarde, Goliat desafía a los hebreos; y su desafío cae en saco roto. Una humillación terrible.

Hasta que Jesé ordena a David, que estaba pastoreando el rebaño, que vaya al campamento del ejército donde estaban sus tres hermanos, a llevar pan para ellos y queso para sus comandantes.

La pregunta que plantea David cuando ve a Goliat suena casi insolente: «¿Quién es ese filisteo incircunciso para insultar a los escuadrones del Dios vivo?».

Las palabras de David llegaron a los oídos de Saúl, quien le manda llamar. David reitera su valentía: «Tu siervo irá a luchar contra ese filisteo». Pero Saúl no está de acuerdo: «No puedes ir a luchar con ese filisteo. Tú eres todavía un joven y él es un guerrero desde su mocedad». Entonces David le cuenta a Saúl que, con la ayuda del Señor, había matado a osos y leones para defender su rebaño; y que ahora iba a hacer lo mismo con Goliat.

Saúl se convence y ordena armar a David con su propia armadura: su yelmo, su coraza y su espada. Pero David no puede ni siquiera caminar con todo ese peso encima. Y le dice a Saúl: «No puedo caminar así, porque no estoy acostumbrado».

De manera que David se enfrenta al gigante sin armadura, sin ni siquiera espada, solo con su bastón de pastor, su honda y cinco piedras lisas del torrente. Su fuerza reside en una enorme confianza en sí mismo y en la fe inquebrantable en Dios: dos sentimientos que no son incompatibles, sino todo lo contrario.

Hoy en día tendemos a pensar que todo lo que se hizo en el pasado en nombre de Dios, o en la convicción de contar con el apoyo Dios, fue un error o un crimen. Y ciertamente no debemos olvidar, como ya hemos dicho, que incluso los miembros de las SS nazis estaban convencidos de que actuaban en nombre de Dios. Sin embargo, cuando san Francisco de Asís abandonó todas sus riquezas y eligió la pobreza para sí mismo y para los millones de seguidores que vinieron después, lo hizo inspirado por Dios. También Dante creía firmemente en un Dios justo, severo y misericordioso cuando escribió su viaje a los infiernos, el libro más hermoso escrito por los hombres, en palabras de Borges. Y el mismo Cristóbal Colón —a pesar de ser un personaje muy diferente y una figura hoy en día muy controvertida— estaba convencido de que estaba cumpliendo un plan divino cuando, con sus viajes, ensanchó los límites del mundo conocido.

La historia de David que se enfrenta a Goliat no es solo la historia de un muchacho que derrota a un gigante, o la de un rey aún no proclamado que hace lo que no puede hacer el rey coronado. David no es solo el salvador del pueblo de Israel. Es también la estatua que el joven Miguel Ángel saca de un enorme bloque de mármol que otros escultores habían desechado. Para decidir dónde colocarla, los florentinos crearon una comisión con los mejores artistas de la época, entre ellos Botticelli, Ghirlandaio y Leonardo da Vinci, el cual, presa de los celos, propuso ocultar aquella estatua tan hermosa tras un nicho. Sabemos que, desde entonces, la relación entre Miguel Ángel y Da Vinci se fue deteriorando, hasta el punto de que, si se encontraban por la calle, se insultaban el uno al otro. Finalmente, los florentinos decidieron colocar el David delante del Palazzo Comunale, para indicar que Florencia, aunque pequeña en comparación con los imperios y Estados nacionales que estaban surgiendo en ese momento en Europa, lucharía hasta la muerte por su libertad e independencia.

El combate de David contra Goliat va más allá de un duelo: ha llegado a convertirse en el símbolo de un enfrentamiento desigual, del cual sale victoriosa la parte aparentemente más débil. Cualquiera de nosotros que elija combatir por una causa justa, por incierta que sea, puede ser David. Y no siempre hay que ganar. Lo importante es luchar, incluso cuando lo tenemos toda en contra y los demás se burlan de nosotros.

La cabeza de Goliat

Goliat, de hecho, se mofa de David, lo desprecia. Es un muchacho, además es rubio, y de aspecto delicado. Así que le increpa: «¿Me has tomado por un perro, para que vengas a mí con palos?»; y añade: «Acércate y echaré tu carne a las aves del cielo y a las bestias del campo». David contesta: «Tú vienes contra mí con espada, lanza y jabalina. En cambio, yo voy contra ti en nombre del Señor del universo, Dios de los escuadrones de Israel al que has insultado».

En cuanto Goliat se pone en marcha para atacar, David lanza una piedra con su honda y le golpea. La piedra se clava en la frente del gigante, que cae de bruces al suelo. David se lanza sobre él, coge su propia espada, le corta la cabeza y se la lleva a Jerusalén, mientras los filisteos huyen y los hebreos los masacran.

Ahora pasan dos cosas muy importantes. Por un lado, Saúl recibe a David y, en cuanto el hijo de Saúl, Jonatán, lo ve, los dos quedan unidos por una profunda amistad. Algunos han sugerido la posibilidad de un amor homosexual, pero esto la Biblia no lo dice. Tanto David como Jonatán tendrán esposas e hijos; aunque eso, lo sabemos, no significa nada. David y Jonatán fue el nombre de una asociación italiana de homosexuales creyentes. Hoy contamos con un neologismo que se emplea entre los heterosexuales para referirse a una amistad muy estrecha entre hombres sin carácter sexual: *bromance*, de la unión de *brother*, 'hermano', y *romance*, 'historia de amor'.

La Biblia dice textualmente: «Cuando David acabó de hablar con Saúl, el ánimo de Jonatán quedó unido al de David y lo amó como a sí mismo». Se quitó su manto, igual que sus vestidos, su espada, su arco y su cinturón, y se los dio a David. E hizo con él un pacto comprometiéndose a protegerle; pacto que siempre respetó. De hecho, Jonatán salvará la vida de su amigo en varias ocasiones, avisándole de los complots que su padre Saúl intentó urdir contra él. Y esto en perjuicio de sus propios intereses, ya que a Jonatán, como hijo y futuro heredero del rey, le hubiese convenido deshacerse de David.

La segunda cosa importante que pasa en ese momento es que el pueblo se enamora o, por lo menos, se queda prendado de David. «Saúl mató a mil, David a diez mil», cantan las mujeres de Israel en los festejos por la reciente victoria sobre los filisteos. Saúl está celoso, pero comprende que, si no puede derrotar a su rival, lo mejor será tenerlo a su lado. Así que le ofrece casarse con su hija primogénita, Merab, pensando que el hecho de convertirse en el yerno del rey lo obligaría a volver a luchar contra los filisteos y que, con algo de suerte, estos le matarían.

David no acepta. Sin embargo, otra hija de Saúl, Mical, se enamora de él. Por segunda vez, Saúl le dice a David: «Hoy puedes ser mi yerno». David se resiste: su familia es demasiado pobre. Pero Saúl no quiere de él la dote matrimonial, sino un botín de guerra: cien prepucios de filisteos. David acepta, va a la batalla y trae a Saúl doscientos prepucios de los enemigos.

Sin embargo, será precisamente entre los filisteos donde David encontrará refugio cuando se vea obligado a huir de Saúl, que planea matarlo. Es una extraña relación la que une a los israelitas con sus acérrimos rivales. Riñen y se hacen la guerra, y aun así hablan entre ellos, negocian, a veces incluso mantienen relaciones amorosas, como le gustaba hacer a Sansón.

David se refugia a Gat, la ciudad de Goliat, al que había cortado la cabeza. Los servidores de Aquís, el rey de Gat, le informan de que ha llegado David, el hombre que, según parece, es el elegido para ocupar el trono de Israel, si no lo ocupa ya. Entonces David, temiendo una reacción violenta de Aquís, se finge loco: hace extraños signos en las puertas, se deja caer la baba sobre la barba. La reacción del rey filisteo es muy divertida y merece la pena citarla. Es una de esas páginas de la Biblia que no son esenciales para la narración, que casi nadie conoce o recuerda, pero que desde el punto de vista literario son muy interesantes por su expresividad. Dice Aquís a sus servidores hablando de David: «¿No veis que es un hombre que está loco? ¿Por qué me lo habéis traído? ¿Necesito yo locos, para que me hayáis traído a este a hacer locuras delante a mí?».

David se salva también en esta ocasión, pero no puede quedarse mucho tiempo entre los filisteos. Tampoco puede volver a Israel, y mucho menos a la corte: un día, mientras tocaba la cítara, Saúl le había arrojado su lanza, pero él se había agachado y la lanza se había clavado en la pared. Así David abandona Gat y se refugia en una cueva.

Aquí acuden sus hermanos y toda su familia, que se unen a él. Pero no son los únicos. Igual que pasó con Moisés en el momento de su salida de Egipto, todos los que estaban en apuros, los deudores, los descontentos, los perseguidos, también se unieron a él; y David se convirtió en su jefe. Con ese improvisado ejército de seguidores se jugaría el reino, y también la supervivencia, en un partido contra un rival dispuesto a todo.

Para castigar a los sacerdotes de la ciudad de Nob que habían acogido a David, Saúl ordenó matarlos; eran ochenta y cinco hombres. Y como nadie entre sus hombres se atrevió a levantar la espada contra los hombres de Dios, fue un forastero, Doeg el edomita, quien masacró a los sacerdotes junto con todos los habitantes de la ciudad, mujeres y niños incluidos.

David no quiere la muerte de Saúl, y se lo demuestra en dos ocasiones: la primera de forma rocambolesca, la segunda grandiosa.

Saúl, junto con sus soldados, persigue a su rival hasta llegar a la cueva donde David se esconde. Pero no es el instinto guerrero lo que conduce al rey hasta allí. La Biblia dice que «Saúl entró a hacer sus necesidades»; en la versión latina: «Saul ut purgaret ventrem». En otras palabras, también el cuerpo del soberano tenía sus urgencias. Los hombres de David le animan a que aproveche la ocasión: Dios le ha entregado a su enemigo. David se levanta, coge la espada y corta, sin que nadie lo viera, un trozo de la orla del manto de Saúl. A continuación, sale de la cueva y grita detrás de Saúl: «¡Oh rey, mi señor!». David se arrodilla con el rostro en el suelo y hace profesión de humildad: «¿A quién ha salido a buscar el rey de Israel? ¿A quién persigues? A un perro muerto, a una simple pulga».

Saúl se queda impresionado. David podría haberlo matado, aprovechándose de un momento de debilidad; y ni siquiera habría sido una muerte heroica, en batalla. En cambio, le ha perdonado la vida; y ahora se humilla ante él, reconoce su autoridad.

Saúl se conmueve: «¿Es esta tu voz, David, hijo mío?». A pesar de todo, David se había criado en la corte de Saúl, se había casado con su hija Mical, tenía un vínculo especial con su hijo Jonatán. Y Saúl reconoce que David es mejor que él, pues lo había tratado bien, aunque el trato que le había reservado el rey no había sido bueno. «Ahora sé que has de reinar y que en tu mano se consolidará la realeza de Israel. Júrame por el Señor que no harás desaparecer mi descendencia después de mí ni borrarás mi nombre de mi familia». David se lo jura. La paz parece asegurada.

También la muerte de Samuel, y el duelo colectivo por su funeral, brinda otra ocasión para reunir a Israel y apagar ya definitivamente la lucha interna entre facciones rivales.

Pero el espíritu maligno acaba prevaleciendo en el corazón de Saúl. El rey vuelve a reunir a su ejército y, acompañado de tres mil soldados, sale otra vez en busca de David.

Una noche, David baja hasta el campamento enemigo. Allí ve a Saúl acostado en el cercado, entre los carros, y al líder del ejército, Abner, descansando con sus hombres. No sería difícil matar al rey; y la mano derecha de David, Abisay, se ofrece a hacerlo por él.

Pero David se niega: solo Dios puede poner fin a la vida de un rey. De modo que se conforma con dejar otra señal: coge la lanza de Saúl, que estaba clavada en el suelo a su lado, y su jarra de agua, y se aleja. Nadie en el campamento se despierta, porque el Señor había hecho caer sobre ellos un sueño profundo.

Luego, desde la cima de la montaña, David grita el nombre de Abner y le riñe por no haber protegido al rey. ¿Dónde está la lanza de Saúl? ¿Y su jarra de agua? Nuevamente Saúl reconoce que ha obrado mal y se arrepiente: «No volveré a hacerte mal, por haber respetado hoy mi vida [...]. Bendito seas, hijo mío, David».

Así que los dos reyes se fueron cada uno por su camino. Pero el de Saúl sería breve, y marcado por un acontecimiento funesto.

De nuevo los implacables enemigos, los filisteos, habían vuelto a atacar y estaban a las puertas, deseosos de vengarse tras la derrota que siguió a la decapitación de Goliat. Saúl reunió a todo Israel en el monte Gelboé; pero cuando vio el campamento de los filisteos tuvo miedo. Invocó al Señor, pero el Señor no le respondió. No le habló en sueños ni a través de los rituales adivinatorios que también los hebreos, como muchos pueblos antiguos, practicaban; ni tampoco inspiró a ningún profeta para que hablara en su nombre.

Saúl decidió entonces recurrir a Samuel. Le había dado la espalda, pero seguía siendo el hombre de Dios que lo había consagrado. Pero Samuel había fallecido, y el mismo Saúl había proscrito a los adivinos y nigromantes, es decir, a las personas que podían entrar en contacto con los muertos. La única que quedaba era una nigromante muy poderosa, que vivía escondida en el pueblo de Endor, cerca del monte Tabor.

Es un episodio tan singular y extraordinario que ha inspirado a generaciones de artistas. Gustave Doré, el pintor que ilustró la *Divina comedia*, también representó la magia de la bruja de Endor. *En-dor* es el título de un poema de Kipling. Y Endor también es el nombre de un planeta de la saga de *La guerra de las galaxias*.

El rey se disfraza para que no le reconozca y, acompañado por dos de sus hombres, se va a ver a la mujer. «A quién he de evocar?», le pregunta esta. «A Samuel», le contesta Saúl. Cuando la mujer ve a Samuel lanza un grito: «¿Por qué me has engañado? Tú eres Saúl». El rey la tranquiliza: «No temas. Pero ¿qué estás viendo?». La mujer responde: «Veo un espectro que surge de la tierra». «¿Cuál es su aspecto?», pregunta Saúl. «Un hombre anciano que sube envuelto en un manto». Saúl comprende que es Samuel, y se postra rostro a tierra.

Pero Samuel no se apiada de él; los recuerdos de los tiempos vividos juntos no ablandan su corazón. Se limita a preguntarle: «¿Por qué me turbas, evocándome?». Saúl intenta justificarse: «Estoy en un gran apuro. Los filisteos me hacen la guerra y Dios se ha alejado de mí. Ya no me responde, ni por los profetas ni en sueños. Te he llamado para que me indiques lo que he de hacer». Pero Samuel le repite lo mismo que le había dicho en vida y que Saúl ya sabe en su corazón: «El Señor está cumpliendo lo que predijo por medio de mí. Va a arrancar el reino de tu mano y lo va a dar a otro, a David [...]. Además, el Señor te entregará a ti y a Israel en manos de los filisteos. Tú y tus hijos estaréis mañana conmigo».

En cuanto Samuel terminó de hablar, Saúl «cayó de pronto por tierra, cuan largo era». Dante habría dicho que cayó «como cae un cuerpo muerto».

7

EL TEMPLO
DAVID Y BETSABÉ, LA REBELIÓN
DE ABSALÓN, SALOMÓN
Y LA REINA DE SABA

En toda la Biblia, la bruja de Endor es la única nigromante, el único personaje capaz de hablar con los muertos. La evocación de los espíritus está prohibida en la cultura judía, igual que en la cristiana. Saúl recurre a ella como última opción, cuando sabe que ha perdido el favor de Dios; y desde el más allá, Samuel le confirma que no hay nada que hacer. Su destino está decidido. El futuro y la corona de Israel pertenecen a David: de él, y no de Saúl, descenderán los futuros reyes; según el cristianismo, también el mesías, Jesús.

A Saúl, en cambio, solo le queda un día de vida.

Podemos imaginar la angustia que sintió en su corazón cuando recobró el sentido, aceptó de la bruja un poco de pan y carne, regresó al campamento y desplegó el ejército para la batalla.

Ese día, los hebreos huyeron ante los filisteos «y muchos cayeron muertos en el monte Gelboé». Los filisteos asediaron a Saúl y mataron a sus hijos, incluido el amigo de David, Jonatán. Los arqueros se ensañaron con él y le hirieron de gravedad. Entonces Saúl ordeno a su escudero que desenvainara la espada y lo atravesara con ella, pero el joven se había quedado paralizado por el miedo. Por lo tanto, Saúl cogió su espada y se echó sobre ella, con tal de no caer en las manos de los enemigos.

Al día siguiente, los filisteos fueron a despojar los cadáveres. Cuando encontraron a Saúl, le cortaron la cabeza —como David había hecho con Goliat— y le quitaron todas sus armas, que depositaron en el templo de Astarté. Luego colgaron su cuerpo de la muralla de Bet Seán (que hoy pertenece al Estado de Israel). Pero por la noche, los hebreos recuperaron los cuerpos de Saúl y de sus hijos y los quemaron. Es el único caso de cremación que aparece en el Biblia, tal vez debido a que los cuerpos ya estaban en descomposición. Luego recogieron sus huesos y los enterraron debajo de un tamarisco. Y así acabó el primer rey de Israel.

LA DANZA DE DAVID DELANTE DEL ARCA

Al campamento de David llega un forastero, un amalecita, con los vestidos rasgados y polvo en la cabeza. Cuenta que el pueblo había huido ante los filisteos, y que muchos habían perdido la vida, incluidos Saúl y Jonatán. David le pregunta cómo puede estar seguro de que el rey y su hijo de verdad se hallan entre los fallecidos. El amalecita le cuenta una mentira: le dice que Saúl le pidió que lo matara, y que le había dicho estas palabras: «Estoy en los estertores, pero todavía me queda vida». El amalecita asegura que fue él quien mató a Saúl, y como prueba muestra a David la diadema que el rey llevaba en la cabeza y su brazalete. Es evidente que cree complacer a David, que había sido perseguido por Saúl, y que ahora gracias a esas insignias podía reclamar su herencia.

Al contrario, David se indigna y le increpa: «¿Cómo no has tenido temor de extender tu mano y acabar con el ungido del Señor?». Luego, ordena a sus servidores que lo maten y entona una elegía fúnebre por Saúl y su hijo Jonatán. Como Julio César lloró delante de la cabeza decapitada de su gran rival Pompeyo —«Me habéis quitado el único premio posible en una guerra civil: otorgarles la salvación a los vencidos»—, así David llora por Saúl. Pero hay una diferencia importante. César omitió decir que, si Ptolomeo no hubiera mandado cortar la cabeza a Pompeyo, él mismo lo habría hecho. Las lágrimas de David, en cambio, son sinceras.

David ya es el verdadero soberano, por voluntad de Dios. Y ahora que ya no está Saúl, va a Hebrón para ser coronado rey. Sin embargo, Abner, el comandante del ejército, coge a un hijo sobreviviente de Saúl, Isbaal —es decir, 'hombre de Baal' o 'don de Baal'—, y lo nombra rey de Israel. Solo la tribu de Judá sigue a David.

El enfrentamiento es inevitable. Intentan librarse de una nueva guerra civil eligiendo a doce campeones en cada bando, para que luchen entre ellos. Pero cada uno agarra la cabeza de su adversario y le atraviesa el costado con su espada, y todos caen a una; el duelo no resuelve el conflicto.

La batalla estalla con vehemencia y termina con la victoria de David. El comandante del ejército y el hijo de Saúl son asesinados.

David ya es el rey de todo Israel. Conquista Jerusalén, arrebatándosela a los jebuseos, y la elige como capital. Luego manda que le edifiquen una casa con maderas de cedro, obsequio del rey de Tiro. Y pone el Arca de la Alianza en un carro y la lleva hasta Jerusalén.

Durante el viaje, David y todo el pueblo de Israel bailaban ante el Arca con todas sus fuerzas, cantando al son de las cítaras, las arpas, los tambores, los sistros y los címbalos. Durante el trayecto, los bueyes se salieron un poco del camino y el Arca vaciló y pareció estar a punto de caer; entonces uno de los carreteros, Uzá, alargó la mano y la agarró. Pero Dios se enfadó con él por su temeridad, lo golpeó y lo hizo morir en el acto.

Cuando el Arca entró en Jerusalén, una de las esposas de David, Mical, la hija de Saúl, «se asomó a la ventana, vio al rey David saltando y danzando ante el Señor, y lo menospreció en su corazón». David solo llevaba un efod de lino —una vestidura corta y sin mangas que utilizaban los sacerdotes— que le dejaba las piernas descubiertas. Mical riñe a su marido: «Cómo se ha cubierto hoy de gloria el rey de Israel, descubriéndose a los ojos de sus servidoras y servidores, como se descubre un cualquiera». David le contesta con palabras muy duras: danzará sin descanso ante el Señor, que le ha preferido a su padre para hacerle jefe de todo su pueblo Israel, y añade: «Y me rebajaré todavía más y me humillaré a mis propios ojos; pero apareceré cada vez con más gloria ante esas criadas de las que tú has hablado».

Mical no había entendido que el de David había sido un gesto de humildad ante el Señor. También el rey, como el resto del pueblo, participaba de esa atmósfera sagrada, solemne y excitante a la vez, que generaba la presencia de Dios a través del Arca. No es de extrañar que Dante cite este episodio de la Biblia en la cántica del Purgatorio.

El poeta imagina que hay unos relieves, más verdaderos que la vida misma, esculpidos por el dedo de Dios y que, como por prodigio, cobran vida para mostrar a los orgullosos ejemplos de humildad. Entre los humildes está David, bailando semidesnudo ante el Arca.

La Biblia añade que, como castigo, Mical morirá sin tener hijos. Según la mentalidad de aquella época, una vida sin hijos y sin descendencia no tenía sentido, era una desgracia. Hoy, evidentemente, tenemos claro que no es así. «La vida eterna reside en el recuerdo de lo que hemos hecho. Y las mujeres podemos dejar grandes huellas de nuestro paso en este mundo sin necesidad de tener hijos», dijo Rita Levi-Montalcini el día que cumplió cien años. Aunque ya en el libro de la Sabiduría podemos leer: «Más vale no tener hijos y ser virtuoso, porque el recuerdo de la virtud es inmortal: la reconocen Dios y los hombres [...]. En cambio, la numerosa prole de los impíos no prosperará».

Volveremos sobre el tema.

Tras haberse erigido un palacio para él, David planea la construcción de un templo para custodiar el Arca, que sigue alojada debajo de una tienda. Lo habla con el profeta Natán, que lo anima a hacerlo. Sin embargo, esa misma noche Dios le confía a Natán un mensaje para David: «Desde el día en que hice subir de Egipto a los hijos de Israel hasta hoy, yo no he habitado en casa alguna, sino que he estado peregrinando de acá para allá, bajo una tienda como morada». David tendrá un heredero: «Será él quien construya una casa a mi nombre y yo consolidaré el trono de su realeza para siempre. Yo seré para él un padre y él será para mí un hijo. Si obra mal, yo lo castigaré con vara y con golpes de hombres. Pero no apartaré de él mi benevolencia, como la aparté de Saúl, al que alejé de mi presencia. Tu casa y tu reino se mantendrán siempre firmes ante mí, tu trono durará para siempre».

La profecía de Natán tiene varias interpretaciones. Efectivamente, tras una encarnizada lucha por la sucesión, uno de los hijos de David, Salomón, se convertirá en rey. Y levantará un templo en honor del Señor destinado a convertirse en legendario: el Templo de Salomón. Pero su trono no será nada estable. Tras su muerte, el reino de Israel se dividirá entre la tribu de Judá y las demás, y seguirá siendo débil, quedando a merced de imperios más fuertes: los egipcios, los babilonios, los asirios, los persas.

¿Quién es, pues, el heredero de David destinado a construir un templo y reinar para siempre?

Para los cristianos, es Jesús. «¡Hosanna al hijo de David! ¡Bendito el que viene en el nombre del Señor!», dice el canto. Ese mensaje nocturno que Dios le transmite a Natán parece dar a entender una intervención suya directa en la historia: «Yo seré para él un padre y él será para mí un hijo». Como hombre, el verdadero heredero de David será golpeado y azotado; pero como hijo de Dios, resucitará y construirá un templo, la Iglesia, destinado a perdurar a través de los siglos.

Esta es, por supuesto, la interpretación cristiana. En la Biblia, la suerte de los reyes de Israel está ligada a su relación con Dios. David —a diferencia de Salomón— nunca será tentado por otros dioses; y el Dios del universo nunca lo abandonará.

David humilló a los filisteos, vengando así la muerte de Saúl y Jonatán. También derrotó a los moabitas; obligó a los prisioneros a que se tumbaran en el suelo y los midió con una cuerda: dos tercios fueron ejecutados. Derrotó a Adadézer, rey de Sobá, al norte de Damasco, y cortó los corvejones de todos sus caballos, dejando solo un centenar de ellos con vida. Son crueldades terribles; y tal vez algún contemporáneo se estremecerá más ante esta última que ante la anterior, y llorará más por los caballos que por los hombres. Pero eso no es todo: David masacró a veintidós mil arameos y los edomitas quedaron como sus servidores. Pero también es capaz de gestos de clemencia.

El rey pregunta si queda algún superviviente de la casa de Saúl, y descubre que hay un hijo de Jonatán, llamado Mefiboset, también conocido con el nombre de Merib-baal, tullido de los pies: tenía cinco años cuando llegó la noticia de la derrota de Gelboé, donde habían caído su padre y su abuelo; en ese momento, la nodriza lo agarró para huir, pero se le cayó y el niño quedó cojo. David se apiada de él, y también con la intención de honrar su antigua amistad con Jonatán, restituye a Mefiboset todas las tierras de su familia y le invita a comer todos los días a la mesa del rey.

Sin embargo, a pesar de su gesto de generosidad, David está a punto de cometer el peor de los pecados, que le acarreará un gran sufrimiento.

EL MARIDO DE BETSABÉ

David es realmente uno de los personajes más interesantes de la Biblia.

Con él Dios no solo es generoso, sino a menudo indulgente.

Lo eligió, quizá lamentando su decisión de coronar a Saúl por su aspecto, su estatura y su fuerza física. Vio en un pastorcillo, en un muchacho de estatura pequeña, el temperamento no solo de un rey, sino de un fundador.

David, después de Moisés, es el verdadero padre del pueblo hebreo. Pero a Moisés Dios no le dejó pasar ni una. Por una indecisión, un momento de incertidumbre, una pequeña falta de fe —una roca golpeada no una, sino dos veces—, no pudo entrar en la tierra prometida a donde había conducido a los hebreos. Con David, en cambio, fue mucho más indulgente. David es tal vez el primer y último personaje del Antiguo Testamento a quien Dios trata como a un hijo, y con el que actúa como un padre: un padre que no es especialmente severo. Tanto es así que llega un momento en el que, posiblemente, David piense que puede hacer lo que le plazca; y en una ocasión se comporta como Samuel temía que se comportara un rey.

¿Se acuerdan los lectores del discurso del profeta en el que advertía a los hebreos de que, si los gobernaba un rey, este les quitaría todas sus riquezas, se quedaría con sus mejores tierras y se llevaría a las mujeres más guapas?

Pues un día, desde la terraza de su palacio, David divisa a una mujer de aspecto muy hermoso que se está bañando. Es Betsabé. La espía (acción ya por sí misma poco digna). La desea, aunque ya tiene unas cuantas esposas. Y manda un mensajero para que la traiga a su casa.

En aquellos días, como era frecuente, Israel estaba en guerra. El rey de los amonitas, que se había convertido en súbdito de David tras la derrota, había muerto. David envía a sus servidores a darle el pésame al joven heredero del trono, el cual sin embargo se deja convencer de que los mensajeros hebreos son espías. Resentido, ordena que les rapen la mitad de la barba, símbolo de virilidad, y les corten la ropa por la mitad, hasta las nalgas. Luego los echa. La vergüenza es tal que los embajadores no se atreven a volver a casa; David les sugiere que se queden en Jericó hasta que les vuelva a crecer la barba. Luego declara la guerra contra los amonitas: el nuevo comandante del ejército, Joab, los derrota, y sitia su capital, Rabá, que hoy se llama Ammán y es la capital de Jordania.

Es en ese momento cuando David, desde la terraza de su palacio, ve a Betsabé y se encapricha de ella. La mujer acude a su llamada y se acuesta con él, en los días en los que «estaba purificándose de sus reglas», precisa la Biblia; es decir, en los días en los que era fértil. De hecho, Betsabé se queda embarazada. Pero está casada, y con un soldado. Su marido, Urías, en ese momento está luchando contra los amonitas en el sitio de Rabá.

Aquí es cuando David idea un plan astuto y perverso para salir del apuro. Betsabé le ha avisado de que está embarazada. David quiere que el marido, Urías, se acueste con ella, para así justificar el embarazo. Así que lo manda llamar, con la excusa de que le traiga noticias desde el campo de batalla. Cuando llega, le anima a que vaya a su casa a ver a su mujer. Pero Urías se acuesta en la puerta del palacio, con todos los servidores de su señor.

David le pregunta por qué no ha ido a su casa, con Betsabé. Urías le contesta que no puede estar cómodo en su casa y acostarse con su mujer mientras todo el ejército acampa al raso. David intenta ablandarle dándole de comer y de beber, pero nuevamente Urías se queda a dormir con los servidores y no pisa su casa.

Entonces David recurre a una trampa cruel. Le da a Urías una carta para el comandante Joab, en la que había escrito: «Poned a Urías en primera línea, donde la batalla sea más encarnizada. Luego retiraos de su lado, para que lo hieran y muera». Sin saberlo, sin dudar de nada, aquel soldado generoso y leal lleva su propia sentencia de muerte, escrita de puño y letra por su rey.

Joab obedece. Ordena una acción temeraria bajo la muralla de la ciudad. Los arqueros enemigos matan a muchos hombres del ejército de David, entre ellos a Urías. Luego Joab despacha un mensajero para informar a su señor. Por si acaso, le ordena que no le dé enseguida al rey la noticia que está esperando, sino que le comunique antes todas las bajas que se habían producido en la batalla; solo si el rey monta en cólera y pregunta por qué razón el ejército se había acercado tan imprudentemente a la muralla de la ciudad, entonces el mensajero le informará de que también Urías había fallecido.

El rey se complace al escuchar el mensaje. Betsabé llora la muerte de su marido; pero, cuando se acaba el duelo, David la acoge en su casa como esposa suya y ella da a luz un niño, hijo del rey.

Pero lo que había hecho David desagradó al Señor.

Dios tenía una predilección por David, pero ni siquiera el ungido del Señor podía permitirse infringir la ley de Moisés de forma tan descarada.

De modo que el Señor envió a Natán a ver a David, para que le contara una historia.

Había dos hombres que vivían en la misma ciudad: uno era rico y el otro pobre. El rico tenía mucho ganado; el pobre, en cambio, solo poseía una cordera pequeña. «La alimentaba y la criaba con él y con sus hijos. Ella comía de su pan, bebía de su copa y reposaba en su regazo; era para él como una hija», cuenta Natán. Llegó un peregrino a casa del rico, y este, en lugar de coger una de sus vacas o sus ovejas, cogió a la cordera del hombre pobre, la mató y se la ofreció al peregrino.

David se indignó y afirmó que quien había hecho tal cosa merecía la muerte. Natán, con semblante serio, se limitó a contestarle: «Tú eres ese hombre».

David había despreciado la palabra del Señor y ahora el Señor, a través de Natán, le anuncia un castigo terrible: «Yo voy a traer la desgracia sobre ti, desde tu propia casa. Cogeré a tus mujeres ante tus ojos y las entregaré a otro, que se acostará con ellas a la luz misma del sol. Tú has obrado a escondidas. Yo, en cambio, haré esto a la vista de todo Israel y a la luz del sol».

David reconoce su pecado. El Señor le perdona y le deja vivir, aunque el mismo David admite que merecería la muerte. Pero, por haber despreciado al Señor con su acción, el hijo inocente que nacerá de su amor con Betsabé deberá morir.

El niño se pone gravemente enfermo. David ruega a Dios que le cure, ayuna, pasa las noches acostado en el suelo. Los ancianos de su casa intentan que coma algo, pero sin éxito. Pese a todo, Dios queda insensible ante las suplicas de David y al séptimo día el niño muere. Los servidores temen comunicarle la noticia al padre pensando que, si mientras aún vivía el pequeño ayunaba, ahora que estaba muerto haría cualquier disparate.

Sin embargo, David los oye cuchichear e intuye lo que ha pasado. Entonces se alza del suelo, se lava, se muda de ropa, va a postrarse en el templo del Señor y finalmente come. Los servidores se quedan desconcertados, pero él les explica: «Mientras vivía el niño, ayunaba y lloraba, pensando: "Quién sabe. Quizás el Señor se compadezca de mí y el niño se cure". Ahora que ha muerto, ¿para qué ayunar? ¿Puedo hacerle volver? Yo soy el que irá adonde él. Él no volverá a mí».

Este razonamiento nos devuelve al David sabio y racional que conocemos. Debemos amar a nuestros seres queridos hasta el último de sus días, así como debemos recordarlos y llevarlos en nuestro corazón cuando ya no estén. Las personas a las que amamos nunca nos abandonan del todo, siempre permanecen a nuestro lado: el recuerdo del tiempo pasado con ellas nos acompaña, nos visitan en nuestros sueños, los recordamos cada día, cuando menos lo esperamos. Pero también debemos seguir viviendo. He conocido a mujeres que dejaron de vivir cuando perdieron a sus maridos. También he conocido a otras que no dejaron nunca de amar a su pareja, pero por respeto a sí mismas, a sus hijos y a sus nietos, siguieron viviendo, como su marido hubiera querido. Muchas se quedaron solas incluso a una edad temprana, pero no volvieron a casarse. Otras encontraron una nueva pareja. Se me viene a la mente la última carta de una de las figuras más luminosas de la Resistencia italiana, el general Giuseppe Perotti, quien, antes de ser fusilado por los fascistas, escribe a su mujer, que se quedará sola con tres hijos pequeños, invitándola a volver a casarse, a aceptar la ayuda de otro hombre que será el padre de los niños.

David acaba de perder a un hijo, y no hay palabras para expresar la condición antinatural de un padre y una madre condenados a sobrevivir a la criatura a la que concibieron. David y Betsabé tienen otro hijo; y para aliviar su dolor, él le promete que será su heredero en el trono de Israel. Natán le pone el nombre de Yedidías, que significa 'amado de Dios', como señal de que el Señor ha perdonado a David. Pero para todos, el pequeño se llamará Salomón.

David tenía muchos otros hijos; y algunos serán para él causa de gran dolor. Era un padre cariñoso, atento y, por lo tanto, débil. Su permisividad le llevó a cometer errores que inevitablemente fueron también errores políticos, que acarrearán graves perjuicios para los intereses del pueblo de Israel.

Con una de sus esposas, Ajinoán, David tuvo un hijo, Amnón. De otra mujer, Maacá, tuvo un hijo varón, Absalón, y una hija, Tamar.

Tamar era muy hermosa y Amnón se enamoró de ella. Tal era la pasión que sentía por ella, y la angustia que le reconcomía por dentro por no poder poseerla, que el joven enfermó. Además, Tamar era virgen. Un día, un primo de Amnón, Jonadab, hijo de un hermano de David, le sugiere un engaño: que se acueste en su cama, fingiendo estar enfermo, y cuando acuda su padre a verle, que le pida que vaya su hermanastra Tamar y le prepare la comida delante de él, para comerla de su mano.

David accede y Tamar, que no sospecha nada, acude a casa de su hermano y le prepara unos buñuelos. Amnón echa a todos para quedarse solo con su hermana y le pide que se acueste con él. Tamar se niega y él la fuerza, abusando de ella. Inmediatamente después nace en él una aversión hacia la joven mucho más fuerte que el amor que antes sentía por ella.

La Biblia no explica el origen de ese sentimiento. Puede que una combinación de rencor, desprecio hacia sí mismo y miedo a la reacción del padre; o tal vez no es más que la reacción del narcisista tras conseguir satisfacer su deseo, cuando ya solo siente vergüenza y fastidio. Sea como sea, Amnón echa con malas formas a la hermana y ordena a sus servidores que cierren con cerrojo la puerta tras ella.

Tamar se cubre de ceniza, rasga la túnica de mangas que llevaba, se pone las manos sobre la cabeza y se marcha dando gritos.

Absalón intuye lo que ha pasado, y en su corazón piensa que puede aprovecharse de la situación: a su debido tiempo, vengará a su hermana y eliminará a su hermano mayor, en teoría el heredero del trono de Israel. Así que le dice a Tamar: «Por ahora, hermana mía, calla».

David se entera igualmente de lo ocurrido. Está muy disgustado, pero no se atreve a reñir a su primogénito, al que le tiene mucho cariño. Pero su indulgencia traerá problemas aún más graves.

Al cabo de dos años, Absalón organiza una fiesta a la que invita a todos sus hermanos y también a su padre, aunque este declina diciendo que prefiere quedarse en el palacio. Absalón insiste: «¿No podría venir con nosotros mi hermano Amnón?». Finalmente, Amnón acepta. El día de la fiesta, durante el banquete, Absalón ordena a sus criados que, «cuando el corazón de Amnón esté contento por el vino», lo golpeen y lo maten.

Los criados hacen lo que Absalón les había ordenado. Amnón muere, mientras los otros hijos de David huyen; sin embargo, a David le llega el terrible rumor de que Absalón había asesinado a todos sus hijos. Para animarle, su sobrino Jonadab, que sabiamente había evitado ir al banquete y se había quedado con el rey, le advierte de que seguramente Absalón solo ha matado a Amnón y ha dejado con vida a los demás.

Aun así, el dolor de David es atroz. Absalón tiene que huir; durante tres años permanece exiliado en Siria. Luego el rey le permite volver a Jerusalén, pero con una condición: «Que regrese a su casa, pero no vea mi rostro». Evidentemente, quedaba excluido de la sucesión en el trono.

Sin embargo, Absalón no se resignó. Era un hombre muy hermoso, el más hermoso que había en Israel. Tenía tres hijos y una hija, a la que había llamado Tamar, como su hermana.

Absalón tenía una cabellera extraordinaria, fuerte y muy tupida. Una vez al año tenía que cortársela, de lo pesada que era; el peso de su cabello alcanzaba los doscientos siclos, más de dos kilos. Era un pequeño Sansón: menos fuerte, aunque más astuto.

Absalón sabía que David le quería. Así que le pide a Joab, el jefe del ejército, que le ayude a ver a su padre. Joab se niega y Absalón ordena que prendan fuego a su parcela de cebada. Joab se doblega y le comunica al rey el deseo de Absalón. David manda llamar a su hijo, le besa y le perdona.

En ese momento es cuando se pone en marcha el plan para la sucesión o, mejor dicho, la usurpación del trono. Una conjura, un verdadero golpe de Estado.

Absalón se hace con un carro, caballos y una escolta real, «cincuenta hombres que le precedían». Y empieza a hacerse propaganda. Madruga y se pone al borde del camino que conducía a Jerusalén. Y a todo hombre que tenía algún pleito e iba a la ciudad para llevarlo a juicio ante el rey, lo llamaba, le preguntaba, lo escuchaba y le daba la razón; finalmente, le decía: «¡Quién me constituyera juez en el país!». Y si alguno se le acercaba para postrarse ante él, alargaba la mano, lo agarraba y lo abrazaba. De esta forma, Absalón se hace un hueco en el corazón de los israelitas.

Entonces, pasa a la acción. Convence a su padre para que le deje subir a Hebrón; tras lo cual, envía embajadores a todas las tribus de Israel con este mensaje: «Cuando oigáis el sonido del cuerno, decid: "Absalón reina en Hebrón"».

Es una coronación ilegítima, que no cuenta con el apoyo ni del rey legítimo, David, ni mucho menos de Dios. No obstante, mucha gente se une a Absalón. David no quiere una guerra civil, mucho menos contra su propio hijo, y decide irse. Huye con toda su familia, dejando diez concubinas para cuidar del palacio. Sale a pie, descalzo, con la cabeza cubierta, acompañado de sus familiares, sus criados y toda la gente que le era fiel; todos lloraban. Se dirige hacia el monte de los Olivos, en el desierto de Judá, en el valle del Jordán.

Los sacerdotes le seguían con el Arca de la Alianza, pero David les dice que el Arca se tiene que quedar en Jerusalén y proclama: «Si encuentro gracia a los ojos del Señor, me concederá volver y ver el Arca y su morada. Pero si él dice: "Ya no me eres grato", aquí me tiene, haga conmigo como bien le parezca».

Y Dios no le abandonará.

David tenía dos consejeros muy sabios. Uno se llamaba Ajifotel, y estaba entre los conjurados con Absalón; mientras el otro, Jusai, le había permanecido fiel. David ordena a Jusai que vuelva a la ciudad y se quede allí de incógnito como servidor de Absalón; de esa forma, le dice, podrá oponerse a Ajifotel, que es un hombre muy inteligente, en su favor. También le pide que, a través de mensajeros fieles, le haga llegar noticias sobre todo lo que pase en la casa del nuevo rey. En otras palabras, David le está diciendo a Jusai que le sirve más cerca de Absalón que a su lado.

Como David había previsto, Ajifotel asesora a Absalón de forma sagaz y le sugiere que se echen enseguida sobre el anterior rey y sus hombres, para así aprovechar que se encuentran fatigados y débiles por el largo camino recorrido; eliminarán al rey y se hará con el favor de todo Israel, recuperando así la unidad del pueblo. Pero Jusai le aconseja justo lo contrario: David es un gran guerrero y ciertamente se habrá escondido, no será fácil encontrarlo; por otro lado, sus soldados son aguerridos y están furiosos. Lo más prudente será esperarse a juntar un gran ejército antes de atacar.

En realidad, el objetivo de Jusai era dar tiempo a David para reorganizarse y cruzar el Jordán. Absalón tendría que haber escuchado el buen consejo de Ajifotel y atacar enseguida. Sin embargo, Dios convence al nuevo rey y sus hombres para que sigan la recomendación de Jusai.

Ajifotel se lo toma muy mal. Al ver que habían rechazado su plan, apareja el asno y regresa a su ciudad. Cuando llega da instrucciones a los suyos para dejar sus asuntos organizados y se ahorca.

Gianfranco Ravasi señala que este es el único suicidio decidido y fríamente ejecutado entre los que se relatan en la Biblia. Otros personajes, como Saúl, deciden quitarse la vida en condiciones dramáticas, para evitar que los rivales los capturen; o, como Sansón, viéndose perdidos, arrastran a la muerte también a sus enemigos. En el Evangelio, Judas se ahorcará por el remordimiento que sentirá al haber vendido a Jesús a cambio de treinta monedas. En la Biblia no encontramos una condena moral explícita del suicidio. Sabemos que los antiguos romanos lo consideraban un gesto noble, casi heroico: mejor la muerte que el deshonor, mejor caer por mano propia —o por mano de un criado— que morir enganchado al carro del adversario triunfante. Esta fue la elección de Cayo Graco, igual que de Bruto, Marco Antonio, Cleopatra, Séneca y Nerón. Tras la derrota que César les había infligido, el rey de Numidia Juba y el noble romano Marco Petreyo se emborracharon en un banquete y se retaron a duelo, en un pacto suicida: Petreyo mató a Juba, y luego se hizo matar por un esclavo. Catón el Uticense, por su parte, se destripó a sí mismo con su propia espada, tras arrancarse las vendas con las que le había curado el médico que lo había rescatado; Dante lo puso como guardián del purgatorio: «Busca la libertad, que sabe cara, quien por ella de vida se desnuda».

Pero Dante, como buen cristiano, mete a los suicidas en la oscura selva infernal: «Hombres fuimos en tiempo más dichoso». Pero si, como planteaba el gran teólogo Hans Urs von Balthasar, el infierno está vacío, entonces estaría en lo cierto Fabrizio de André cuando, en su canción *Plegaria en enero*, imagina al Señor besando en la frente a los suicidas e invitándolos a seguirle al paraíso, porque en el mundo de Dios el infierno no existe.

El cabello demasiado largo de Absalón

Gracias a la astucia de su fiel consejero Jusai y a la intervención de Dios, David consigue reorganizar sus tropas. Quisiera salir con ellos al campo de batalla, pero le piden que no lo haga: si el rey cayera, sería el fin para todos. David se resigna a esperar el resultado de la guerra sin tomar parte en ella. Pero recomienda a Joab y a los demás jefes de las tropas: «Tratadme bien al muchacho, a Absalón».

El enfrentamiento entre el ejército del rey David y el del

usurpador se produce en el bosque de Efraín, al este del Jordán. Los hombres de David consiguen una victoria aplastante: veinte mil rebeldes caen en el campo de batalla.

Absalón huye montado en un mulo, pero su cabello se queda enganchado en la rama de una encina; el mulo sigue adelante en su carrera y él se queda colgado entre el cielo y la tierra. Uno de los soldados lo ve, pero no se atreve a extender la mano contra el hijo del rey; llama a Joab y le avisa de que Absalón está atrapado. Y Joab desobedece a David: coge tres dardos y los clava en el corazón de Absalón; luego deja que diez escuderos le rematen.

Solo entonces Joab toca el cuerno para retener al ejército y poner fin a la matanza. Cogieron entonces el cuerpo de Absalón y, en lugar de devolverlo al padre, lo arrojaron a un gran hoyo en el bosque, como se hace con los hombres deshonrados y derrotados.

Cuando David ve a un mensajero correr en solitario hacia el palacio, piensa que trae buenas noticias, ya que una derrota habría sido anunciada por una banda de fugitivos, no por un solo hombre. Lo primero que David pregunta es si Absalón está bien. Cuando se entera de que Absalón ha muerto, David no piensa en que ha ganado la batalla, ni en que ha reconquistado el trono. Se estremece, sube a la habitación superior y rompe a llorar entre gritos: «¡Hijo mío, Absalón, hijo mío! ¡Hijo mío, Absalón! ¡Quién me diera haber muerto en tu lugar! ¡Absalón, hijo mío, hijo mío!».

El júbilo por la victoria se convierte en duelo por la muerte del hijo del rey; el ejército regresa a Jerusalén casi a hurtadillas, como se esconden los soldados avergonzados que han huido de la batalla. Mientras tanto, el rey se cubre el rostro con la mano y no puede dejar de gritar: «¡Hijo mío, Absalón!

¡Absalón, hijo mío, hijo mío!». Hasta que Joab, el jefe del ejército, no estalla de rabia, se encara al rey y le reprocha: «Hoy has dado a conocer que los jefes y los servidores no significan nada para ti. Sé de cierto que si Absalón siguiera vivo y todos nosotros hubiéramos muerto, te parecería bien». Y se atreve a amenazar al rey diciéndole que, si no se levanta y sale a hablar al corazón de sus servidores, todo el pueblo lo abandonará.

Solo entonces David intenta reponerse, se levanta y se sienta junto a las puertas de la ciudad; todo el pueblo acude a la presencia del rey.

Pero la paz sigue siendo un espejismo para el reino de Israel. El peligro una vez más no viene de fuera; al contrario, los filisteos están derrotados, e incluso han acabado con un familiar de Goliat, un guerrero también nacido en la ciudad de Gat, de gran estatura, que tenía seis dedos en cada mano y en cada pie, veinticuatro en total; cada cierto tiempo nos encontramos en la Biblia con estos seres fabulosos, mitológicos, legendarios.

Las insidias que acechan a David vienen de dentro: de su corazón, o de sus hijos.

Satanás tienta a David, y David cae en la tentación. El diablo sugiere al rey que mida sus fuerzas haciendo un censo de los guerreros que están bajo su mando. Una ofensa a Dios, porque implica la pretensión de basar el poder de Israel en las tropas, y no en la ayuda del Señor. De hecho, Joab, el comandante del ejército, no comprende qué necesidad hay de hacer el censo; pero David insiste y sus servidores le obedecen.

No hay consenso sobre la cifra exacta: según el libro de Samuel, Israel contaba con ochocientos mil guerreros que podían empuñar la espada, más quinientos mil hombres de la tribu de Judá; según el libro de las Crónicas, en el que se narra el mismo suceso, el número total de los guerreros era aún más elevado.

Pero el censo desagradó a Dios, y el mismo David sintió remordimiento por haberlo hecho. El castigo era inevitable, pero Dios deja que lo elija el mismo David. A través del profeta Gad, Dios le da tres opciones: tres años de hambruna; o bien tres meses huyendo perseguido por la espada de sus enemigos; o tres días de espada del Señor, es decir, de peste en el país, con el ángel de la muerte que hace estragos en todo el territorio de Israel.

David prefiere la muerte por mano del Señor que por mano de los hombres y elige la peste: mueren setenta mil hebreos. El ángel del Señor extiende su mano y asola Jerusalén, pero, horrorizado ante semejante espectáculo de muerte, el Señor se arrepiente del castigo y ordena al ángel: «¡Basta! Retira ya tu mano».

David ve al ángel junto a la era de una casa, erguido entre la tierra y el cielo, con la espada desenvainada en la mano. El rey se postra rostro en tierra e implora que se ponga fin a la epidemia, y que se le castigue a él como único responsable del censo, por su soberbia, pero que no pague su pueblo.

Es una escena familiar para los cristianos. En lo alto del castillo de Sant'Angelo, en Roma, hay un ángel envainando su espada después de haber perpetrado una matanza: recuerda la visión que el papa Gregorio Magno tuvo en el año 590, mientras dirigía una procesión para invocar el fin de la peste que asolaba la ciudad de Roma. Y aquí muchos se acordarán del papa Francisco cuando, en la pandemia de COVID-19, fue a invocar la ayuda del crucifijo milagroso de la iglesia de San Marcello, en la céntrica Via del Corso; tras lo cual se fue a rezar solo, bajo la lluvia, en una plaza de San Pedro extraordinariamente desierta.

David compra la era y la casa para levantar un altar al Señor; y precisamente en ese mismo lugar, su hijo Salomón construirá el famoso templo que lleva su nombre. La peste termina. Sin embargo, las luchas para la sucesión de David traerán aún sangre y enemistades.

LA DESPEDIDA DE DAVID

Tras la muerte de Amnón y Absalón, el mayor de los hijos supervivientes de David y, por lo tanto, el que en principio debía heredar el trono no era Salomón, sino un hombre pequeño, Adonías. El rey estaba ya tan viejo y cansado que no podía ni siquiera calentarse, aunque estuviera tapado. Sus servidores le encontraron una joven virgen de «muy buena presencia» llamada Abisag para cuidarle, y que pudiese dormir sobre su pecho para así entrar en calor; pero el rey la respetó y no se unió a ella.

Adonías, en cambio, no le tenía ningún respeto a su padre. Impaciente, conspiró contra David. Como ya había hecho su hermano Absalón, se procuró un carro, unos caballos y una escolta de cincuenta hombres, que iban desfilando ante él. Repetía a todos que era el futuro rey; y Joab, comandante del ejército, se puso de su lado, traicionando a David.

Natán, el profeta, avisó a David de que su hijo había celebrado un banquete, en el que había sacrificado ovejas y vacas gordas, y había invitado a los jefes del ejército y a todos sus hermanos, excepto a Salomón.

David comprende que, si quiere cumplir con la promesa que le había hecho a Betsabé y orientar la sucesión hacia Salomón, ha llegado el momento de abdicar. El profeta Natán y el sacerdote Sadoc ungen a Salomón nuevo rey. Los hijos de Israel lo aclaman y le siguen, tocan las flautas y lo celebran con «una fiesta tan estruendosa que la tierra parecía resquebrajarse».

Adonías oye el estruendo y entiende que la mayoría del pueblo está del lado de Salomón. Temiendo por su propia vida, abandona el banquete junto con los demás invitados y busca refugio en la tienda donde se guarda el Arca de la Alianza, agarrándose a los cuernos del altar. Salomón no quiere derramar la sangre de su hermano, y desde el principio de su reinado demuestra su proverbial sabiduría, sentenciando: «Si se porta como un hombre de bien, ni uno solo de sus cabellos caerá a tierra; pero si se prueba que ha actuado con malicia, morirá».

David se durmió plácidamente con sus padres y lo sepultaron en Jerusalén. No era viejo, por lo menos para la Biblia: tenía setenta años.

Antes de morir, se despide de Salomón con estas palabras: «Yo emprendo el camino de todos. Ten valor y sé hombre». También le recomienda que se deshaga de Joab, el jefe del ejército, que los había traicionado poniéndose del lado de Adonías. Finalmente, reza al «Señor, Dios de nuestros padres Abrahán, Isaac y Jacob», que le conceda a Salomón un corazón íntegro, para que guarde sus mandamientos y construya el templo que él ha preparado.

Se retira de la escena el verdadero fundador del reino de Israel, el predilecto de Dios y, para los cristianos, el progenitor de Jesús. La sencilla honda con la que derribó a un gigante sigue siendo, para todos, el símbolo de la resistencia a la fuerza bruta, y una esperanza de redención y salvación incluso cuando todo parece perdido.

Enseguida Salomón demuestra ser un rey hábil pero despiadado. Elimina a Joab para castigarlo por las muchas víctimas inocentes que ha matado, y pronuncia una frase —«¡Recaiga su sangre sobre la cabeza de Joab!»— de la que se acordará Aldo Moro, el presidente de la Democracia Cristiana, durante su secuestro a manos del grupo terrorista de las Brigadas Rojas. En una carta a su mujer, Moro escribió precisamente «mi sangre recaerá sobre ellos», refiriéndose al secretario de la Democracia Cristiana Benigno Zaccagnini, al ministro del Interior Francesco Cossiga y a los demás dirigentes del partido. A Cossiga le salieron canas de la noche a la mañana. La misma frase la encontramos en el Evangelio de Mateo: aquellos que quieren crucificar a Jesús, en contra de la opinión del gobernador Pilato, cargarán con esa responsabilidad, y su sangre caerá sobre ellos y sobre sus hijos.

El reinado de Salomón será una época de paz y prosperidad para Israel; pero su comienzo estará marcado por la sangre. Joab no es la única víctima. Adonías comete un error: acude a Betsabé, la madre de Salomón, para pedirle que interceda por él y se le permita casarse con Abisag, la virgen que había cuidado de David en sus últimos días. Aunque David no se había unido a ella, se la consideraba como una de sus concubinas; y pedir en matrimonio a una de las mujeres del rey difunto equivalía a reivindicar la sucesión al trono. Por eso Salomón manda matar a Adonías.

Una noche el Señor se aparece en sueños a Salomón y le dice: «Pídeme lo que deseas que te dé». Salomón no tiene muy claro qué contestar, reconoce que es un muchacho joven y no sabe por dónde empezar ni qué decir. Pero tiene una petición: «Concede, pues, a tu siervo, un corazón atento para juzgar a tu pueblo y discernir entre el bien y el mal». Dios recibe con agrado la súplica de Salomón: el nuevo rey no le había pedido una vida larga, ni riquezas para él, ni la cabeza de sus enemigos; le había pedido sabiduría para juzgar. Y accede a su petición con estas palabras: «Te concedo, pues, un corazón sabio e inteligente, como no ha habido antes de ti ni surgirá otro igual después de ti. Te concedo también aquello que no has pedido, riquezas y gloria mayores que las de ningún otro rey mientras vivas». Finalmente, el Señor también le promete a Salomón una vida larga, aunque con una condición: que guarde sus preceptos y mandamientos, como hizo David.

Y la oportunidad para que el nuevo rey demuestre su sabiduría no se hace esperar.

El juicio de Salomón

Un día se presentan ante el rey dos prostitutas. Se trata de una historia que se ha contado en muchas ocasiones y que pintores de todas las épocas han representado; pero casi nunca se menciona el detalle de que las dos mujeres eran prostitutas. No tenían maridos y compartían casa. Ambas habían dado a luz con tres días de diferencia. Pero uno de los recién nacidos había muerto. Y ahora ambas defendían que el bebé superviviente era su hijo.

Merece la pena profundizar en el caso.

La Biblia no nos da información sobre los nombres de las

dos mujeres; tampoco nos dice al principio cuál de las dos tiene razón, será Salomón quien lo averigüe y nosotros con él. La Biblia solo nos cuenta que una prostituta acusa a la otra y delante del rey hace esta reconstrucción del suceso: «Una noche murió el hijo de esa mujer, porque ella había permanecido acostada sobre él. Se levantó durante la noche y, mientras tu servidora dormía, tomó al mío de mi vera y lo acostó en su regazo, y a su hijo, el que estaba muerto, lo acostó en el mío. Me levanté al amanecer para amamantar a mi hijo, y... ¡estaba muerto! Pero lo examiné bien a la luz de la mañana para ver que no era mi hijo, el que yo había parido».

Pero la otra mujer replica: «No, de ninguna manera, mi hijo es el vivo y tu hijo el muerto».

Es la palabra de una contra la de la otra. El juicio más difícil. Salomón tiene delante a un bebé y debe decidir quién es su verdadera madre, sin tener ninguna prueba. Pero se le ocurre una idea.

Pide que le traigan una espada y ordena cortar al niño vivo en dos partes y dar una mitad a cada mujer.

Una sentencia que, de buenas a primeras, puede parecer injusta y cruel. Pero que en realidad no es una decisión, sino una trampa. Una prueba de fuego para descubrir quién de las dos dice la verdad.

Y, de hecho, una de las dos mujeres grita conmocionada: «Por favor, mi señor, que le den a ella el niño vivo, pero matarlo ¡no!, ¡no lo matéis!». Mientras la otra decía con frialdad: «Ni para mí ni para ti: ¡que lo corten!».

Salomón resuelve el caso rápidamente: «Entregadle a ella el niño vivo, no lo matéis, porque ella es su madre». La mujer que, por amor, estaba dispuesta a perder al niño para no dejarlo morir era la que lo había llevado en su vientre durante nueve meses, lo había parido, amamantado y cuidado.

La noticia de cómo el rey había conseguido que se descubriera la verdad llega a oídos de todo Israel y Salomón se gana el respeto del pueblo.

«Dios concedió a Salomón sabiduría e inteligencia extraordinarias, y un corazón dilatado como la playa a orillas del mar». La Biblia presenta al rey como una especie de Leonardo da Vinci de su tiempo: superaba en sabiduría a todos los hombres, incluidos los de Oriente; escribió tres mil proverbios y compuso más de mil poemas; trató sobre las plantas y todos los seres vivos. Pero la Biblia no dice nada de la leyenda según la cual Salomón poseía un anillo que le permitía entender el lenguaje de los animales y a la que remite el título del libro *El anillo del rey Salomón*, la obra maestra de Konrad Lorenz, el etólogo que de verdad sabía comunicarse con los animales, sin necesidad de talismanes.

La gente acudía a escuchar la sabiduría de Salomón desde todos los pueblos de la tierra, hasta los cuales había llegado la fama del rey. Llevada por su curiosidad, también llegó a Jerusalén una de las reinas más famosas de la historia: la reina de Saba.

No se sabe con exactitud dónde estaba el reino de Saba. Se piensa que podría ser el actual estado de Yemen, la tierra donde Pier Paolo Pasolini fue a rodar la película *Las mil y una noches*, o alguna otra región de la península arábiga. La Biblia dice que la reina llegó con un gran séquito de asistentes y una enorme caravana de camellos cargados con perfumes, e incluso envió una flota con inmensas cantidades de madera de sándalo y oro. Pero más que las riquezas, a la soberana le interesaba la sabiduría. Se presentó ante Salomón para «plantearle cuanto había ideado», y el rey resolvió todas sus preguntas.

Sobre ese primer encuentro entre el rey y la reina y la relación que mantuvieron se ha especulado mucho. La literatura de todos los tiempos se ha interrogado sobre lo que ocurrió entre Salomón y su invitada. ¿Solo hubo acertijos, adivinanzas, discusiones filosóficas? ¿O tal vez nació una historia amor? El Cantar de los Cantares, el poema de amor del que hablaremos más adelante, ¿fue tal vez obra de Salomón inspirado por la reina de Saba?

Para el historiador judío Flavio Josefo la reina se llamaba Nicaula, nombre que retomará Boccaccio. En el Corán, la reina de Saba es una poderosa gobernante que adora el sol y que amenaza con atacar al reino de Salomón, pero queda impresionada por su poder y se convierte al Dios de Israel. En el libro sagrado de la cultura etíope, *Kebra Nagast*, la reina de Saba y Salomón tienen un hijo, que sustrae el Arca de la Alianza y se convierte en el primer emperador de Etiopía con el nombre de Menelik.

Efectivamente, dos de las principales lenguas habladas en Etiopía, el amárico y el tigriña, son lenguas semíticas. Y los falashas son un pueblo etíope de religión judía.

La Biblia nos dice que Salomón amó a muchas mujeres extranjeras, pero no incluye entre ellas a la reina de Saba. El rey se casó con la hija del faraón de Egipto, tuvo setecientas princesas por esposas y trescientas concubinas. Entre ellas había moabitas, amonitas, edomitas, fenicias de Sidón e incluso hititas (en realidad, el Imperio hitita se había extinguido hacía siglos; es posible que con este término el Antiguo Testamento indique un pueblo asentado en Siria).

Pero Salomón será recordado por una gran empresa bien distinta de sus hazañas amorosas.

EL TEMPLO Y LOS TEMPLARIOS

Las guerras se han terminado, los pueblos cercanos se han convertido en súbditos o en aliados. Salomón puede cumplir el antiguo pacto que habían sellado Dios y su padre: le tocaría al heredero de David construir el Templo.

La Biblia indica de manera detallada, aunque con esas cifras exageradas a las que ya estamos acostumbrados, cómo se llevó a cabo la construcción. Salomón llega a un acuerdo con Jirán, rey de Tiro, para que treinta mil hebreos vayan a cortar cedros del Líbano; se irán turnando: cada mes diez mil trabajarán en los bosques del país extranjero y luego descansarán dos meses en casa. (Los mineros italianos trabajarán en condiciones mucho peores que estas cuando, tras la Segunda Guerra Mundial, se les envíe a sacar carbón de las minas belgas, a cambio de una escasa paga para ellos y de una parte del mineral para Italia; las víctimas se contarán a miles).

A ochenta mil canteros se les encarga la tarea de extraer grandes bloques de piedra: durante el tiempo que duró la construcción del Templo, no se escucharon martillos, sierras o instrumentos de hierro, ya que los enormes sillares se encajaban unos con otros, y setenta mil obreros cargaron con las piedras.

Las obras duraron siete años. El Templo tenía tres plantas: las paredes estaban recubiertas con planchas de madera de cedro y el pavimiento con ciprés; pero el Santo de los Santos, el área a la que solo podían acceder los sacerdotes, estaba recubierta de oro purísimo. Dos grandes querubines de madera protegían el Arca de la Alianza, donde se custodiaban las tablas con los mandamientos de Moisés. Artistas procedentes de Tiro construyeron dos imponentes columnas de bronce —se nos viene a la mente la columnata de la Basílica de San Pedro, obra de Bernini— y el Mar de Bronce, un gran cuenco redondo con agua para la ablución de los sacerdotes, que reposaba sobre doce estatuas de bueyes: tres mirando al norte, tres al oeste, tres al sur y tres al este. También había representaciones de leones, palmeras y granados; y diez candelabros de oro macizo.

En cuanto los sacerdotes salieron del Santo de los Santos, una nube llenó el Templo: era el Señor, que tomaba posesión de su casa. El Dios que había creado el sol, el día y la luz se manifestaba en forma de una densa nube.

Salomón rezó delante del altar: «¿Habitará Dios con los hombres en la tierra? Los cielos y los cielos de los cielos no pueden contenerte, ¡cuánto menos este templo que yo te he erigido!». Luego Salomón se dirigió al pueblo: «Que el Señor, nuestro Dios, esté con nosotros como estuvo con nuestros padres, que no nos abandone ni nos rechace. Que incline nuestros corazones hacia él...».

Dios quedó satisfecho con su nueva casa y por segunda vez se apareció a Salomón. «Mis ojos y mi corazón estarán en él por siempre», le dijo refiriéndose al Templo; pero, si los hebreos no cumplen con los mandamientos y se dedican a servir otros dioses, entonces «yo arrancaré a Israel de la superficie de la tierra que les di, retiraré de mi presencia el templo que he consagrado a mi Nombre, e Israel se convertirá en objeto de burla y de escarnio entre todos los pueblos. Y este santuario se convertirá en ruina, de modo que todos los que pasen ante él quedarán estupefactos y silbarán preguntándose: "¿Por

qué ha actuado el Señor así con esta tierra y este templo?". Y responderán: "Porque abandonaron al Señor, su Dios…"».
Y así ocurrirá.

Los tiempos en los que la sabiduría de Salomón hizo que «todo el mundo quería verle en persona» estaban destinados a acabarse. El rey se fue progresivamente alejando de la fe de su juventud. Empezó a rezarle a Astarté, diosa de los sidonios, y a Milcón, dios de los amonitas. Edificó un altar a Camós, dios de los moabitas, y otro al mismo Milcón. El Señor se enojó contra Salomón y le advirtió con una profecía nefasta: «Por haber actuado así y no guardar mi alianza y las leyes que te ordené, voy a arrancar el reino de tus manos y lo daré a un siervo tuyo. Pero no lo haré en vida tuya, en atención a David, tu padre, sino que lo arrancaré de manos de tu hijo. Tampoco le arrancaré todo el reino, en atención a David, mi siervo, sino que daré a tu hijo una tribu en consideración a Jerusalén, a la que he elegido».

La profecía, evidentemente, se cumple. El reino se divide. El hijo de Salomón, Roboán, reinará sobre una única tribu, la de Judá. Las otras tribus seguirán a Jeroabán, el encargado de vigilar los trabajos forzados, es decir, un funcionario, un servidor de Salomón. La capital del reino de Judea será Jerusalén y la del reino de Israel será Samaria; desde entonces los hebreos vivirán divididos y a la merced de imperios mucho más grandes y fuertes que sus dos reinos.

El Templo de Salomón será destruido por los babilonios, que deportaron a gran parte de la población. Ciro el Grande, emperador de Persia, permitirá a los judíos regresar y reconstruir el Templo. Tras el paso de Alejandro Magno, el pueblo de Israel recuperará su independencia, pero será por poco tiempo, ya que entrará a formar parte del Imperio romano.

El primer jefe militar romano que entró en Jerusalén y devastó el Templo fue Pompeyo; de hecho, los judíos se pusieron del lado de su gran enemigo, Julio César, y aquellos que se habían establecido en Roma lloraron en su funeral. Desde entonces, Roma cuenta con la comunidad judía más antigua del mundo fuera de la tierra prometida, la cual fue víctima de la vergonzosa caza y deportación nazi del 16 de octubre de 1943.

Los emperadores Vespasiano y Tito sitiaron y tomaron Jerusalén destruyendo el Templo, del que hoy en día solo queda un muro de contención: el Kotel, el Muro de las Lamentaciones. Los supervivientes se atrincheraron en la fortaleza natural de Masada, pero los romanos movilizaron una legión entera para aplastar incluso ese pequeño reducto de insurgentes. Para que no los capturaran vivos, los defensores de Masada optaron por un suicidio colectivo: echaron a suertes a diez de ellos para masacrar a sus camaradas y luego matarse los unos a los otros hasta que no quedara nadie con vida.

El último emperador en tomar las armas contra los judíos fue Adriano, a pesar de que había jurado no librar más guerras. Fue él quien incluso cambió el nombre de esta tierra atormentada: ya no se llamará Judea, sino Palestina.

La narración bíblica se detiene mucho antes de la conquista romana, pero sigue siendo un relato rico en detalles. Más que tratar las vicisitudes de reyes que, hoy en día, no son para nosotros más que meros nombres, es interesante ahondar en personajes que hablan a nuestra sensibilidad, empezando por las grandes mujeres.

Queda el misterio en torno a la obra de Salomón. El Templo de Jerusalén ya no existe en la actualidad. En la explanada del Templo, el lugar donde según la tradición Abrahán iba a sacrificar a Isaac, se alzan dos mezquitas: la Cúpula de la Roca, que ya hemos mencionado, y la mezquita de Al-Aqsa, cuyas columnas de mármol fueron un regalo de Benito Mussolini.

En una época oscura de la historia, un tiempo de exilio y persecución, el profeta Ezequiel vio como el espíritu de Dios dejaba lo que había sido su morada. Jesús expulsa a los mercaderes del Templo, y cuando es crucificado y exhala su último aliento, el velo del Templo se rasga en dos. Los romanos se llevan el candelabro de siete brazos, cuyo destino final, rodeado de misterio, ha dado lugar a numerosas leyendas.

Cuando en el año 1099 los cruzados tomaron Jerusalén y masacraron a los musulmanes, nació una orden de caballería, llamada no por casualidad Orden del Templo. Desconocemos qué encontraron donde se erigía el Templo de Salomón. Lo que sí sabemos es que años más tarde en Francia y el norte de Europa empiezan a construirse las primeras grandes catedrales góticas. Ya no son iglesias oscuras y sombrías, sino gigantescas edificaciones de piedra y cristal, llenas de luz, proyectadas hacia el cielo. Una antigua tradición, sin fundamento científico, afirma que en Jerusalén los caballeros templarios descubrieron antiguos secretos arquitectónicos, destinados a dar lugar a una nueva era en Europa.

Sobre lo que no cabe duda es que los templarios acumularon grandes tesoros, que llamaron la atención del rey de Francia, Felipe el Hermoso, el cual no dudó en condenar a la hoguera al gran maestre Jacques de Molay con tal de apoderarse de las riquezas de la orden; corría el año 1314 y, antes de morir, Jacques lanzó su maldición tanto sobre el rey como sobre el papa Clemente V. Las iglesias fundadas por los templarios siguen en pie desde España hasta Europa del Este (algunos dicen que incluso en Etiopía). Algunos masones —es decir, 'albañiles'— que en la época absolutista se reunían en sociedades secretas reivindicaron esa antigua herencia, de una forma evidentemente arbitraria.

La segunda novela de Umberto Eco, *El péndulo de Foucault*, narra la historia de un «plan» templario para conquistar el mundo. Como en todos los libros de Eco, el verdadero centro de la historia es la invención de la verdad. El «plan», en realidad, es una elucubración de un grupo de redactores de una editorial, con mucha imaginación y tiempo libre: los templarios no tienen nada que ver y el «plan» es inventado, pero se llega a creer que es real. No es de extrañar que precisamente sobre el mito de los templarios Dan Brown construya su fortuna con la novela superventas, *El código Da Vinci*.

Fuera como fuese, el papa Clemente V murió de disentería un mes después de la ejecución de Jacques de Molay y el rey Felipe el Hermoso falleció tras una caída de caballo antes de que terminara el año. En 1803 Napoleón quiso celebrar una ceremonia de rehabilitación del gran maestre de los templarios, considerado víctima de la monarquía y el oscurantismo.

8

LAS MATRIARCAS
LAS GRANDES MUJERES: DÉBORA Y YAEL, RUT, SUSANA, JUDIT, ESTER

La Biblia es patriarcal por definición.

Pero siempre llega un momento en el que el patriarca no está, o fracasa, o Dios lo ha abandonado. Y es entonces cuando aparece una mujer para salvar al pueblo de Israel, o al menos para dar un ejemplo de rectitud y esperanza. Y no es una mujer vestida de hombre, una Juana de Arco que lleva armadura y acaba en la hoguera porque se niega a vestirse con ropa de chica. Es una criatura que no pierde su feminidad, al contrario, la utiliza como arma.

LA ESTACA DE YAEL EN LA CABEZA DE SÍSARA

En el tiempo de los Jueces, y más concretamente después de la muerte de Josué y de la conquista de la tierra prometida y antes del advenimiento de David como monarca de Israel y de los demás reyes, una mujer guio a Israel. Una profetisa cuyo nombre era Débora. Estaba sentada debajo de una palmera y el pueblo acudía a ella para que hiciera justicia.

No era una época feliz para los hebreos. Se habían alejado de Dios y este los había entregado en manos del rey de Canaán. El comandante de su ejército era un hombre poderoso y despiadado, llamado Sísara.

Débora guiará la rebelión de su pueblo. Para ello, manda llamar a uno de los jefes militares, Barac, le confía diez mil hombres y le promete que pondrá en sus manos a Sísara, con todos sus carros y sus tropas. Pero Barac no se fía. Tiene miedo de enfrentarse solo a los enemigos. Y le contesta: «Si vienes conmigo, iré, pero si no vienes conmigo, no iré».

Débora entiende que su presencia es indispensable para infundir valor a los soldados y a su comandante, por lo que accede a acompañarle, pero le advierte: la gloria de la expedición no será suya, porque Dios entregará a Sísara en manos de una mujer.

Sísara despliega novecientos carros a lo largo de un torrente, pero Dios da la victoria a los hebreos: los enemigos caen a filo de espada. Sísara baja del carro y huye a pie, solo, pensando en su venganza. En su huida encuentra refugio en la tienda de una mujer, su nombre es Yael.

Yael no es hebrea, es una madianita, descendiente del suegro de Moisés. Sísara confía en ella y le pide agua. Yael le ofrece leche. El general necesita descansar, por lo que pide a la mujer que se ponga a la puerta de la tienda y, si se acerca alguien preguntando por él, conteste que no hay nadie dentro. Pero Yael agarra una de las estacas que sujetaban la tienda, coge un martillo y clava la estaca en la sien del enemigo de los hebreos, matándole.

Cuando llega Barac corriendo, Yael sale a su encuentro y le dice: «Ven y mira al hombre que buscas». Barac entra en la tienda y se encuentra a Sísara muerto.

Dos mujeres ejecutan el plan divino: la profetisa Débora y la valiente Yael.

Algunos escribieron que no hay nada encomiable en acoger en casa a un fugitivo derrotado y matarlo a traición. Pero otros consideraron que el gesto de Yael encarna la redención simbólica de la mujer sobre milenios de violencia masculina.

Débora, por su parte, lo celebra con un cántico, un canto de victoria: «Se interrumpió la vida de los pueblos, se interrumpió en Israel, y yo, Débora, me puse en pie, me puse en pie como una madre en Israel. […] Bendita Yael entre las mujeres, […] entre las mujeres que viven en tiendas, sea bendita».

La mujer ideal: la dulzura de Rut

El mundo de la Biblia es un mundo arcaico, donde se practica la poligamia. Hay historias de violencia, agresiones y abusos que sería hipócrita silenciar. Sin embargo, la Biblia no es en absoluto un libro solo de hombres. Las figuras femeninas destacan con fuerza. También como intermediarias entre el hombre y Dios. De hecho, además de Débora hay otra profetisa, Juldá, que logra convencer al rey de Israel para que vuelva al buen camino. A veces se presenta a la mujer como apoyo del hombre y de la familia; otras veces, en cambio, es una mujer sola, hoy diríamos soltera, en algunos casos viuda, la que consigue triunfar allí donde los hombres habían fracasado.

Como prueba de esta duplicidad, basta con leer el canto que cierra el libro de los Proverbios. Es el canto a la mujer ideal, de la que se enumeran veintidós cualidades, tantas como las letras del alfabeto hebreo.

La primera cualidad es la fuerza moral: «Una mujer fuerte, ¿quién la hallará? Supera en valor a las perlas». Al principio, la mujer ideal es sencillamente una buena esposa y ama de casa: hace feliz a su marido cada día de su vida, trabaja la lana y el lino, se encarga de que lleguen las provisiones, prepara las mantas y los vestidos forrados para el invierno, «todavía de noche, se levanta a preparar la comida a los de casa y repartir trabajo a las criadas». Pero luego se convierte en emprendedora: «Examina un terreno y lo compra, con lo que gana planta un huerto»; «comprueba si van bien sus asuntos, y aun de noche no se apaga su lámpara»; «teje prendas de lino y las vende, provee de cinturones a los comerciantes».

Sus principales cualidades son el amor hacia el prójimo y la sabiduría, porque «engañosa es la gracia, fugaz la hermosura». La mujer ideal teme al Señor; y es ella quien «abre sus manos al necesitado y tiende sus brazos al pobre» y «se viste de fuerza y dignidad, sonríe ante el día de mañana».

La mujer ideal no se calla, sino que «abre la boca con sabiduría, su lengua enseña con bondad». «Sus hijos se levantan y la llaman dichosa, su marido proclama su alabanza». «Cantadle por el éxito de su trabajo, que sus obras la alaben en público».

Para iluminar los años oscuros que vive el pueblo de Israel, los mismos que vivieron la profetisa Débora y la valiente Yael, llega la historia de Rut. Una historia que no es de muerte, sino de amor, de cuidado y de misericordia.

Rut, igual que Yael, no era hebrea, sino moabita, originaria de un pueblo fronterizo con Israel. Hubo una hambruna, y una familia de Belén compuesta por padre, madre y dos hijos emigró a Moab —hoy diríamos a Jordania—. El padre murió y la madre, Noemí —nombre que significa 'dulzura'—, se quedó viuda. Sus hijos se casaron con dos moabitas, Orfá y Rut, que significa 'amiga', 'consuelo'.

Pero también murieron los hijos, y la mujer, que se había quedado sola en tierra extranjera, decidió volverse a Belén. Y se fue a despedir de sus nueras: «Volved a casa de vuestras madres. Que el Señor tenga piedad de vosotras como vosotras la habéis tenido con mis difuntos y conmigo; que él os conceda felicidad en la casa de un nuevo marido». En definitiva, anima a las dos mujeres, aún jóvenes, a que rehagan su vida y tengan una familia; y les da un beso de despedida. Pero Orfá y Rut rompen a llorar y no quieren separarse de ella.

Noemí insiste: ya es demasiado mayor para engendrar hijos que, según las costumbres de la época, se puedan casar con ellas. Y las anima: «Volved, hijas mías». Orfá, sin dejar de llorar, obedece; pero Rut no la deja, se queda con ella.

Noemí reitera su ruego, y la respuesta que le da Rut es una declaración de fidelidad que es válida para cualquier tipo de vínculo: familiar, amoroso, político, moral. Le dice Rut: «No insistas en que vuelva y te abandone. Iré adonde tú vayas, viviré donde tú vivas; tu pueblo será mi pueblo y tu Dios será mi Dios; moriré donde tú mueras, y allí me enterrarán. Juro ante el Señor que solo la muerte podrá separarnos».

Las dos mujeres llegan a Belén y los habitantes se quedan conmocionados: «¿No es esta Noemí?», se preguntan. Pero ella les contesta: No me llaméis Noemí —es decir, 'dulce'—, llamadme Mará —de 'amarga'—, porque el Señor me ha colmado de amargura. De hecho, Noemí regresa a su país natal sola y pobre.

Los pobres, las viudas y los huérfanos tenían derecho a espigar, es decir, a recoger los restos de la cosecha que queda tras la siega; un derecho que, sin embargo, dependía de la generosidad del terrateniente.

Noemí tenía un pariente por parte de su marido, un hombre acomodado llamado Booz. Rut va a espigar a los campos de Booz, que se fija en ella y ordena a los criados que no la molesten, sino que le den de beber y de comer.

Rut agradece a Booz su generosidad y este ordena a los segadores que dejen caer unas cuantas espigas a propósito, para que la joven pueda recogerlas.

Cuando regresa a casa, Rut le cuenta a la suegra todo lo que ha pasado y a esta se le ocurre un plan. Por la noche, Booz irá con sus criados a aventar la cebada en su era. Así que Noemí le dice a Rut: «Lávate, perfúmate, cúbrete con el manto y baja a la era, pero no te dejes ver hasta que él haya terminado de comer y beber. Cuando se retire para dormir, fíjate dónde se acuesta. Entonces vas, le destapas los pies y te acuestas allí».

Rut va a la era y hace lo que le había dicho la suegra. Booz come, bebe y, «con el corazón alegre», se acuesta junto al montón de grano: una imagen de la cultura campesina y mediterránea que posiblemente resultará familiar a aquellos que ya no son tan jóvenes; una comunidad agrícola, el trabajo común, la fiesta, la alegría del vino, una noche cálida en la que quedarse a dormir al aire libre.

Pero, bien entrada la noche, el aire refresca. Y Rut le había destapado los pies a Booz, el cual nota algo de frío y se despierta. Cuando ve a la mujer acostada a su lado le pregunta:

«¿Quién eres tú?». Ella contesta: «Soy Rut, tu sierva». Booz se queda de piedra: esa mujer, en lugar de buscar a un hombre joven, ha acudido a él. Rut se marcha antes de que amanezca o, en otras palabras, «a una hora en que una persona no puede reconocer a otra».

Booz se queda prendado de Rut y se casa con ella. Tienen un hijo y así Noemí se convierte en abuela: coge al niño, se lo pone en su regazo y se encarga de criarlo. Las mujeres de Belén bendicen al Señor y la felicitan por el nieto: «El niño será tu consuelo y amparo en la vejez, pues lo ha dado a luz tu nuera, que te quiere y ha demostrado ser para ti mejor que siete hijos».

El niño, cuyo nombre es Obed, será padre de Jesé, y este de David. Por consiguiente, Rut, la moabita que eligió abandonar su pueblo para quedarse al lado de su suegra, es la bisabuela del primer rey. Y para los cristianos, es una antepasada de Jesús.

LA FUERZA DE JUDIT

La primera mujer que firmó sus cuadros —no me refiero a que los pintó, sino a que reivindicó la autoría de las obras que había pintado— fue Artemisia Gentileschi, a principios del siglo XVII. Algo tan moderno que no había ni siquiera un nombre para definirlo: en aquel entonces la palabra «pintora» no existía, pero así quería Artemisia que se la llamara.

Entre sus sujetos favoritos estaban las heroínas bíblicas, mitológicas e históricas, de las que Artemisia exaltaba la fuerza y la sensualidad. Su representación de Cleopatra al borde de la muerte levantó tal escándalo que tuvo que ser ocultada detrás de una cortina. Pintó a Salomé que mira satisfecha la cabeza de Juan Bautista en una bandeja de plata; a Yael que clava la estaca en la sien de Sísara; a Dalila en el momento en el que, mientras Sansón está plácidamente dormido, tiene en la mano un mechón de su pelo, a punto de cortar el origen de su fuerza sobrehumana.

Pero su verdadera obra maestra es *Judit decapitando a Holofernes*.

Artemisia tiene un antecedente, una referencia, un modelo en el que inspirarse: la misma escena pintada por Caravaggio.

Caravaggio sentía una atracción morbosa por los descabezados. Había huido de Roma precisamente para evitar una sentencia de decapitación tras matar en duelo a un rival amoroso, y toda su vida estuvo obsesionado con la idea de morir bajo el hacha del verdugo. Estas circunstancias posiblemente le llevaron a pintar una dramática secuencia de cabezas cortadas, como para pedir clemencia a los cardenales que gobernaban Roma y decidían sobre su vida y su muerte. En uno de sus lienzos más dramáticos, *David vencedor de Goliat*, la cabeza decapitada de Goliat es el autorretrato del mismo Caravaggio; algunos sostienen que el rostro de David también es un autorretrato del pintor de joven. Incluso en la representación de Holofernes se pueden entrever los rasgos del artista. Judith es una mujer joven, bella y recatada, que casi se retrae, y que da muerte a Holofernes con horror y repugnancia, asistida por una sirvienta anciana y arrugada.

El lienzo de Artemisia Gentileschi es totalmente diferente.

Judith no es una jovencita, sino una mujer de mediana edad, corpulenta y, sobre todo, completamente consciente de sí misma. No tiene vacilaciones ni incertidumbres; al contrario, está concentrada en lo que hace. Empuña la espada y se la clava en el cuello a Holofernes. Judith es un autorretrato de Artemisia; Holofernes, según la crítica, tiene el rostro de Agostino Tassi, el pintor que había violado a Artemisia y al que ella había denunciado, hasta conseguir que le condenaran.

En ese juicio, la víctima subió al estrado como acusada. Artemisia fue sometida a tortura para confirmar la veracidad de sus acusaciones. Le rompieron los dedos con unas cuerdecitas: un castigo terrible para cualquiera, más aún para una pintora. Pero ella reiteró la violación de la que había sido víctima. Agostino Tassi fue declarado culpable y condenado. Se le dio la posibilidad de elegir entre el exilio y la muerte. Eligió por supuesto el exilio; pero el entonces papa apreciaba su trabajo, así que finalmente el culpable pudo quedarse en Roma, mientras que la víctima eligió marcharse.

Retratar a Holofernes con los rasgos de su violador, en el momento exacto en que la vida le abandona a manos de una mujer, fue para Artemisia no una venganza, sino un acto de justicia, una denuncia destinada a permanecer en el tiempo, a durar más que una cadena perpetua, hasta nuestros días.

Y la criada de Judit no está representada como una anciana asustada y expectante, sino como una mujer joven y solidaria, que, decidida, toma parte en el asesinato de Holofernes. Tal vez la criada del cuadro de Artemisia es el retrato estilizado de Tuzia, la mujer que el padre de la artista había puesto a su lado para protegerla tras la muerte de su madre, y que la había traicionado al convertirse en cómplice de Tassi y de sus maquinaciones.

También hay una tercera Judith, igual de famosa, en la historia del arte. Es la que, tres siglos más tarde, pintó Gustav Klimt: una mujer sensual y triunfante, con los pechos desnudos, los ojos semicerrados, la boca casi cruel. Y Holofernes casi no aparece; solo está su cabeza, en la esquina. Judith la sostiene descuidadamente: más que un trofeo, parece un objeto de decoración. En otra versión conservada en la Galería Ca' Pesaro de Venecia, Judith agarra con sus manos enjoyadas el cabello de su enemigo asesinado. La inversión de roles es total: la mujer se convierte en dueña de la vida del hombre.

La verdadera Judith se parecía más a la mujer madura que representó Artemisia que a la joven que pintó Caravaggio. Su nombre viene de la palabra hebrea *yehudì*, que designa a los habitantes de Judea; por tanto, Judith simboliza a toda la nación.

La Biblia sitúa la historia en «el año duodécimo del reinado de Nabucodonosor». En realidad, Nabucodonosor era el soberano de los babilonios; como ya comentamos, es el Nabucco de Giuseppe Verdi. Los judíos vivían cautivos en Babilonia; de hecho, en la ópera de Verdi los esclavos entonan el conocido coro «Va' pensiero», es decir, «Ve, pensamiento», para expresar el amor que sienten hacia su patria «sì bella e perduta», literalmente «tan bella y perdida». Los biblistas señalan que no hay que tomar al pie de la letra la referencia a Nabucodonosor, que en realidad encarna de forma general cualquier rey enemigo de los judíos. Holofernes, en cambio, es un nombre de origen persa que —ironía del destino— significa 'afortunado'.

Holofernes era el general de Nabucodonosor. El rey lo pone al mando de un ejército inmenso, de ciento veinte mil infantes y doce mil jinetes con sus caballos, para someter las tierras al oeste del Éufrates, desde Siria hasta Egipto: aquel que no se rinda, entregando sus tierras y agua, será derrotado y pagará con la vida: «Sus muertos llenarán los valles, hasta el punto de que ríos y torrentes desbordarán de cadáveres. A sus cautivos los enviaré a los confines de la tierra» (estas palabras nos traen el recuerdo de los soldados italianos capturados por los británicos y los estadounidenses en la Segunda Guerra Mundial, que permanecieron hasta siete años prisioneros realmente en los confines de la tierra, de Australia a Sudáfrica, de la India a Texas).

Holofernes exterminó a todos aquellos que opusieron resistencia, desde Damasco hasta Arabia. Los habitantes de Tiro y Sidón, que hoy llamaríamos libaneses, optaron por la rendición, y acogieron a Holofernes con coronas y danzas al son de panderos. Aunque esto no le impidió derribar sus santuarios y talar sus bosques sagrados, para así obedecer a la orden de terminar con todas las divinidades de la tierra, de manera que todas las naciones adorasen solo a Nabucodonosor.

Los hebreos que habitaban en Judea estaban aterrorizados. Su temor principal era por el destino de Jerusalén y del Templo, que ni siquiera la rendición salvaría de la destrucción. Por tanto, decidieron resistir. Se atrincheraron en las cumbres de las montañas. Los habitantes de Betulia, en concreto, recibieron la orden de ocupar el paso de montaña que daba acceso a Judea, cuyo camino era tan angosto que obligaba a pasar de dos en dos; un detalle que recuerda a las Termópilas, el paso donde trescientos espartanos mantuvieron en jaque a todo el ejército persa durante mucho tiempo impidiéndole avanzar, hasta que un traidor mostró al enemigo cómo sortear el obstáculo.

No se sabe exactamente dónde está Betulia: un nombre que parece inventado. *Bet-El* significa 'Casa de Dios', por lo que también podría ser una metáfora para referirse a Jerusalén.

Los enemigos asedian la ciudad y ocupan el manantial, quitando el agua a los habitantes, que quieren rendirse. Ozías, el jefe de la ciudad, los convence para que resistan al menos cinco días más, a la espera de la intervención divina; si no ocurre nada, se hará lo que el pueblo decida.

En Betulia vivía una mujer que llevaba viuda tres años y medio: se llamaba Judit. Su marido había fallecido de una insolación en el campo mientras vigilaba a los segadores. Desde que había enviudado, no solo se había negado a volver a casarse, sino también a dormir en su lecho nupcial; se había hecho levantar una tienda en su terraza, se vestía de luto y ayunaba a diario, excepto los sábados y sus vísperas, las solemnidades y los días de regocijo público en Israel.

Judit era muy hermosa y también muy rica: su marido le había dejado oro y plata, criados, ganado y tierras, que ella seguía administrando. «Como temía mucho a Dios, nadie hablaba mal de ella».

Judit convocó a los ancianos de Betulia y les dijo que no estaba de acuerdo con la rendición, y mucho menos con la ocurrencia de los cinco días concedidos a Dios, porque «Dios no es como un hombre, al que se mueve con amenazas y se le impone lo que ha de hacer». No se puede poner a prueba a Dios. El hombre no puede comprender los pensamientos de sus propios semejantes, mirar en lo profundo de su propio corazón; ¿cómo puede pretender conocer los pensamientos de Dios y comprender sus designios?

Esta advertencia también es para nosotros. El misterio del mal y de la injusticia no se soluciona culpando a Dios ni quedándose quietos a la espera de que Dios intervenga. Hay que luchar contra el mal. Y Judith sabe cómo hacerlo:

«Escuchadme. Voy a hacer algo que se recordará en nuestro pueblo de generación en generación».

Esa misma noche, Judit y su criada saldrán por la puerta de la ciudad, y en cinco días Dios salvará a los hebreos por su mano; finalmente, los avisa: «Pero no intentéis averiguar mis planes, pues no los conoceréis hasta que se realicen».

Luego, Judit reza: «Escucha, Dios mío, a esta viuda». En las sociedades antiguas, las mujeres que se quedaban viudas, es decir, sin un hombre que las protegiera, eran consideradas como las personas más frágiles, débiles, indefensas. Dante coloca en el paraíso a un pagano, el emperador Trajano, por cumplir un gesto de piedad: detuvo al ejército y se bajó del caballo para hacer justicia a una viuda, cuyo único hijo había sido asesinado. Pero Judith, a pesar de ser viuda, no tiene nada de frágil.

Los enemigos se apoyan en su fuerza, se jactan de sus caballos y sus soldados de infantería, confían en sus lanzas y arcos, «pero no saben que tú eres el Señor, que pone fin a las guerras» dice Judit. «Tu fuerza no está en el número ni tu poder reside en los guerreros; eres el Dios de los humildes, el valedor de los pobres, el defensor de los débiles, el protector de los deprimidos, el salvador de los desesperados». Palabras que parecen describir al Dios misericordioso del Evangelio, que envía a su hijo para salvar a la humanidad, más que al Dios despiadado que conocimos en algunas páginas del Antiguo Testamento.

Luego Judit se bañó, se ungió el cuerpo con perfume, se peinó, adornó su cabeza con una diadema y se puso un elegante vestido que no había vuelto a llevar desde que había fallecido su marido; también se calzó sus sandalias, se puso collares, brazaletes, anillos, pendientes: «Estaba tan hermosa que atraería las miradas de los hombres que la vieran».

La Biblia describe con todo lujo de detalle los preparativos de Judit, como si se tratara de la vestimenta de un guerrero, preparando sus armas para la batalla.

Incluso Ozías y los ancianos de Israel se quedan atónitos ante tanta belleza. Judit pide que le abran la puerta de la ciudad y se presenta a los centinelas enemigos, asegurándoles que tiene información valiosa para Holofernes; los soldados se quedaron asombrados antes esa mujer extranjera y desconocida «de tan maravillosa hermosura».

Escoltadas por las guardias personales de Holofernes, Judit y su criada llegan a la tienda de Holofernes, que descansaba tumbado en su cama, bajo una cortina de púrpura recamada de oro, esmeraldas y otras piedras preciosas. Cuando le avisan de la llegada de Judit, Holofernes sale a la entrada de la tienda para recibirla, precedido por lámparas de plata. Y Judit le emboba con sus mentiras. Un biblista ha contado hasta trece.

En definitiva, la viuda le toma el pelo al general enemigo. Exalta la fuerza de Nabucodonosor, halaga al comandante por sus habilidades guerreras, le dice que los israelitas están a punto de perder el favor de su Dios porque están tan hambrientos que han decidido comer las carnes que su ley les prohíbe y también consumir las primicias del trigo y los diezmos del vino y el aceite que están reservados para los sacerdotes. Judit pide permiso para poder salir cada noche al valle a rezar a Dios, para que este le revele cuándo cometerán los hebreos sus pecados; ella informará a Holofernes y ese será para él y su ejército el momento de atacar, porque Dios, ofendido, habrá abandonado a los hebreos en manos de los enemigos.

Holofernes y sus oficiales quedan hechizados y comentan entre ellos: «No hay en toda la tierra mujer como ella, tan hermosa y tan prudente en su hablar». Holofernes le promete que la llevará al palacio de Nabucodonosor y que la hará famosa en toda la tierra.

Judit se queda tres días en el campamento y cada noche sale para bañarse en la fuente y rezar al Señor. El cuarto día Holofernes manda preparar un banquete para ella y pide a su criado, el eunuco Bagoas, que vaya a invitarla, porque «sería una vergüenza que la dejáramos marchar sin gozar de sus favores. Si no consigo poseerla, se reirá de mí».

Judit acepta la invitación: entra en la tienda y se reclina sobre las pieles; Holofernes está impresionado, siente un violento deseo de poseerla; de hecho, desde el día en que la vio por vez primera, estaba buscando la ocasión de seducirla. Pero comete un error fatal: se relaja.

Fascinado por la presencia de Judit, Holofernes «bebió tanto vino como jamás había bebido en los días de su vida».

Al anochecer, el eunuco hace salir a los servidores y los guardias y cierra la tienda por fuera. Judit se queda sola con Holofernes, que estaba tendido en su cama «totalmente borracho» (palabras literales de la Biblia). Judith coge la espada de Holofernes, le agarra del pelo, invoca al Señor para que le dé fuerzas y le asesta dos golpes en el cuello, cortando la cabeza del general enemigo. Acto seguido sale de la tienda, entrega la cabeza cortada de Holofernes a su criada y abandona el campamento, como hacía todas las noches; y aquí descubrimos que esas salidas eran una estratagema para poder marcharse sin levantar sospechas.

Pero esa noche Judit regresa a la ciudad y anuncia a voces la gran noticia: «¡Alabad a Dios, alabad a Dios! Alabadlo, porque no ha retirado su misericordia de la casa de Israel, porque esta noche ha derrotado a nuestros enemigos por mi mano». Y, sacando la cabeza de la alforja, añade: «Os lo juro por el Señor, que ha protegido mis pasos: aunque mi rostro sedujo a Holofernes para su perdición, él no me hizo pecar. Mi honor está intacto».

En definitiva, Judit se preocupa de dejar claro que entre Holofernes y ella no ha pasado nada, de manera que su victoria es total. Han ganado la belleza y la inteligencia, que han prevalecido sobre la arrogancia y la fuerza bruta. Y el tan temido general queda como un bobo que se ha dejado engañar por la superioridad total —estética, moral y espiritual— de una mujer.

Los jefes judíos siguen las instrucciones de Judit: cuelgan la cabeza de Holofernes en una de las almenas de los muros de la ciudad y luego se acercan al campamento, pero sin atacar. Entonces los soldados corren a avisar a su comandante de que los judíos han salido de la ciudad; sin embargo, cuando el eunuco entra en la tienda pensando encontrarse a Holofernes con Judit, ve el cuerpo decapitado; Bagoas da entonces un gran grito y rompe a llorar con gemidos y alaridos. También los oficiales lanzan gritos de dolor. Cuando se enteran los soldados, quedan atónitos y empiezan a huir a la desbandada; los hijos de Israel aprovechan ese momento de pánico para atacar a los enemigos y despachan mensajeros a todas las ciudades para que se unan a la matanza, hasta terminar con ellos.

El saqueo del campamento enemigo duró treinta días. Judit se quedó con la tienda de Holofernes, con todos los objetos de plata, los divanes, las vasijas y el mobiliario. El sumo sacerdote, los ancianos, todas las mujeres de Israel acudieron a agasajar a su salvadora. Ella se coronó con ramas de olivo, se puso a la cabeza de todo el pueblo y dirigió la danza de las mujeres, seguida del desfile de los hombres armados, todos ensalzando a Judit.

Aquel día en Israel mandaron las mujeres. Y Judit entonó un himno: «Porque el Señor es un Dios quebrantador de guerras; me libró de mis perseguidores y me trajo al campo de su pueblo… No cayó su caudillo ante guerreros, ni lo abatieron hijos de titanes, ni lo venció una raza de gigantes; lo desarmó Judit, hija de Merari, con la sola belleza de su rostro. Se quitó sus lutos de viuda para aliviar a los tristes de Israel; ungió su rostro con perfumes, adornó su cabeza con diadema, se vistió de lino para seducirlo. Sus sandalias le cautivaron la vista, su belleza le arrebató el corazón, y la espada le partió el cuello».

Judith tuvo muchos pretendientes, pero rechazó volver a casarse. Hay mujeres que durante toda su vida siguen amando al hombre que perdieron siendo aún jóvenes: no son viudas, son esposas. Judith concedió la libertad a su criada. Murió a la edad de ciento cinco años, y el pueblo le guardó siete días de luto.

CÓMO ESTER SALVÓ AL PUEBLO JUDÍO

La historia de Ester tiene lugar en Susa, una de las tres capitales del Imperio persa, junto con Ecbatana y Babilonia. En cuanto al nombre del rey, no hay consenso. La versión griega de la Biblia le llama Artajerjes, mientras que la versión hebrea habla del rey Asuero. Los historiadores modernos creen que podría tratarse de Jerjes: el emperador que intentó sin éxito conquistar Grecia y que, al contemplar desde un altozano a su inmenso ejército, rompió a llorar pensando en lo breve que es la vida humana, y que de ahí a cien años ninguno de esos hombres estaría ya vivo (muchos no deberán esperarse tanto y caerán a manos de los griegos en la batalla naval de Salamina).

En la tradición cristiana se conoce como Asuero y así le llaman los pintores —Tintoretto, Veronese, Rubens, Rembrandt, Poussin—, los dramaturgos —de Lope de Vega a Racine— o los compositores que, como Händel, se inspiraron en este suceso para crear sus obras; y nosotros, aunque en un proyecto más humilde, seguiremos su ejemplo y lo también llamaremos Asuero.

Ella, en cambio, se llama siempre y solo Ester: uno de los nombres más bonitos entre los muchos nombres bíblicos que se siguen utilizando en la actualidad.

Ester era huérfana y había sido adoptada por un primo acaudalado, Mardoqueo, que en hebreo es Mordecai, igual que Mordecai Richler, el amado escritor canadiense autor de *La versión de Barney*.

Mardoqueo era uno de los consejeros del rey Asuero. Una noche tuvo un sueño. Dos enormes dragones enfrentados avanzaban uno hacia el otro, dispuestos para el combate, en una atmósfera de niebla y oscuridad. Cuando los dragones lanzaron un rugido, todas las naciones de la tierra cogieron las armas para luchar contra «el pueblo de los justos», que, aterrorizados, se prepararon para morir y clamaron a Dios. En respuesta a su clamor, de una pequeña fuente nació un río caudaloso. Salió el sol, apareció la luz y los oprimidos se alzaron y devoraron a los grandes. Mardoqueo se despertó y estuvo toda la noche dándole vueltas al sueño y tratando de interpretarlo. Los acontecimientos que siguieron le desvelarían el significado.

El año tercero de su reinado, el rey ofreció un gran banquete, que duró siete días y siete noches. El séptimo día, el rey, con el corazón contento por el vino, ordenó a sus siete eunucos que le llevaran ante su presencia a la reina Vasti, su favorita, para adornarla con la corona real y que todos pudieran admirar su belleza.

La Biblia cita los nombres de los siete eunucos, que realmente no son imprescindibles para la narración. Sin embargo, considero que merece la pena citarlos porque recuerdan los nombres de los demonios de Dante, incluso aquellos que son claramente inventados: parecen un trabalenguas, un juego de sonidos, una algarabía de palabras, que le dan a la historia un carácter novelesco, casi de comedia del arte, a pesar del contexto dramático. Los eunucos no se llaman Malacoda, Alquino, Cañazo, Dragonazo, Farfarel, Graficán y Rubicente sino, en la versión griega: Amán, Bazán, Tharrha, Baraze, Zatholtha, Abataza y Tharaba; y en la versión hebrea: Mehumán, Bizetá, Jarboná, Bigtá, Abagtá, Zetar y Carcás.

En todo caso, los eunucos no consiguen cumplir con la orden del rey. La reina Vasti también ha organizado un banquete por su cuenta y no tiene ninguna gana de dejarlo para presentarse ante el rey y que este la exhiba como un trofeo delante de otros hombres. Asuero, azuzado por sus consejeros, se ofende y se enfada. Y toma la decisión de que Vasti no volvería a presentarse ante el rey y que el rey concedería el título de reina a «otra mujer más digna que ella», y sobre todo más dócil. Lanzan así un concurso, hoy diríamos un *casting*, entre las vírgenes más hermosas del reino, que serán conducidas al palacio real para la elección de la nueva reina. Entre las candidatas está también Ester.

Los preparativos duran un año: los seis primeros meses las jóvenes se ungen con aceite de mirra, y los otros seis, con cremas y perfumes típicamente femeninos. Tras lo cual, finalmente pueden entrar a palacio, aunque el mandato prevé que tiene que ser el rey quien las convoque. Si, en cambio, la joven se presenta sin ser llamada, será condenada a muerte.

Ester «se ganaba el favor de cuantos la veían», incluido el mismo Asuero. El rey se enamoró de ella, la eligió reina, y dio otro banquete de siete días en su honor (a estas alturas queda claro que el número siete se repite en esta historia). La posición de Mardoqueo, por supuesto, se fortaleció; aunque sugirió a Ester que no revelara al rey que era judía.

Dos eunucos, cegados por los celos, conspiraron contra Asuero, pero Mardoqueo los descubrió y le dijo a Ester que avisara al rey. Los eunucos fueron condenados a la horca y el suceso fue consignado en las crónicas del reino, como recordatorio de los buenos servicios prestados por Mardoqueo.

Sin embargo, entre los servidores del rey había uno más poderoso que Mardoqueo. Era el eunuco Amán, a quien el rey había entregado el anillo del sello, y que tenía el privilegio de sentarse a su lado en la mesa. Todos se postraban ante él. Todos, excepto Mardoqueo, que solo aceptaba postrarse ante Dios.

Amán se indignó por lo que consideraba un desacato, y decidió deshacerse no solo de Mardoqueo, sino de todo su pueblo, exterminando a todos los judíos que vivían en el reino.

Las razones que esgrime Amán para convencer al rey de dar la orden de perseguir a los judíos son importantes, porque contienen la semilla de esa antigua mala planta que es el antisemitismo: los judíos están dispersos entre las gentes de todas las naciones, se mantienen apartados, tienen leyes especiales, no cumplen los decretos del rey, son hostiles hacia los demás pueblos y representan una amenaza para la paz. Motivaciones que volveremos a oír muchas más veces a lo largo de la historia, y que también resonarán en la propaganda nazi que abonará el terreno para la Shoah y sus seis millones de muertos.

Pero una mujer derrotaría al Hitler de la época.

Asuero no pone pegas. Amán le pide decretar la destrucción de los judíos y le promete entregar trescientos cincuenta mil kilos de plata con destino al tesoro real: el botín de los saqueos. El rey acepta e incluso le dice que se quede con el dinero.

Amán da instrucciones para que preparen el decreto, que se enviará a las ciento veintisiete provincias del Imperio persa, a cada una en su escritura y a cada pueblo en su lengua, desde Etiopía hasta la India. En el decreto se anuncia que los judíos serán exterminados por las espadas de sus enemigos, «sin piedad ni compasión», el día catorce del último mes del año, es decir, el mes de *adar*.

En todos los lugares en los que se publicó el documento con el sello real hubo gran duelo con ayuno, llantos y lamentos entre los judíos, que no habían hecho nada. Algo similar pasó también en Italia.

Las leyes raciales entraron en vigor el 17 de noviembre de 1938. Los judíos debían desaparecer de la vida pública. No podían tener su número en la guía telefónica, no podían firmar artículos en los periódicos —ni siquiera con seudónimos—, no podían dar conferencias, no podían publicar obituarios, no podían representar sus obras en los teatros, no podían escribir libros, no podían escuchar la radio, no podían tener como domésticos a personas de raza «aria», no podían acceder a balnearios, hoteles o centros de terapia. A los judíos se les prohibió ejercer los pequeños oficios con los que la comunidad romana, la más antigua del mundo, llevaba siglos manteniéndose: regentar un puesto en el mercado de Campo de' Fiori o vender recuerdos a los turistas en la plaza de San Pedro. Al menos treinta judíos se suicidaron por vergüenza; nadie lo supo, porque estaba prohibido publicar sus necrológicas. Pero la medida más cruel fue la que afectó a los estudiantes. Doscientos estudiantes universitarios, entre ellos la premio nobel Rita Levi-Montalcini, mil estudiantes de instituto, entre ellos la actriz Franca Valeri, y cuatro mil quinientos escolares, incluyendo a la senadora Liliana Segre, tienen que dejar sus estudios, sin ninguna razón. Y es solo el comienzo de una persecución que llevaría a miles de judíos italianos a Auschwitz, a las cámaras de gas.

* * *

También Mardoqueo se desespera cuando se entera de la condena de su pueblo. Se siente responsable, aunque no culpable. Se rasga las vestiduras, se viste con un saco, se cubre de ceniza y recorre la ciudad gimiendo amargamente: «Quieren eliminar a un pueblo que no ha faltado en nada». Luego invoca la protección y la comprensión de Dios: no es por soberbia por lo que se niega a postrarse ante Amán, «pues llegaría a besarle las plantas de los pies por la salvación de Israel: lo hago porque para mí ningún hombre es equiparable a Dios. No me postraré más que ante ti, Señor… Y ahora, Señor, Dios y Rey, Dios de Abrahán, perdona a tu pueblo, porque nuestros enemigos traman nuestra ruina».

Ester está desconcertada, al principio no entiende lo que está pasando. Invita a Mardoqueo a quitarse el saco y a volver a vestirse, pero él se niega. Comienza un tenso intercambio de palabras entre los dos primos, a través de un eunuco que hace de mensajero. Mardoqueo le pide a Ester que se presente ante el rey para pedirle clemencia para su pueblo. Ester le recuerda que no puede: nadie se puede presentar ante el rey sin ser llamado, so pena de muerte; y hace ya treinta días que el rey no la llama.

La respuesta de Mardoqueo es muy dura: que no se engañe Ester con que ella, como reina, va a ser la única judía que escape de la muerte. Si no ayuda a los judíos, alguien más lo hará, y ella será castigada; y quién sabe si no se convirtió en reina precisamente por esa razón, para cumplir una misión de salvación.

Ester acepta correr el riesgo. Antes, hace penitencia: ayuna durante tres días y tres noches, se viste de luto, se echa cenizas en la cabeza y reza al Dios de sus padres. Al tercer día, Ester se vuelve a poner sus vestidos de reina —«estaba deslumbrante [...], sonrosada, en el culmen de su hermosura»— y toma a dos sirvientas: en una se apoyaba «delicadamente», la otra la seguía sujetándole el vestido.

Esther se mueve como en un melodrama, a caballo entre la farsa y la tragedia. La Biblia escribe que tenía «su rostro alegre como el de una enamorada, pero su corazón angustiado por el miedo». Llega finalmente ante el rey, que estaba sentado sobre su trono real, revestido con todos los ropajes de sus apariciones oficiales, todo cubierto de oro y piedras preciosas; tenía un aspecto verdaderamente temible y la miró en el culmen de la ira.

Ester empalidece, está a punto de desmayarse y se deja caer «sobre la cabeza de la sirvienta que la precedía».

No sabemos si Ester realmente se desmayó, si lo fingió o si simplemente acentuó un malestar genuino. El caso es que el rey se asusta y cambia de actitud. Angustiado, se levanta de su trono, la toma en sus brazos, la consuela, la besa: Ester no será ejecutada, porque el mandato se aplica solo a la gente común, no a ella. Y le pregunta: «¿Qué sucede, reina Ester? ¿Qué deseas? Aunque sea la mitad de mi reino, te lo concederé».

Ester no pide nada en ese momento; solo pide permiso para celebrar un banquete al que están invitados el mismo rey y Amán. El rey acepta. Amán se siente halagado, y abandona el palacio feliz, mejor dicho, eufórico; pero en el patio se cruza con Mardoqueo, se irrita y se desahoga con los miembros de su familia. Su mujer, Zeres, le sugiere entonces que prepare una horca de cincuenta codos de altura, más de veintidós metros, y que pida al rey que cuelguen de ella a Mardoqueo.

Pero esa noche Dios le quita el sueño al rey. A veces incluso las personas inconstantes y superficiales como Asuero sienten la necesidad de profundizar, de retroceder en la memoria, de recordar el pasado. Así, el soberano pide que le traigan el libro de las crónicas reales. Y al hojearlo lee sobre cuando Mardoqueo había evitado la conspiración de los eunucos contra él. Y pregunta: «¿Qué honor o dignidad se concedió a Mardoqueo por esto?». Los cortesanos que acompañaban al rey le contestan que no se había hecho nada por él. En ese momento, Amán pasa por el patio, va a pedir al rey que mande a ahorcar a Mardoqueo. En pocas palabras, el hombre equivocado en el momento equivocado. Asuero le pregunta: «¿Qué se puede hacer a un hombre a quien el rey quiere honrar?». Amán, pensando que Asuero se estaba refiriendo a él, le propone que cojan vestiduras regias usadas solo por el rey y un caballo que el rey haya montado y que un dignatario real tome esas vestiduras y ese caballo y se los entregue al hombre a quien el rey desea honrar, invitándole a montarse en el caballo y pregonando a viva voz: «Mirad lo que se hace con el hombre a quien el rey quiere honrar». A Asuero le agrada la propuesta y le dice: «Toma las vestiduras y el caballo, como has dicho, y haz todo eso con el judío Mardoqueo». En lugar de hacer que lo ahorquen, Amán se ve obligado a humillarse ante su rival.

Amán regresa a casa afligido. Cuando le cuenta a su mujer lo ocurrido, la esposa intuye que la cosa se pone fea: el Dios viviente de los judíos debe haber entrado en acción para proteger a Mardoqueo y a su pueblo. Y lo peor está por llegar.

Amán y el rey acuden al banquete de Ester. Pero Amán no es el invitado de honor. Asuero quiere saber cuál es la petición por la cual la reina se había atrevido a presentarse en palacio sin ser llamada. Ella le contesta: «Mi deseo y petición es que salves mi vida y la vida de mi pueblo, pues yo y mi pueblo hemos sido vendidos para ser destruidos, muertos y aniquilados».

El rey se sobresalta. Acaba de descubrir que Ester es judía. Y solo ahora entiende la gravedad de la orden que había dado. Y grita: «¿Quién es y dónde está el que pretende hacer semejante cosa?». Ester señala al otro comensal: «El perseguidor y enemigo es ese malvado, Amán».

El rey, enfurecido, se levanta y se va, como suelen hacer los hombres de carácter voluble e irascible. Amán suplica por su vida a la reina y, abatido, se deja caer en el diván. Pero el rey, que había salido al jardín a desfogarse, cuando regresa malinterpreta la situación y acusa a Amán: «¡Y se atreve a violentar a la reina en mi propio palacio!». Apenas el rey terminó de hablar, cubrieron el rostro de Amán con un velo: un gesto que equivale a una condena a muerte.

Todo sucede muy deprisa. Un eunuco informa al rey de que Amán ha colocado una horca para ahorcar a Mardoqueo. «¡Ahorcadlo allí!», ordena el rey. Y eso fue lo que pasó. Dante contará este suceso en la cántica del Purgatorio, pero imaginará que Amán fue crucificado.

El anillo que Asuero había entregado a Amán pasa ahora al dedo de Mardoqueo. Su primera petición es que el rey retire el decreto de exterminio contra los judíos. El rey le recuerda que lo que dispone el rey es irrevocable; sin embargo, es posible emanar un nuevo decreto que haga imposible la ejecución del anterior. En las ciento veintisiete provincias se difunde un nuevo documento en el que se autoriza a los judíos a defenderse con armas de sus enemigos y, más concretamente, tienen derecho a «reunirse en su propia defensa y a destruir, matar y aniquilar a la gente, incluidos mujeres y niños, de cualquier pueblo o provincia que los atacara».

El día trece del último mes del año, en lugar de ser masacrados, los judíos masacraron a sus perseguidores. Es una página muy dura de la Biblia, que a menudo se silencia; pero aquí acordamos contarlo todo y no omitir nada. Ese día, solo en Susa, la capital, son asesinadas quinientas personas, entre las cuales están los diez hijos de Amán. En todo el imperio los judíos matan a quince mil enemigos entre los que los odiaban (según la versión griega; en la hebrea el número sube a setenta y cinco mil), pero no hicieron ningún saqueo; una señal de que no mataron para enriquecerse, sino para defenderse.

El rey pregunta a Ester si hay algo más que pueda hacer por ella. Y Ester ruega que se conceda a los judíos de Susa aplicar también al día siguiente el decreto que se había aplicado ese día, para evitar posibles represalias por parte de sus enemigos, y también que se cuelguen los cuerpos de los diez hijos de Amán, para que todos sepan que están muertos.

El rey acepta. Y, desde entonces, el día catorce del último mes del año los judíos celebran el Purim, «con intercambio de regalos y donativos a los pobres», como recomienda la Biblia.

Finalmente, Mardoqueo comprende el significado de su sueño. Los dos dragones eran él y Amán. Las diversas naciones eran los enemigos de los hebreos, que en los momentos más dramáticos suplicaron a Dios y fueron escuchados. Y el manantial que se convierte en río, el sol que sale para iluminar las tinieblas es Ester.

Porque Ester no ha resultado ser un peón en manos de Mardoqueo, y mucho menos en las de su marido, el rey Asuero. Al principio se muestra pasiva y dócil. Luego parece egoísta e inconsciente. Sin embargo, se revela sensible y valiente. Y, finalmente, también la descubrimos astuta, hábil en el arte de la retórica, con poder de persuasión y extremadamente tenaz a la hora de defender a su pueblo.

SUSANA LES PLANTA CARA A SUS ACOSADORES

¿Cuántas mujeres han sufrido acoso, amenazas y abusos? ¿Cuántas mujeres, a lo largo de la historia, no tuvieron el valor o la posibilidad de denunciar a sus acosadores? Muchas, muchísimas. Y sabemos que esto sigue ocurriendo en la actualidad, en todos los países, todos los días.

La Biblia nos cuenta la historia de una mujer que, con la ayuda de un profeta y de Dios, consigue que los dos hombres que la estaban acosando, y que anteriormente habían perseguido a otras víctimas, sean descubiertos y condenados.

Su nombre es Susana, que en hebreo significa 'lirio'.

Susana era una mujer delicada, muy bella y temerosa del Señor. Vivía en Babilonia en los tiempos de la diáspora de los judíos y estaba casada con un hombre rico, que tenía un bonito jardín junto a su casa.

Aquel año fueron designados jueces dos ancianos del pueblo, dos hombres corruptos e impíos. Solían frecuentar la casa del marido de Susana y allí acudían todos los que tenían pleitos que resolver. Sobre las doce del mediodía la gente que había ido a ver a los jueces se iba y, precisamente a esa hora, Susana solía salir al jardín a pasear.

Los dos viejos se habían encaprichado con ella. La desean. Pero como se avergüenzan de esa pasión insana, no se atreven a confesárselo el uno al otro. Así que un día fingen marcharse cada uno a su casa, pero al poco rato vuelven a coincidir en el jardín; ambos estaban allí espiando a Susana e intentando encontrar la manera de estar con ella. En ese momento se confiesan la obsesión que comparten y deciden unir sus fuerzas. Se quedan escondidos, a la espera del momento oportuno para sorprenderla sola.

Susana sale al jardín con dos criadas. Como hace calor, decide darse un baño; de modo que ordena a las criadas que le traigan el perfume y las cremas, y que cierren las puertas del jardín tras ellas. Las dos criadas obedecen y Susana se queda sola en el jardín; en ese momento, los dos viejos salen de su escondite. Y para satisfacer su deseo recurren al chantaje: «Las puertas del jardín están cerradas, nadie nos ve, y nosotros sentimos deseos de ti; así que consiente y acuéstate con nosotros. Si no, daremos testimonio contra ti diciendo que un joven estaba contigo y que por eso habías despachado a las criadas».

El plan es pérfido, pero está bien pensado: es la palabra de una mujer contra la de dos jueces. Una estrategia utilizada con frecuencia, todavía en la actualidad: ¡cuántas veces hemos oído la frase «Resígnate; nadie te creerá»! También por eso muchos abusos no se denuncian y quedan injustamente impunes.

Susana está desesperada. No quiere ceder a los deseos de los dos hombres. Así que se pone a gritar con todas sus fuerzas:

un grito de socorro y acusación. Pero los ancianos también levantan su voz contra ella, y uno va a abrir las puertas del jardín. Los criados entran corriendo, escuchan el relato de los ancianos y se quedan atónitos, porque Susana nunca había hecho nada parecido.

Al día siguiente el pueblo se reúne en la casa del marido de Susana. Acuden también los dos viejos con la intención perversa de que Susana sea condenada a muerte, consiguiendo así salvarse y, a la vez, vengarse por haber sido rechazados. Susana llega acompañada por sus padres, sus hijos y todos sus familiares; pero nadie puede ayudarla. Se había tapado el rostro, pero los dos viejos le ordenan que se quite el velo, para así disfrutar de su belleza y humillarla delante de todos. Y delante de todos reiteran sus falsas acusaciones.

Mientras Susana llora y levanta la mirada al cielo, confiando en la ayuda de Dios, los dos viejos declaran haberla sorprendido con un joven, que había conseguido escaparse: «En cambio, a esta le echamos mano y le preguntamos quién era el joven, pero no quiso decírnoslo. Damos testimonio de ello».

La justicia sumaria siempre es injusta. La multitud no razona y no hace preguntas; se limita a creer en quien parece más digno de merecer su confianza. Como los dos jueces son ancianos y son la autoridad, el pueblo se pone de su parte y condena a Susana a muerte.

Susana clama: «Dios eterno, que ves lo escondido, que lo sabes todo antes de que suceda, tú sabes que han dado falso testimonio contra mí, y ahora tengo que morir, siendo inocente de lo que su maldad ha inventado contra mí».

Pero Dios escucha su voz y suscita el espíritu santo en un muchacho llamado Daniel. El joven tiene el valor de enfrentarse a los dos viejos y a la multitud que los apoyaba. Se levanta y grita: «Yo soy inocente de la sangre de esta». Toda la gente se queda mirándole, no entiende a qué se refiere. Pero él no se intimida e insiste: «Pero ¿estáis locos, hijos de Israel? ¿Conque, sin discutir la causa ni conocer la verdad, condenáis a una hija de Israel? Volved al tribunal, porque esos han dado falso testimonio contra ella».

Daniel recurre a la técnica de interrogatorio correcta. Separa a los dos viejos e interroga a cada uno de forma individual, para así cotejar sus respectivas versiones. Y demuestra que no coinciden.

Se dirige al primer testigo y lo define como un hombre «envejecido en días y en crímenes». Tal vez Alessandro Manzoni se acordaría de este pasaje de la Biblia en la figura del «viejo maleante», uno de los personajes de *Los novios*. La pregunta que le hace es sencilla: ¿debajo de qué árbol ha visto a Susana con el joven? El viejo contesta: «Debajo de una acacia». Sin embargo, la respuesta del otro falso testigo a la misma pregunta no coincide: «Debajo de una encina».

Con dos simples preguntas, Daniel ha desenmascarado a los dos jueces. Y denuncia: «Lo mismo hacíais con las mujeres israelitas, y ellas por miedo se acostaban con vosotros». Ahora, anuncia Daniel, su calumnia se volverá contra ellos: el ángel de Dios los espera con su espada en la mano para hacer justicia.

Entonces toda la multitud reunida lanza gritos de júbilo y bendice a Dios. A los dos viejos, cuyas maldades se han descubierto, les espera la misma condena que pedían para Susana: la muerte. Y en su caso será ejecutada.

«Aquel día se salvó una vida inocente», escribe la Biblia.

Los padres de Susana alaban a Dios por su hija, junto con su marido y todos sus parientes. Susana se ha salvado y puede seguir con su vida. En cuanto a Daniel, desde aquel día ganó prestigio a ojos del pueblo judío y se convirtió en un gran profeta. Daniel había entendido que la violencia contra las mujeres no es un asunto que solo afecta a las mujeres, sino que apela también a los hombres, que deben cambiar e impulsar el cambio de todos aquellos que se consideran dueños del cuerpo y el alma de las mujeres, llegando a avergonzarlos si fuera necesario.

9

AMOR Y MUERTE
EL CANTAR DE LOS CANTARES Y QOHÉLET

Ningún libro de la Biblia exalta a la mujer como lo hace el Cantar de los Cantares. Pero la razón por la que un libro como el Cantar de los Cantares está en la Biblia y qué función tiene siguen siendo un misterio.

La canción de las canciones, el más sublime de los cánticos, el cántico por excelencia está dedicado, como no podía ser de otra manera, al amor; pero no solo al amor espiritual, sino también al amor físico, a la pasión, al eros. Porque el Cantar de los Cantares es claramente una historia de amor entre un hombre y una mujer.

También el cristianismo se ha sentido fascinado por el Cantar, pero le ha dado una interpretación mística. San Gregorio de Nisa sostenía que ella, la amada, era el alma, y él, el amado, era Dios: el alma es atraída por Dios e intenta en vano alcanzar el éxtasis, es decir, la unión con él, que solo será posible después de la muerte. Para san Ambrosio y san Agustín, el Cantar es una alegoría del matrimonio, del enlace entre Jesucristo, el esposo, y la Iglesia, la esposa. Poco antes de morir, santo Tomás de Aquino dio una conferencia a los monjes de la abadía de Fossanova precisamente sobre el Cantar, cuyo texto lamentablemente se perdió.

Hay que decir que hace falta una mente muy refinada para leer los versos del Cantar como una metáfora, una alegoría, un símbolo. Porque a nosotros, lectores comunes, nos suenan como un himno al eros. Desde los primeros versos.

> *¡Béseme con los besos de su boca!*
> *¡Tus amores son más dulces que el vino!*
> *¡Qué exquisito el olor de tus perfumes;*
> *aroma que se expande es tu nombre;*
> *por eso te aman las doncellas!*

Sin embargo, Bernardo de Claraval, el místico que predicó la cruzada para reconquistar Jerusalén, afirmaba que los besos del Cantar simbolizan el beso que Dios, haciéndose carne, da a la humanidad, cuyo resultado es la llegada de Jesús al mundo.

«¡QUÉ BELLA ERES, AMADA MÍA, QUÉ BELLA ERES!»

El Cantar empieza con los versos que la mujer dirige a su amado: «Soy morena pero hermosa [...]. No os fijéis en mi tez morena, pues el sol me ha bronceado». En aquel entonces, la belleza estaba asociada a la palidez; hoy en día diríamos más bien «soy morena, por lo tanto, hermosa».

El amado le contesta: «¡Bellos son tus flancos oscilantes, y bello tu cuello entre collares! Te haremos collarines de oro con engastes de plata». Y añade: «¡Qué bella eres, amada mía, qué bella eres! ¡Palomas son tus ojos!». Y ella le devuelve el cumplido: «¡Qué bello eres, amado mío, cuán delicioso! ¡Y nuestro lecho es frondoso! [...] Bolsita de mirra es mi amado para mí: entre mis pechos descansa».

Santa Teresa de Ávila, la mística a la que esculpió Bernini con una expresión suspendida entre el sufrimiento y el éxtasis amoroso, sentía una predilección especial por el Cantar. Pidió a los teólogos de la época que le explicaran qué había querido decir el Espíritu Santo; le respondieron que los doctores de la Iglesia habían compuesto extensos tratados, pero el sentido no habían podido aclararlo.

A decir verdad, el sentido de este diálogo resulta muy claro:

Como rosa entre espinas
es mi amada entre las mozas.
Como manzano entre árboles silvestres,
es mi amado entre los mozos:
desearía yacer a su sombra,
pues su fruto me es dulce al paladar.
Me llevó al banquete,
y enarboló sobre mí la bandera de su amor.
Tendedme entre las tortas de pasa,
recostadme entre las manzanas,
porque estoy enferma de amor.
Su izquierda bajo mi cabeza
y su diestra me abraza.

Como siempre, Gianfranco Ravasi está en lo cierto cuando señala que el Cantar no es solo una alegoría, sino que expresa una visión positiva del amor físico, carnal. Por supuesto, no es una mera recopilación de versos eróticos; el amor humano es un reflejo del amor divino. Para la Biblia, el eros es un don de Dios; y el cuerpo no es algo negativo, porque lleva la huella y la imagen de Dios. Una vez superados los siglos durante los cuales el cuerpo estuvo contrapuesto al espíritu, la Iglesia lleva tiempo procurando integrar la sexualidad en la esfera de lo sagrado.

En 1984 el papa Juan Pablo II dedicó tres catequesis de la Audiencia General de los miércoles al Cantar de los Cantares, afirmando el carácter positivo del amor humano; no es casual que asemeje el Cantar a la creación de la mujer y a la reacción de «estupor y admiración» que siente Adán cuando ve a Eva por primera vez.

El papa Francisco lo dijo con palabras aún más explícitas cuando afirmó: «El placer sexual, que es un don de Dios, se ve socavado por la pornografía», que degrada a la mujer, obra maestra del creador, cosificándola.

En el Cantar, en cambio, se exalta a la mujer, pero no se la sublima; más bien es retratada en su esencia de espíritu y carne, de cielo y tierra:

Tus cabellos, como un rebaño
de cabras que trisca
por la sierra de Galaad.
Tus dientes, cual hato
de ovejas trasquiladas,
que suben del baño;
todas ellas gemelas;
ninguna solitaria.
Cinta escarlata tus labios,
y tu habla, fascinante.
Dos cortes de granada tus mejillas
tras el velo.

Tu cuello, cual torre de David,
edificada con sillares:
mil escudos penden de ella,
los paveses de los valientes.
Tus dos pechos, dos crías
mellizas de gacela
que pacen entre rosas.

Los dos amantes se buscan. Primero ella lo busca a él, y pide ayuda a sus criadas: «Me encontraron los centinelas que hacen la ronda por la ciudad: "¿Habéis visto al amor de mi alma?". En cuanto los hube pasado, encontré al amor de mi alma. Lo abracé y no lo solté, hasta meterlo en mi casa materna, en la alcoba de la que me concibió». Luego es él quien la busca a ella: «Eres bella, amada mía, como Tirsá, fascinante como Jerusalén, imponente como un batallón. Aparta de mí tus ojos, que me turban».

Se cuenta que, en las tabernas judías, así como en los momentos de fiesta al final de las ceremonias de boda, se entonaban los versos del Cantar como un canto erótico. Y, en efecto, algunas alusiones sexuales son más que evidentes:

Yo dormía, pero mi corazón velaba.
¡Un rumor…! Mi amado llama:
«Ábreme, hermana mía, amada mía,
mi paloma sin tacha;
que mi cabeza está cubierta de rocío,
mis rizos del relente de la noche».
Me he quitado la túnica,
¿cómo vestirme otra vez?;
me he lavado los pies,

¿cómo mancharlos de nuevo?
Mi amado introdujo su mano por el postigo,
y mis entrañas se estremecieron por él.
Me levanté para abrir a mi amado,
y mis manos destilaban mirra;
mis dedos goteaban mirra,
en el pestillo de la cerradura.

No resulta sorprendente que el Cántico haya inspirado novelas, poemas, composiciones musicales, pinturas, desde Moreau hasta Chagall. Y también inspiró a Dante. De hecho, para llamar a Beatriz, el poeta utiliza las palabras del Cantar, en latín: «Veni, sponsa, de Libano», 'Ven, esposa, del Líbano'. Estamos en la cima del monte del purgatorio, en el paraíso terrenal. Beatriz aparece, Dante no la ve, pero la percibe, siente su presencia, y comienza a temblar de emoción. Pero Beatriz está enojada con Dante, culpable de haber buscado a otras mujeres después de su muerte, y ni siquiera lo mira a la cara. Él llora desesperado, ella le perdona, y Dante la encuentra aún más bella hermosa de lo que la recordaba. Luego juntos vuelan por los cielos del paraíso, hasta llegar ante el rostro de Dios.

A continuación, los versos del Cantar que Dante tanto amaba:

¡Ven del Líbano, esposa,
ven del Líbano, acércate!
¡Desciende de la cumbre del Amaná,
de las cumbres del Senir y del Hermón,
de las guaridas de leones,
de los montes de leopardos!

Me has robado el corazón,
hermana mía, esposa;
me has robado el corazón
con una sola mirada tuya,
con una vuelta de tus collares.
¡Cuán bellos son tus amores,
hermana mía, esposa!
¡Tus amores son más dulces que el vino!
¡más exquisito que el bálsamo
el olor de tus perfumes!
Néctar destilan tus labios, esposa mía,
miel y leche bajo tu lengua;
la fragancia de tus vestidos,
cual fragancia del Líbano.

Goethe celebró su amor con Lili Schönemann realizando la traducción del Cantar al alemán. En el siglo XIX, el cardenal Luciano Luis José Napoleón Bonaparte, nacido en Roma en 1828 y primo de Napoleón III, intentó convencer a Giuseppe Gioachino Belli para que tradujera el Cantar al romanesco, el dialecto de Roma, pero el poeta declinó amablemente la propuesta.

También Shakespeare se inspira en el Cantar, pero con un giro de ciento ochenta grados. En el Soneto 130 le da la vuelta a la figura de la mujer tal y como sale de estas páginas de la Biblia, y también de la poesía del *dolce stil novo* toscano:

Los ojos de mi amada no parecen dos soles,
y el coral es más rojo que el rojo de sus labios.
Siendo blanca la nieve, sus senos son oscuros,
y si el cabello es negro en ella es hierro negro.

He visto rosas rojas, blancas y adamascadas,
mas nunca en sus mejillas encuentro tales cosas.
Y en algunos perfumes, existe más deleite,
que en ese dulce aliento que emana de mi amada.

Sin embargo, el poeta inglés ama a esta dama oscura. Incluso si se presenta como una mujer muy distinta de la protagonista del Cantar, que el poeta bíblico describe así:

... tu ombligo, un ánfora redonda,
¡que nunca le falte el vino mezclado!;
tu seno, un montoncito de trigo,
un recinto de rosas;
[...] Son tus pechos racimos de uvas;
tu aliento, aroma de manzanas,
y tu paladar, un vino exquisito
que entra fácilmente,
que se desliza suavemente
entre mis labios.

«PORQUE FUERTE COMO LA MUERTE ES EL AMOR»

Tal vez la culminación del amor sea desear que el ser amado sea un hermano o una hermana, un familiar cercano consanguíneo del que nada ni nadie pueda separarnos jamás. Aunque la joven del Cantar dice esto como pretexto para poder besar al amado en público, sin levantar sospechas: «¡Oh, si fueras mi hermano, amamantado a los pechos de mi madre! Al encontrarte en la calle, te besaría sin que nadie me despreciara». Y a continuación vienen esos versos inmortales que combinan la endíadis de la poesía griega, *eros* y *thánatos*, amor y muerte:

> *... porque es fuerte el amor como la muerte,*
> *es cruel la pasión como el abismo;*
> *sus dardos son dardos de fuego,*
> *llamaradas divinas.*
> *Las aguas caudalosas no podrán apagar el amor,*
> *ni anegarlo los ríos.*
> *Quien quisiera comprar el amor*
> *con todas las riquezas de su casa,*
> *sería sumamente despreciable.*

Fuerte como la muerte es el título de una novela de Maupassant. «Fuerte como la muerte es el amor» («Strong as Death Is Love», por su título en inglés) es un relato del escritor Isaac Bashevis Singer, galardonado con el Premio Nobel de Literatura en 1978. Por último, el maravilloso título en italiano de la novela *La vida entera* de David Grossman, *A un cerbiatto somiglia il mio amore*, está claramente inspirado en el Cantar: «Es mi amado un gamo, parece un cervatillo».

Solo Voltaire, en su afán por profanar todo lo que las generaciones anteriores habían amado, tiene palabras despectivas para el Cantar, que define como una rapsodia inepta y de escaso valor; aunque, reconoce, contiene mucha voluptuosidad (hay que decir que Voltaire tampoco apreciaba a Dante). Sin embargo, según Robert Musil no hay nada más bello que el Cantar de los Cantares. Aunque el juicio definitivo es el que dio en el siglo I después de Cristo el rabino Akiva ben Iosef: «El mundo entero no vale tanto como el día en que se le dio a Israel el Cantar de los Cantares. Porque todos los Escritos son santos, pero el Cantar es el Santo de los Santos»).

Entre los artistas italianos contamos con grandes admiradores e intérpretes del Cantar, con adaptaciones para el teatro y la televisión que acercaron la obra al gran público: desde Guido Ceronetti, el piamontés enjuto como una abuelita que traducía del hebreo, hasta el genial toscano Roberto Benigni. También hay dos películas en las que el Cantar se cita en dos momentos significativos.

La primera es una película algo decepcionante, quizá porque está basada en una novela que considero extraordinaria, *El nombre de la rosa* de Umberto Eco. Cuando Adso de Melk ve por primera vez a la muchacha convocada a la abadía para satisfacer las apetencias del cillerero, y experimenta el único amor carnal de su vida sin siquiera saber su nombre, la compara con la joven del Cantar: «¿Quién es esta que despunta como el alba, hermosa como la luna, refulgente como el sol, imponente como un batallón?».

La otra película, en cambio, es una obra maestra de la cinematografía: *Érase una vez en América*, de Sergio Leone.

En un momento de la historia, Robert De Niro, que interpreta al personaje de Noodles, sale de prisión y se reencuentra con la mujer de la que estaba enamorado de niño, Deborah, y le cita las palabras del Cantar; aunque luego su pasión degenera en violencia. Por lo que es tal vez más agradable recordar el comienzo de la película, cuando Deborah, siendo poco más que una niña, le dice a Noodles: «Mi amado es blanco y hermoso. Su piel es del más puro oro. Sus mejillas son un lecho de especias». Luego levanta la mirada de la Biblia y añade, con un dulce sarcasmo: «Aunque no se haya lavado desde hace meses». Y sigue leyendo: «Sus ojos son igual que los de las palomas. Su cuerpo es de blanco marfil. Sus piernas son columnas de mármol [...] y sus pantalones están tan sucios que se tienen de pie. Es totalmente adorable [...]. Pero siempre será un pequeño gamberro, así que nunca será mi amado. ¡Lástima!». Y aquí, claro está, él le da su primer beso.

«Tiempo de guerra, tiempo de paz»

«¡Vanidad de vanidades! —dice Qohélet—. ¡Vanidad de vanidades; todo es vanidad!».

¡Qué comienzo más fascinante! ¡Y cuánto misterio!

Qohélet es uno de los libros más cortos de la Biblia. Viene inmediatamente antes del Cantar de los Cantares y es igualmente evocador, aunque a veces es tan amargo como el otro es dulce.

Qohélet no cuenta una historia. Es una recopilación de reflexiones. Nos presenta una visión sobre el hombre y la historia. Y plantea muchas preguntas. Empezando por estas: ¿quién es el autor? ¿Quién es el que habla en primera persona? ¿Quién es Qohélet?

No lo sabemos. Él se define como «hijo de David, rey de Jerusalén»; por eso, se atribuye el libro a Salomón. Qohélet en hebreo significa 'el o la que reúne la asamblea o habla en ella'. En la versiones griega y latina de la Biblia el libro se titula Eclesiastés: una traducción literal, pero en la que se pierde el encanto del original. Por esa razón, aquí nos mantendremos fieles al hebreo, y llamaremos al narrador-protagonista del libro, quienquiera que sea, Qohélet.

«Vanitas vanitatum», podemos leer en la Biblia latina: podríamos traducirlo como «vanidad de las vanidades». La vanidad por excelencia. Todo es vano. Vanidad, evidentemente, aquí no se refiere a ser vanidoso, engreído. *Vanitas* significa 'viento, aliento, humo, vapor'. En definitiva: el hombre y la historia no son más que un soplo de viento. Todo esfuerzo es inútil: «¿Qué saca el hombre de todos los afanes con que se afana bajo el sol? Una generación se va, otra generación viene, pero la tierra siempre permanece». Hay un eco de estas palabras en la obra *Adelchi* de Manzoni, cuando el protagonista, justo antes de morir, le dice al padre que se alegre de no ser rey, de no tener ya responsabilidades políticas, porque los quehaceres de los hombres están destinados al fracaso, o en todo caso a la irrelevancia.

El mundo es inmóvil, a pesar de su aparente movimiento: «Lo que pasó volverá a pasar; lo que ocurrió volverá a ocurrir: nada hay nuevo bajo el sol».

La Biblia puede ser terrible, pero casi siempre es optimista. Si el hombre se comporta rectamente, Dios lo recompensará, o al menos lo tendrá en cuenta. Pero Qohélet no comparte este optimismo. Escribe que tanto el sabio como el necio morirán, y nadie se acordará de ellos, en los años venideros todo se olvidará.

¿De qué sirve, pues, esforzarse, trabajar, afanarse? A pesar de que el hombre todos los días se esfuerce, trabaje, se afane, en realidad, «de día su tarea es sufrir y penar; de noche no descansa su mente».

«Lo que es ya había sido, lo que será ya es». Es el mito del eterno retorno, que existe en las culturas orientales, pero también hace acto de presencia en las occidentales, en la teoría de Giambattista Vico de los ciclos que se repiten, que implican siempre avances y retrocesos. Qohélet se muestra tan pesimista que no solo considera inútiles los esfuerzos de los hombres, sino que pone en duda su superioridad sobre los animales, e incluso la propia supervivencia del alma: «En efecto, la suerte de hombres y animales es la misma: muere uno y muere el otro, todos tienen el mismo aliento de vida, y el hombre no supera a los animales. Todos son vanidad. Todos caminan al mismo lugar, todos vienen del polvo y todos vuelven al polvo».

Los hombres pueden, si acaso, seguir alguna recomendación de sentido común, adoptar algún remedio contra el dolor. Por ejemplo, Qohélet aconseja a los solteros que busquen pareja: «Más vale ser dos que uno», porque así si uno cae, el otro lo levanta; en cambio: «¡Pobre del que cae estando solo, sin que otro pueda levantarlo! Lo mismo si dos duermen juntos: se calientan; pero si uno está solo, ¿cómo podrá calentarse?».

También recomienda no ser demasiado ambiciosos: «Donde abundan los sueños, abundan las vanas ilusiones». Quien ama el dinero nunca se sacia, siempre quiere más, pero cuanto más aumenten los bienes, más aumentan los riesgos; y antes o después dará un paso en falso y lo perderá todo. Casi mejor morir enseguida, recién nacidos, incluso en el mismo vientre de la madre: el que ha sido concebido y no ve la luz «llega en un soplo y se marcha a oscuras, la tiniebla encubre su nombre; no vio el sol ni se enteró de nada, pero descansa mejor que el otro». Sin embargo, el rico, que echa sus fatigas al viento, consume toda su vida «entre tinieblas, disgustos, enfermedades y rabia».

También el estudio y la investigación son inútiles: «Por más que el hombre se fatigue buscando, no lo descubrirá; y aunque el sabio pretenda saberlo, nunca podrá descubrirlo». No fue Dios quien creó el mal y la estupidez; Dios hizo a los humanos equilibrados, pero somos nosotros los que vamos buscando «preocupaciones sin cuento».

Qohélet se parece a veces al filósofo griego Epicuro, que invitaba a disfrutar del presente, sin preocuparse por el futuro, porque «el único bien del hombre es disfrutar y pasarlo bien en la vida. Pero que el hombre coma, beba y se regale en medio de sus fatigas es don de Dios». El hombre afortunado es aquel que no conoce su propio destino: «Por eso alabo la alegría, porque el único bien del hombre bajo el sol es comer y beber y disfrutar; eso le quedará de sus fatigas durante los días de vida que Dios le conceda vivir bajo el sol».

Otras veces muestra un pesimismo cósmico, que nos recuerda al del poeta Giacomo Leopardi. No llegar a nacer puede ser el mayor de los favores, escribe Sófocles en *Edipo Rey*, una de las más sobrecogedoras tragedias griegas. Dice Qohélet: «Más vale [...] el día de la muerte que el del nacimiento [...]. Más vale sufrir que reír: pues detrás de una cara triste puede haber un corazón feliz [...]. Más vale reprensión de sabio que escuchar copla de necio [...]. Más vale el fin de un asunto que el principio».

Un pesimismo que llega a incluir también a la mujer, la cual, en cambio, en otras páginas de la Biblia, es una figura luminosa: «Es más amarga que la muerte cuyos pensamientos son redes y lazos, y sus brazos, cadenas». Aunque más adelante Qohélet rectifica: «Disfruta de la vida con la mujer que amas, mientras dure esta vana existencia que te ha sido concedida bajo el sol. Esa es tu parte en la vida y en los afanes con que te afanas bajo el sol». También recomienda no escuchar a las malas lenguas: «No hagas caso de todo lo que se dice: así no oirás a tu siervo maldecirte, pues sabes muy bien que tú mismo has maldecido a otros muchas veces». Asimismo, mejor no hablar mal de los reyes y los poderosos, «pues un pajarito correría la voz», y siempre hay alguien que se afana por informar.

Qohélet afirma haber conocido la sabiduría y la ciencia, pero también la necedad y la insensatez. Permanece fiel a Dios. Aunque confiesa haberlo probado todo. Eso afirma y lo admite con estas palabras: «Exploré atentamente, guiado por mi mente con destreza: traté mi cuerpo con vino, me di a la frivolidad, para averiguar cómo puede el hombre disfrutar durante los contados días de su vida bajo el cielo». Tal vez, también este personaje de la Biblia quiso hacer algo similar a los artistas que buscaron en los paraísos artificiales del alcohol y las drogas una fuente de inspiración, una puerta de acceso a un conocimiento superior. «Concedí a mis ojos cuanto me pedían y no privé a mi corazón de ninguna alegría: este era mi solaz y mi recompensa en medio de mis fatigas».

Algunos fragmentos parecen remitir a la biografía de Salomón: «Emprendí obras magníficas y construí palacios [...]. Me procuré cantores y cantoras, toda clase de placeres humanos [...]. Con la ayuda de la sabiduría, llegué a ser más importante y rico que todos mis predecesores en Jerusalén». Sin embargo, la conclusión siempre es la misma: «Después examiné todas las obras que había hecho y la fatiga que puse en el empeño, y vi que todo era vanidad y caza de viento. ¡Ningún provecho se saca bajo el sol!».

El tiempo y el azar alcanzan a cualquiera, y cuando menos se lo espera. Los hombres son como los peces, que de repente quedan atrapados en la red fatal. No saben cómo nacieron, no saben cómo ni cuándo morirán: «Del mismo modo que ignoras por dónde entra el espíritu de vida en los miembros de una mujer embarazada, también ignoras la obra de Dios, que todo lo hace».

Y en un abrir y cerrar de ojos, anunciada por un sinfín de pequeños achaques, llegará la vejez, con su presagio de muerte: «Las que muelen serán pocas y se pararán», refiriéndose a los dientes; «los que miran por las ventanas se ofuscarán», es decir, los ojos; «se debilitará el canto de los pájaros, las canciones se irán apagando», claramente habla aquí de los oídos; «sea ineficaz la alcaparra», aludiendo a la virilidad perdida. Y también «darán miedo las alturas y en las calles rondarán los terrores», esto es, las piernas se volverán débiles y también el equilibrio emocional se resentirá; todo nos dará miedo, cualquier obstáculo nos parecerá insuperable. Y finalmente el espíritu volverá a Dios: se rompe el hilo de plata, se destroza la copa de oro, se quiebra el cántaro en la fuente y se raja la polea del pozo.

Eugenio Montale utiliza también en uno de sus poemas la metáfora bíblica de la polea y el pozo para expresar la imposibilidad de recuperar el tiempo perdido, los seres queridos que ya están lejos, nosotros mismos de una época pasada. Sin embargo, en su pesimismo, Qohélet escribe uno de los pasajes más conocidos de la Biblia, que deja espacio, si no al optimismo, sí a la sabiduría, a la esperanza y a la idea de que todo problema tiene solución, incluso aquel que a primera vista parece insoluble. Y también abre a la posibilidad de que consigamos aceptar el fin de las cosas, dejar ir a las personas condenadas a dejarnos o que han decidido hacerlo, y hacer las paces, reconciliarnos, después de guerras que parecían interminables.

El rostro del sabio no tiene la misma dureza que el del poderoso o del guerrero. Las personas que han vivido y sufrido mucho a veces nos miran con una mirada que, precisamente por sus experiencias, se vuelve más benévola, tal vez porque ven en nuestros ojos el reflejo de lo que ya vieron y, por tanto, conocen.

Los hombres sabios saben que Qohélet tiene razón cuando escribe que todo tiene su momento:

Todo tiene su momento, y cada cosa su tiempo bajo el cielo:
Tiempo de nacer, tiempo de morir;
tiempo de plantar, tiempo de arrancar;
tiempo de matar, tiempo de sanar;
tiempo de destruir, tiempo de construir;
tiempo de llorar, tiempo de reír;
tiempo de hacer duelo, tiempo de bailar;
tiempo de arrojar piedras, tiempo de recogerlas;
tiempo de abrazar, tiempo de desprenderse;
tiempo de buscar, tiempo de perder;
tiempo de guardar, tiempo de arrojar;
tiempo de rasgar, tiempo de coser;
tiempo de callar, tiempo de hablar;
tiempo de amar, tiempo de odiar;
tiempo de guerra, tiempo de paz.

Y no es casualidad que también Charles Dickens, que como Manzoni y como Montale había leído el libro de Qohélet, comience *Historia de dos ciudades*, su novela sobre la Revolución francesa, con este párrafo inolvidable: «Eran los mejores tiempos, eran los peores tiempos, era el siglo de la locura, era el siglo de la razón, era la edad de la fe, era la edad de la incredulidad, era la época de la luz, era la época de las tinieblas, era la primavera de la esperanza, era el invierno de la desesperación».

10

EL ÁNGEL Y EL DIABLO
HISTORIA DE TOBÍAS Y JOB

En el Antiguo Testamento, el diablo no desempeña un papel protagonista, no es la encarnación del mal. ¡Ojalá pudiéramos reconocer el mal y exorcizarlo tan fácilmente! En realidad, sabemos que el mal está dentro de nosotros. De vez en cuando, sin embargo, se cita al diablo o se evoca como fuerza tentadora.

El diablo está detrás de la serpiente que induce a Eva y Adán a desobedecer a Dios; y también está detrás de la soberbia decisión de David de hacer un censo para contar los guerreros de su pueblo. Y a veces, como veremos, el diablo puede tentar incluso a Dios.

Su papel es dividir, separar, enfrentar a los justos los unos contra los otros o inducir al hombre a desafiar al Señor. A veces, el diablo se manifiesta como un espíritu totalmente empeñado en hacer el mal; pero puede ser derrotado por un ángel.

Los ángeles son a menudo severos y ponen a los hombres a dura prueba: como el ángel que lucha con Jacob y le cambia el hombre por el de Israel; como los ángeles que decretan la destrucción de Sodoma y Gomorra. A veces la presencia de los ángeles no se distingue de la de Dios. Y otras veces el ángel tiene una personalidad muy marcada, y acude en socorro de los hombres. Como el ángel Rafael.

TOBÍAS, EL ÁNGEL Y EL PERRO

Había un judío de la tribu de Neftalí, se llamaba Tobit y era un hombre justo. Había sido deportado con su familia a la tierra de los asirios, hasta Nínive. Tobit era conocedor y cumplidor de la ley de Moisés: daba limosna a los pobres, procuraba pan a los hambrientos y vestía a los desnudos. En definitiva, practicaba lo que los cristianos llaman obras de misericordia; y también enterraba a los muertos.

Era una época amarga en la que los judíos vivían exiliados en tierra extranjera. A veces sucedía que uno de ellos era asesinado y arrojado en la calle. Y a veces ocurría que Tobit veía el cadáver de uno de sus hermanos y lo enterraba, a escondidas, como gesto de piedad.

Un día el rey asirio se entera de lo que hacía Tobit y, como castigo, le confisca todos sus bienes. Sin embargo, cuarenta días más tarde, es asesinado por dos de sus hijos.

En un día festivo, Tobit tenía preparado un buen banquete para celebrar con su mujer Ana y su hijo Tobías. Como tiene un corazón generoso, envía a Tobías a ver si hay algún pobre, «entre nuestros hermanos deportados», que quiera sentarse a la mesa con ellos.

El chico regresa con una noticia terrible: habían estrangulado a un judío poco antes y habían arrojado su cuerpo a la plaza del mercado. Tobit renuncia a comer, saca el cuerpo del hombre de la plaza y lo deja en un cobertizo, a la espera de que anochezca para poder enterrarlo sin infringir la prohibición de celebrar funerales en un día festivo. Cuando se pone el sol, Tobit cava una fosa y entierra al desconocido del que había tenido piedad, entre las burlas de sus vecinos.

Cansado y agotado por el calor, Tobit vuelve a su casa, pero se recuesta bajo la tapia del patio, sin darse cuenta de que había gorriones encima de él, en el borde de la tapia. La Biblia no lo dice explícitamente, pero en la cultura judía de la época existía la idea de que los pájaros estaban controlados por el diablo.

Mientras duerme, los excrementos de los gorriones van cayendo encima de los ojos de Tobit, produciéndole unas manchas blanquecinas que le oscurecen la visión. Cuanto más intentan curarle los médicos aplicándole remedios, más se le nubla la vista, hasta que se queda completamente ciego.

Ser ciego, en el mundo antiguo, significaba no poder trabajar y, por lo tanto, depender de la caridad de los demás para sobrevivir. Tobit es ayudado por su sobrino y su esposa Ana, que consigue la lana, la teje y la devuelve a los clientes.

Un día, esos clientes le regalan un cabrito para comer. Tobit teme que se trate de un animal robado y le dice a su mujer que lo devuelva. Ella le explica que es un regalo, pero su marido no se lo cree. Exasperada, Ana le ataca: «¿Dónde están tus limosnas y buenas obras? Ya ves de qué te han servido». Tobit está abatido. Se siente solo y desesperado. Y reza al Señor para que le libere de su dolor y le deje morir.

Ese mismo día, en otra familia judía en el exilio, tiene lugar una escena similar, en una situación aún más dramática.

Estamos en Ecbatana, la capital de Media, en el actual Irán. Una joven llamada Sara está siendo protagonista de una tragedia terrible e inexplicable. Cada vez que se casa, en su primera noche de bodas el demonio Asmodeo mata a su marido, antes de que puedan consumar el matrimonio. Ya ha sucedido siete veces: siete hombres han muerto. Y ahora una criada de su padre insulta a Sara culpándola de lo que está pasando, como si fuera la causante de la desgracia: «Eres tú la que matas a tus maridos… ¡Vete con ellos y que nunca veamos hijo ni hija tuyos!». Consternada, Sara decide poner en práctica esa cruel exhortación y quitarse la vida para unirse a esos pobres hombres inocentes.

El demonio Asmodeo es un personaje misterioso, que también ha tenido cierto protagonismo en la literatura y el arte. *Asmodea*, en femenino, es el título de una de las *Pinturas negras* de Goya, uno de esos frescos oscuros e inquietantes que el gran pintor español realizó directamente sobre las paredes de su casa, y que hoy se conservan en el Prado. La pintura representa a un demonio femenino que vuela. De hecho, como veremos, Asmodeo vuela. Sin embargo, su nombre podría remitir al verbo hebreo que significa 'exterminar'.

Ese día, Sara llora desesperada y sube a la habitación con la intención de ahorcarse. Pero se detiene, pensando en el sufrimiento que causaría a su pobre padre: «Solo serviría para que recriminen a mi padre. Le dirían que su hija única se ahorcó al sentirse desgraciada. No quiero que mi anciano padre baje a la tumba abrumado de dolor. En vez de ahorcarme, pediré la muerte al Señor para no tener que oír más reproches en mi vida».

Tanto Tobit como Sara, el mismo día, aunque en lugares distantes y sin saber nada el uno del otro, piden a Dios que les quite la vida. Dios escucha el lamento de los dos inocentes y acude en su ayuda. Como artífice del destino humano entrecruza sus historias para que ambas tengan un final feliz. Y disfruta deshaciendo todos los nudos y resolviendo dos problemas a la vez. Y el intermediario de Dios será el ángel Rafael. Un nombre muy dulce, que en hebreo significa 'Dios cura'.

Ese mismo día, Tobit —que quiere dejar todos sus asuntos resueltos antes de morir— se acuerda de una cantidad de dinero, diez talentos de plata, que veinte años antes había dejado en depósito en casa de un conocido suyo de nombre Gabael, un judío de la diáspora que vive en Media. Tobit llama a su hijo Tobías para despedirse de él: le pide que respete a su madre, que cumpla con los mandamientos del Señor y que se acuerde de Noé, Abrahán, Isaac y Jacob, «nuestros antepasados»; y también le encarga que vaya a Media a recuperar el dinero.

Tobías obedece, pero se queda titubeante: no conoce al hombre que guarda el dinero, ni sabe cómo llegar hasta él. Necesitará a un guía que le enseñe el camino. Nada más salir de casa, Tobías se encuentra con el ángel Rafael, que evidentemente le estaba esperando. El ángel no desvela su identidad, pero se ofrece a ayudarle.

Tobit, algo inquieto, quiere conocer al hombre al que va a confiar la vida de su hijo. Rafael lo saluda con estas palabras: «Que la alegría sea contigo». Tobit contesta con amargura: «¿Qué alegría puedo tener? Estoy ciego. No veo la luz del cielo. Vivo en tinieblas como los muertos, que no pueden ver la luz». Y describe su ceguera con palabras que denotan todo su sufrimiento: «Soy un muerto en vida. Oigo la voz de las personas, pero no veo a nadie». Pero en ese momento lo que le preocupa a Tobit no es su ceguera, sino el destino de su hijo, y quiere saber el nombre del hombre que le guiará en el largo viaje. Pero el ángel, como su colega que había luchado con Jacob, se niega a revelar su nombre y su tribu: «¿Para qué necesitas conocer mi tribu?». Tobit insiste y recibe como respuesta un juego de palabras: «Soy Azarías, hijo del célebre Ananías». Azarías significa 'Dios ayuda', y Ananías, 'Dios es misericordioso'. Pero Tobit no lo pilla, mejor dicho, no lo puede pillar.

El muchacho emprende el viaje junto con el ángel, y con ellos también va el perro de la familia. La Biblia no nos dice su nombre. Es la primera vez que aparece un perro en una historia bíblica. En el antiguo Oriente Medio, el perro estaba considerado como un animal impuro. En cambio, aquí el perrito representa una presencia dulce y fiel, que también aparecerá en los muchos cuadros que los pintores de todas las épocas dedicarán a la historia de Rafael y Tobías.

EL PEZ MILAGROSO

El ángel y el niño caminan juntos hasta que cae la noche. Entonces hacen una parada para descansar y acampan a orillas del río Tigris. Tobías baja al río a lavarse los pies, pero un pez gigantesco, tal vez un lucio, salta fuera del agua e intenta morderle. «Atrápalo y no lo sueltes», le grita Rafael. El chico obedece. El ángel le recomienda que tire los intestinos y guarde el corazón, el hígado y la hiel, que se pueden usar como medicinas.

Tobías hace lo que Rafael le ha recomendado, pero le pide más explicaciones; el ángel le contesta: «Si un hombre o una mujer padecen ataques del demonio o de un mal espíritu, quemas el corazón y el hígado del pez ante ellos y el humo hará desaparecer para siempre los ataques. Si alguien tiene los ojos afectados por manchas blancas, se los untas con la hiel, soplas sobre ellos, y queda curado».

El plan que Dios y de Rafael han urdido va tomando forma.

Al día siguiente, Rafael informa a Tobías de que se quedarán a dormir en casa de su pariente Ragüel, que tiene una hija de nombre Sara: «La joven es prudente, decidida y muy hermosa»; y a Tobías, como pariente más cercano, le corresponde el derecho de casarse con ella. Por lo tanto, «esta noche hablaremos de la joven y la pediremos en matrimonio». Pero el muchacho está asustado: ha oído decir que un demonio mata a los hombres que se unen en matrimonio con Sara, y que ya han muerto siete en su primera noche de bodas: «Soy hijo único y temo que, si muero, la pena por mi pérdida lleve a mis padres al sepulcro. No tienen otro hijo que los entierre».

Pero Rafael lo tranquiliza: lo único que tendrá que hacer, cuando entre en la alcoba, será coger una parte del hígado y el corazón del pez y arrojarlos en el brasero del incienso; el olor echará al demonio. Y añade, hablando de Sara: «No temas, porque está destinada para ti desde la eternidad. Tú la salvarás».

¿De verdad la persona a la que amamos está destinada para nosotros «desde la eternidad»? Es una idea muy bonita. Platón creía que hubo un tiempo en el que el hombre y la mujer eran una unidad, un ser perfecto; Zeus, temiendo su poder, los separó en dos, y desde entonces cada uno de nosotros va buscando su otra mitad. Al fin y al cabo, la vida también es un misterioso juego de encuentros: ¿cuántas posibilidades hay de conocer a la mujer o el hombre adecuados?

Nos enamoramos una, dos, puede que tres veces en la vida; ¿cuántas posibilidades hay de conocer a esa otra persona, destinada también a enamorarse una, dos o tres veces en la vida, y que se enamore precisamente de nosotros? Sin embargo, hay personas que se encuentran y se reconocen. Que se pertenecen. Tobías y Sara pertenecen a esta afortunada categoría.

Al oír las palabras del ángel, Tobías se enamora intensamente de Sara, antes incluso de conocerla. Tal vez es por la descripción alentadora, o quizá por la idea romántica de salvar a una doncella en apuros y que ha sufrido mucho injustamente. El hecho es que Tobías está dispuesto a correr el riesgo, a desafiar a la muerte, para liberar a Sara de su terrible condena.

Asmodeo se va volando a la región de Egipto

Cuando el muchacho y el ángel llegan a casa de Sara, su padre Ragüel reconoce en el rostro de Tobías los rasgos de Tobit, su pariente. Lo abraza llorando y enseguida da su aprobación al matrimonio. Pero tiene miedo. Se despide de Sara, tratando de animarla: «¡Ten ánimo, hija! Que el Señor del cielo cambie tu tristeza en alegría. ¡Ten ánimo, hija!». Sin embargo, en medio de la noche, Ragüel se levanta y va con sus criados a cavar una fosa: teme que el muchacho muera, igual que los maridos anteriores, y quiere enterrarlo antes de que se difunda la voz para no perjudicar aún más la siniestra reputación de su hija.

Pero Tobías no está solo, un ángel está de su lado. El joven sigue las instrucciones de Rafael: pone el hígado y el corazón del pescado en las brasas del incienso, luego junto con Sara rezan a Dios, para que se apiade de ellos y les permita llegar unidos a la vejez. El olor del pescado hace huir al demonio Asmodeo, que se aleja volando hasta la región de Egipto; pero Rafael sale tras él, lo alcanza y lo retiene atándole de manos y pies.

El padre de Sara manda a una criada a ver si Tobías ha muerto, pero la criada regresa y le informa de que los novios están durmiendo, serenos. Vuelven entonces a cerrar la fosa antes del amanecer, y el padre de Sara bendice al Señor, que ha tenido compasión de dos hijos únicos. A estas alturas, la historia se encamina hacia un final feliz: se celebra el banquete de bodas y Rafael recupera el dinero que el padre de Tobías había depositado; luego lo acompaña a casa, con su novia.

Tobit, por su parte, había pasado todo ese tiempo que Tobías había estado fuera sumido en la angustia. Su esposa Ana salía todos los días al camino para ver si su hijo regresaba; luego, al anochecer, volvía a casa y lloraba toda la noche, sin poder conciliar el sueño.

Este pasaje de la Biblia me recuerda una historia que contaban en la Langa, una zona de la región italiana del Piamonte: un campesino, cuyo hijo había desaparecido en Rusia durante la Segunda Guerra Mundial, todas las noches, antes de acostarse, salía a la calle para ver si volvía. En el momento de su muerte, le dijo a su mujer, en dialecto piamontés: «Va a vughe s'u ruva», esto es, 've a ver si vuelve'. A diferencia de aquel pobre soldado, Tobías sí volvió.

Una noche, la madre de Tobías ve por fin regresar a su hijo. Con él está el ángel, y también el perro.

Tobías unta la hiel del pez sobre los ojos de su padre, deja que actúe, y luego con las manos le quita las escamas blancas de los ojos. Hoy sería una pequeña cirugía ambulatoria. Tobit se echa al cuello de su hijo y grita entre lágrimas: «Te veo, hijo, luz de mis ojos». Y añade: «Bendito sea Dios y bendito sea su gran nombre; benditos todos sus santos ángeles».

Uno de esos ángeles está allí, delante de él. Pero Tobit aún no se ha dado cuenta de ello. De hecho, quiere recompensar a ese hombre generoso, que tan sabiamente ha guiado a su hijo. Solo en ese momento Rafael se revela. Y les explica, al padre y al hijo, el vínculo que había entre las dos historias: «Cuando tú y Sara orabais, era yo quien presentaba el memorial de vuestras oraciones ante la gloria del Señor, y lo mismo cuando enterrabas a los muertos. El día en que te levantaste enseguida de la mesa, sin comer, para dar sepultura a un cadáver, Dios me había enviado para someterte a prueba. También ahora me ha enviado Dios para curaros a ti y a tu nuera Sara. Yo soy Rafael, uno de los siete ángeles que están al servicio del Señor y tienen acceso a la gloria de su presencia».

Junto con Rafael, la Biblia habla de otros dos ángeles: Miguel y Gabriel. Según la tradición hebrea, los otros son Uriel, Raquel, Remiel y Saraquel. En concreto, Uriel, que significa 'luz de Dios', es el ángel que previene a Noé del diluvio inminente, y que vigila las casas de los hebreos en la noche en la que son asesinados los primogénitos de los egipcios. Uriel también es el ángel representado por Leonardo junto al niño Jesús en uno de sus cuadros más famosos, *La Virgen de las rocas*; y es el que, según Dan Brown, señala con el dedo a María Magdalena (que no aparece en el cuadro) amenazándola con degollarla.

Tobit y su hijo, turbados y asustados, se postraron rostro a tierra. Pero el ángel Rafael los tranquilizó: «No temáis. Tened paz». Y también les proporcionó unas explicaciones adicionales: «Me habéis visto comer, pero era simple apariencia. Ahora pues, alabad al Señor en la tierra, dadle gracias. Yo subo al que me ha enviado. Poned por escrito todo lo que os ha sucedido». Luego el ángel se elevó al cielo, y cuando los dos hombres se pusieron en pie, ya no lo vieron.

Entonces Tobit compuso un canto de júbilo, que tiene palabras inesperadas, destinadas a infundirnos esperanza. El himno se dirige a Jerusalén, «ciudad santa». Y afirma que el Señor hará «que su templo sea reconstruido con júbilo, para que él alegre en ti a todos los desterrados y ame en ti a todos los desgraciados, por los siglos de los siglos. Una luz esplendente iluminará a todas las regiones de la tierra. Vendrán a ti de lejos muchos pueblos. Y los habitantes del confín de la tierra vendrán a visitar al Señor, tu Dios, con ofrendas para el Rey del cielo».

Jerusalén, esa ciudad objeto de tantas y tantas disputas, conquistada a lo largo de los siglos por asirios y babilonios, romanos y árabes, los cruzados de Godofredo de Bouillon y los musulmanes de Saladino, por los turcos y los británicos, y ahora habitada por judíos y palestinos, que se hacen la guerra y se odian, Jerusalén será un día el lugar de la reconciliación para todos los pueblos de la tierra.

Ese día, por desgracia, no es hoy. Pero es un milagro que Dios prometió. Y así será, porque al final los ángeles están destinados a prevalecer sobre los demonios.

«Hay que tener más paciencia que el santo Job», decimos hoy en día para animarnos o animar a los demás a resistir en las situaciones difíciles, para aguantar a una persona molesta, para enfrentarnos a las adversidades o incluso sencillamente para aguantar el rato en el que nos quedamos atrapados en un atasco.

En realidad, Job no solo es paciente, sino que es un explorador. Un indagador del misterio del mal, del dolor inmerecido. Es un Prometeo que, en nombre de todos los seres humanos, por tanto, también en nuestro nombre, se enfrenta a Dios y le pide cuentas por sus aparentes injusticias. Igual que Prometeo, acabará sucumbiendo al poder divino; pero, a diferencia de Prometeo, su terrible historia tendrá un final feliz.

Un gran papa como fue Gregorio Magno consideraba a Job como el precursor de Jesucristo: el hombre de los sufrimientos, masacrado injustamente y sin tener ninguna culpa, pero que a la larga sale victorioso de su enfrentamiento con el diablo. Porque el diablo es el comienzo de todo.

Por una vez, el diablo no tienta al hombre; tienta a Dios. Y Dios se deja tentar. De hecho, muestra tener en su trato con el diablo una cierta familiaridad. Dios y Satán conversan, negocian, casi apuestan. Pero nunca se pone en duda la superioridad de Dios, ni por consiguiente el resultado final: la victoria del bien.

«Había en la tierra de Hus un hombre llamado Job. Era justo, honrado y temeroso de Dios y vivía apartado del mal».

La tierra de Hus estaba fuera del territorio de los judíos, en el sudeste: Job no vivía en Israel, aunque era devoto de Dios. Y también esto da a la historia un valor universal.

Job tenía una vida acomodada y feliz. Tenía siete hijos y tres hijas: números no aleatorios, sino números primos, por lo tanto, símbolo de perfección. Poseía siete mil ovejas, tres mil camellos, quinientas yuntas de bueyes, quinientas burras y una servidumbre numerosa. Los hijos disfrutaban de una vida placentera, celebraban suntuosos banquetes a los que se invitaban mutuamente, y Job ofrecía holocaustos al Señor por cada uno de ellos, temiendo que pecaran y ofendieran a Dios.

Un día Dios recibió la visita de los ángeles, y con ellos iba también Satán. Dios le preguntó: «¿De dónde vienes?». Satán respondió: «De dar vueltas por la tierra; de andar por ella». El Señor añadió: «¿Te has fijado en mi siervo Job? En la tierra no hay otro como él: es un hombre justo y honrado, que teme a Dios y vive apartado del mal».

Pero Satán le contesta: «¿Y crees que Job teme a Dios de balde?». No existe la fe desinteresada, argumenta el diablo. Job respeta al Señor y cumple sus mandamientos porque Dios lo ha bendecido, lo protege y lo ha hecho prosperar, pero «extiende tu mano y daña sus bienes y ¡ya verás cómo te maldice en la cara!».

Entonces el Señor le dice a Satán: «Haz lo que quieras con sus cosas, pero a él ni lo toques».

La maldad de Satán destruye el mundo de Job, pieza por pieza. Llega un mensajero y le advierte del ataque de un pueblo enemigo: «Estaban los bueyes arando y las burras pastando a su lado, cuando cayeron sobre ellos unos sabeos, apuñalaron a los mozos y se llevaron el ganado. Solo yo pude escapar para contártelo».

No había acabado el primer mensajero de hablar, cuando llega otro, también con una noticia terrible: «Ha caído un rayo del cielo que ha quemado y consumido a las ovejas y a los pastores. Solo yo pude escapar para contártelo».

Un tercer mensajero anuncia que una banda de caldeos «se ha echado sobre los camellos y se los ha llevado, después de apuñalar a los mozos. Solo yo pude escapar para contártelo».

Pero la noticia peor la trae el cuarto mensajero: «Estaban tus hijos y tus hijas comiendo y bebiendo en casa del hermano mayor, cuando un huracán cruzó el desierto y embistió por los cuatro costados la casa, que se derrumbó sobre los jóvenes y los mató. Solo yo pude escapar para contártelo».

Entonces Job se rasga el manto, se rapa la cabeza, se tira al suelo y se postra ante Dios, pero no lo maldice, al contrario, lo bendice: «Desnudo salí del vientre de mi madre y desnudo volveré a él. El Señor me lo dio, el Señor me lo quitó; bendito sea el nombre del Señor».

DIOS APUESTA CON SATÁN

Pero Satán se vuelve a presentar delante del Señor, que le pregunta: «¿De dónde vienes?». Satán responde: «De dar vueltas por la tierra; de andar por ella». El Señor añade: «¿Te has fijado en mi siervo Job? En la tierra no hay otro como él: es un hombre justo y honrado, que teme a Dios y vive apartado del mal. Tú me has incitado contra él, para que lo aniquilara sin más ni más, pero todavía persiste en su honradez». Satán replica: «Piel por piel; por salvar la vida el hombre lo da todo. Extiende tu mano y hiérelo en su carne y en sus huesos. ¡Verás cómo te maldice cara a cara!».

Pelle per pelle («Piel por piel», en español) es el título de la autobiografía del padre Luigi Verzé, el sacerdote italiano fundador de uno de los mayores hospitales de Europa, al que no casualmente dio el nombre de San Raffaele: el ángel Rafael que curó a Tobit y le salvó la vida a su hijo Tobías. «Piel por piel» es una expresión que padre Verzé citaba a menudo, por dos razones. Este sacerdote no era del agrado de la Iglesia oficial, la jerarquía eclesiástica no le tenía mucho aprecio; sin embargo, cuando un cardenal caía enfermo, acudía regularmente a él para recibir los tratamientos adecuados y curarse; y eso porque, cuando se trata de salvar el pellejo, un hombre, cualquier hombre, está dispuesto a todo, incluso a encomendarse a alguien a quien detesta. Por otro lado, «piel por piel», según el padre Verzé, significaba también ponerlo todo en juego, incluso la propia vida, para salvar la de los demás: un pensamiento que había concebido junto a la cama de un joven enfermo de sida, y que trató de inculcar a todos los empleados del hospital que fundó, desde el cirujano a la enfermera, desde el director médico jefe hasta el auxiliar de enfermería. Cuando hubo que encontrar un título para el libro que el padre Verzé había escrito junto con el periodista Giorgio Gandola, Gian Arturo Ferrari, el gurú del mundo editorial italiano, eligió «Piel por piel», fascinado por la idea de que la autobiografía de un sacerdote empezara con una frase del diablo. Con una coherencia incuestionable, para la portada del libro se eligió un color rojo intenso.

Dios puso otra vez a Job en manos de Satán, con una única condición: que le dejase con vida. Y Satán golpeó a Job con llagas malignas, una especie de lepra, que lo cubrieron desde las plantas de los pies hasta la coronilla.

Satán está convencido de que no hay hombre capaz de permanecer fiel a Dios si lo que está en juego es su vida. Pero ni siquiera con la enfermedad consigue quebrantar la fe de Job. Su felicidad está destruida, y él se sienta en el polvo, con una tejuela en la mano para rascarse las llagas. Pero a su mujer, que le insta a maldecir a Dios y morir, Job le responde: «Hablas como una necia. Si aceptamos de Dios los bienes, ¿no vamos a aceptar los males?».

Sin embargo, la visita de tres amigos pondrá en duda las convicciones de Job. Han venido a consolarlo, pero acaban entablando con él un diálogo filosófico, casi platónico. El tema central es el misterio del mal, que los amigos explican con el pensamiento tradicional de la época: si un hombre cae en desgracia, es porque tiene un pecado que expiar.

Los tres hombres proceden de tres regiones que rodean Israel: Elifaz vive en el sur, Bildad en el este y Sofar en el norte. Cuando ven a Job, al principio no lo reconocen. Luego rompen a llorar se rasgan sus mantos, se echan polvo sobre las cabezas y se sientan a su lado durante siete días y siete noches, sin tener el valor para hablarle.

Hasta que Job rompe el silencio, para sacar a sus amigos del apuro y también para desahogarse: «¡Muera el día en que nací y la noche que anunció: "Se ha concebido un varón"! Conviértase ese día en tinieblas, que Dios desde lo alto se desentienda de él; no brille la luz sobre él, reclámenlo las sombras tenebrosas, cúbranlo densos nubarrones, que un eclipse lo llene de terror […]. ¿Por qué se da luz a un desgraciado y vida a los que viven amargados, que ansían la muerte que no llega y la buscan más escondida que un tesoro […]?».

Los tres amigos animan a Job para que reaccione. Se niegan a compadecerle, le dicen que debe haber hecho algo malo: Dios nunca golpea a un inocente.

El primero que habla es Elifaz, que cuenta una pesadilla, una visión nocturna, hoy diríamos un ataque de pánico: una de esas noches intranquilas en las que nos visitan los «pensamientos negros», como los llamaba Andrea Camilleri, que nos presagian la muerte. Dice el amigo a Job que «entre pesadillas de visiones nocturnas, cuando el letargo se ceba en los hombres, fui presa de terror y agitación, se estremecieron todos mis huesos. Se deslizó un viento por mi cara que erizó el vello de mi cuerpo». Elifaz había recibido algo muy similar a la visita de un fantasma, que le había revelado toda la fragilidad de la condición humana. La única solución era confiar en Dios, y aceptar las pruebas a las que nos somete como fuente de sabiduría: «Dichoso el mortal a quien Dios corrige: no rechaces la lección del Todopoderoso, porque hiere y pone la venda, golpea y cura con su mano».

Pero Job no está de acuerdo, e insiste en su propia inocencia: su comportamiento ha sido recto, no ha caído en el pecado, no ha ofendido a Dios. Y sin embargo sus días son cada vez más cortos, se pasan rápidos y «se van consumiendo faltos de esperanza»; en cambio, las noches no se acaban nunca. «Mi herencia han sido meses baldíos, me han asignado noches de fatiga. Al acostarme pienso: ¿Cuándo me levantaré? Se me hace eterna la noche y me harto de dar vueltas hasta el alba». Y Job añade que Dios le espanta con sueño y le atemoriza con pesadillas. Y este tema del descanso difícil, del sopor agitado, de las noches en las que se produce la visita del Señor, se repite a lo largo de la Biblia, empezando por el letargo de Abrahán, que, entre los humos del sueño, ve pasar un fuego, y en el fuego se manifiesta el terrible poder de Dios.

Luego habla el segundo amigo, Bildad. Él también sostiene que Dios nunca abandona al hombre recto. Pero Job se rebela. Dios es omnipotente, está claro: «Desplaza montañas sin que se note […]. Estremece la tierra en sus cimientos […], manda al sol que no brille […]. Creó la Osa y Orión, las Pléyades y las Cámaras del Sur». Crea maravillas que nunca vimos y nunca veremos: «Hace prodigios insondables, maravillas innumerables». Pero su omnipotencia no depende de lo bueno y lo justo, no premia ni castiga y es arbitraria y despótica: «Solo digo una cosa: él destruye igual al inocente que al culpable […]. Si un tirano se apodera de un país, él tapa los ojos de los magistrados».

Finalmente, toma la palabra el tercer amigo, Sofar. Reitera que Job debe de haber hecho algo inicuo si ha recibido tal castigo; más le valdría admitirlo, si quiere recobrar la salud, la confianza y el ansiado sueño, porque así «descansarás sin que nadie te asuste, y muchos buscarán tu favor».

Pero Job reacciona con dureza: no tiene nada de qué arrepentirse, y si Dios quiere concederle un juicio justo, defenderá su conducta, reivindicará su inocencia y merecerá su absolución.

El juicio a Dios

Job pide un careo con Dios, un Dios que, sin embargo, se esconde: «¡Si supiera al menos encontrarlo, si pudiese entrar en su morada! […] Si voy a Oriente, no está allí; si a Occidente, no puedo distinguirlo; en el Norte se oculta y no lo veo;

escondido en el Sur, no lo vislumbro». Y así el mal permanece y triunfa, los malvados se hacen cada vez más ricos y poderosos.

La palabra clave del lamento de Job es «sus»: «Ven a sus hijos crecer seguros, contemplan cómo medran sus retoños: sus casas, en paz y sin temor, la vara de Dios no los alcanza. Sus toros engendran sin fallar, sus vacas nunca malparen [...], disfrutan dichosos de la vida y bajan en paz al Abismo». Resulta estremecedora esta imagen del entierro del malvado: «Tras él desfila todo el mundo, por delante una turba innumerable». Un verso que se ha interpretado como la descripción de un entierro multitudinario, pero que a mí me parece más bien la procesión de todos los muertos que han precedido al malvado y que le seguirán, una imagen casi dantesca: «Detrás de ella, venía tal torrente de muertos, que a no haberle contemplado, no creyera a la muerte tan potente».

Job quiere llevar a Dios a juicio. Lo desafía a comparecer. Le pide que se manifieste: «¡Aquí está mi firma, que responda el Todopoderoso!». «Si me cerré al pobre necesitado o a la viuda consumida por el llanto; si comí el pan en soledad, sin querer repartirlo con el huérfano; si vi a un transeúnte sin vestido o a un pobre sin ropa que ponerse [...] ¡que se me salga el hombro de la espalda, que se me rompa el brazo por el codo!».

Y Dios por fin responde. Habla desde la tormenta. Pasa al contraataque, y lo hace con cierta ironía: «¿Quién es ese que enturbia mis designios sin saber siquiera de qué habla? ¿Dónde estabas cuando cimenté la tierra? Cuéntamelo, si tanto sabes».

Dios yuxtapone la inmensidad de su propia obra a la infinita pequeñez de Job, como de cualquier otro hombre: «¿Has entrado por las fuentes del Mar o paseado por la hondura del Océano? ¿Te han enseñado las puertas de la Muerte o has visto los portales de las Sombras? ¿Has examinado la anchura de la tierra? Cuéntamelo, si lo sabes todo». Es un Dios que habla casi como un poeta, que reivindica su propia obra evocando el poder de la creación. Y si los hombres de hoy sí hemos conseguido caminar por el fondo del mar y medir la extensión de la tierra, ante la puerta de la muerte todavía nos vemos obligados a detenernos y temblar.

Dios continúa retando a Job: «¿Has entrado en los silos de la nieve y observado los graneros del granizo, que reservo para la hora del peligro, para el día de la guerra y del combate? ¿Por dónde se dispersa el relámpago, por dónde se difunde el viento del Este?».

Y tras la tierra, el mar, los fenómenos atmosféricos y los astros, Dios menciona a los animales: el rebeco, el ciervo, el asno, el búfalo, el caballo. Y se burla descaradamente de Job: «¿Enseñas a volar al halcón, cuando despliega sus alas hacia el sur? ¿Se cierne el águila a tus órdenes y pone su nido en los picachos?».

Dios le recuerda a Job que también creó animales poco inteligentes, como el avestruz, que pone sus huevos en la arena sin preocuparse de que alguien pueda pisarlos. Y animales extraños, como el hipopótamo, que, a pesar de ser herbívoro, es increíblemente fuerte; de hecho, «sus huesos son tubos de bronce, sus miembros son barras de hierro». En la versión griega de la Biblia Dios añade que lo creó para que los ángeles pudieran jugar con él.

¿No es maravillosa la imagen de los ángeles que, como niños, juegan con los hipopótamos? Recuerda el título de una conocida película con Bud Spencer y Terence Hill, *Estoy con los hipopótamos*; o ese anuncio de pañales desechables protagonizado por el hipopótamo Pipo de cuando éramos niños. Aunque ahora sabemos que el hipopótamo es el animal que causa más víctimas al año; de hecho, la Biblia nos dice que no tiene predador y solo «su Hacedor lo amenazó con la espada». Y Dios también creó los monstruos, incluso las criaturas que solo existen en nuestra imaginación, como el Leviatán, descrito como un dragón de agua y que nos recuerda al monstruo del lago Ness: «Sus fauces escupen antorchas, emiten chispas de fuego; de sus narices sale una humareda, como caldero que hierve atizado; su aliento enciende carbones, expulsa llamas por su boca».

Job está más satisfecho que aterrorizado. Dios finalmente le ha hablado y ha ejercido el papel que Job esperaba de él: dar sentido a la vida del hombre, y también al misterio de su sufrimiento. Porque Dios lo puede todo; y en ese vértigo infinito de posibilidades, Dios da y quita, pone a prueba y concede gracia, juzga y absuelve.

«Te conocía solo de oídas, pero ahora te han visto mis ojos; por eso, me retracto y me arrepiento, echado en el polvo y la ceniza», afirma Job. Si Job tenía alguna culpa, era de sentirse demasiado seguro de sí mismo, al reparo del mal. Pero Dios le ha escuchado y le ha agradado lo que ha oído, y ahora castiga a sus tres amigos, que en lugar de consolarlo lo regañaron. Tendrán que ofrecer en holocausto siete novillas y siete carneros. Y Job con sus plegarias obtendrá el perdón para ellos.

Finalmente, el Señor dobla lo que Job había perdido.

«Llegó a poseer catorce mil ovejas, seis mil camellos, mil yuntas de bueyes y mil borricas. Tuvo siete hijos y tres hijas: la primera se llamaba Paloma; la segunda, Acacia; y la tercera, Azabache. No había en todo el país mujeres más bellas que las hijas de Job. Su padre las hizo herederas, igual que a sus hermanos. Job vivió otros ciento cuarenta años, y conoció a sus hijos, a sus nietos y a sus biznietos. Murió anciano tras una larga vida».

Diría que no cabe duda de que los guionistas de la película *Entre pillos anda el juego*, que se ha convertido en un clásico de las fechas navideñas, tenían en mente la historia de Job con esa apuesta inicial entre los dos cínicos hermanos: arruinar a su brillante bróker desmontando su mundo, pieza por pieza.

11

LA PROFECÍA
EZEQUIEL, LA RESURRECCIÓN
DE LA CARNE Y LA GRAN ESPERANZA
DE JESÚS

La Biblia, o al menos el Antiguo Testamento, nos dice mucho sobre la historia y el ánimo humano, pero no nos dice casi nada sobre el más allá.

El más allá existe, pero es un lugar carente de interés. Un abismo. Un reino de oscuridad y niebla, donde el difunto no actúa, es pasivo. No hay sufrimiento, ni felicidad. No hay castigos ni recompensas. No hay infiernos ni paraísos; como mucho, un purgatorio eterno. Una supervivencia casi espectral, en un lugar subterráneo llamado Seol.

Por eso la Biblia nos proporciona continuamente genealogías: Abrahán engendró a Isaac, Isaac engendró a Jacob... La verdadera vida eterna son los hijos, los nietos, los descendientes.

Con el paso del tiempo, no mucho antes del nacimiento de Jesús, aparece en la cultura judía la idea de una justicia ultraterrena: un castigo para los malvados, una recompensa para los justos. Y la recompensa coincide a veces con la inmortalidad del alma.

Hay un pasaje del libro de la Sabiduría, a menudo citado

por aquellos que buscan desesperadamente una explicación, un significado, casi un consuelo al terrible exterminio de los judíos perpetrado por el nazismo: «El justo, aunque muera prematuramente, tendrá descanso». Y también: «La vida de los justos está en manos de Dios, y ningún tormento los alcanzará [...]. Sufrieron pequeños castigos, recibirán grandes bienes, porque Dios los puso a prueba y los halló dignos de él. Los probó como oro en el crisol y los aceptó como sacrificio de holocausto. En el día del juicio resplandecerán y se propagarán como chispas en un rastrojo».

Nada de cenizas, sino chispas.

En el Nuevo Testamento, Jesús habla de la Gehena, un lugar ultraterreno de sufrimiento, una especie de infierno que toma su nombre del valle al sur de Jerusalén donde se arrojaba la basura de la ciudad. En la Gehena, dice Jesús, «será el llanto y el rechinar de dientes». Una imagen que seguramente impactó a Dante, y que el poeta retoma cuando habla de las multitudes de almas esperando a que el terrible Caronte los lleve al infierno:

Pero las almas lasas que él aduna,
pálidas y desnudas, baten dientes,
al escuchar su acento, cada una.
Blasfeman de su Dios, de sus parientes,
del tiempo, del lugar y su crianza,
y de la especie humana y sus simientes.

Cuando se dan cuenta de que están condenados y no tienen posibilidad de salvación, los hombres maldicen a Dios, a sus padres, a toda la especie humana, a la semilla que los engendró, al momento y al lugar de su nacimiento.

Pero la gran esperanza del cristianismo no es el castigo de los malvados, sino la felicidad de los buenos, o al menos de aquellos que se arrepintieron del mal que hicieron, y que después de la expiación de sus pecados tendrán su sitio al lado de Dios. No es una felicidad estática, pasiva, contemplativa. El cristianismo no solo predica la inmortalidad del alma, también predica la resurrección de la carne.

Este es uno de los puntos más difíciles de aceptar incluso para los creyentes. Y es uno de los aspectos que los paganos no entendían de la fe de los cristianos.

Antes de viajar a Roma para enfrentarse al martirio, san Pablo, el hombre que enlazó las enseñanzas de Jesús y sus discípulos con la gran cultura griega y latina de su tiempo, fue a Atenas. Aunque habían pasado más de cuatro siglos desde el esplendor de la Atenas de Pericles, seguía siendo la ciudad símbolo de la civilización clásica. San Pablo predicó en la colina del Areópago, donde habían pronunciado sus discursos los más grandes oradores de la historia. Mientras se limitó a defender la inmortalidad del alma, lo escucharon con interés; el tema era muy debatido entre los filósofos griegos, y si Epicuro no estaba del todo convencido, ya Platón estaba seguro de que el alma no moría con el cuerpo; y las reminiscencias, esa sensación que cada uno de nosotros ha experimentado, al menos una vez, de que ya vivimos el momento que estamos viviendo, serían recuerdos de vidas anteriores. Sin embargo, cuando san Pablo comenzó a hablar de la resurrección de la carne, el público comenzó a refunfuñar. Algunos se quedaron decepcionados, otros se lo tomaron a broma. «De esto te oiremos hablar en otra ocasión», dijeron, meneando la cabeza en señal de desaprobación.

Incluso para los padres de la Iglesia no resulta fácil aceptar la idea de que no solo el espíritu, sino también el cuerpo es inmortal. De hecho, esta creencia implica una serie de preguntas que no tienen respuesta ni la van a tener nunca. ¿Qué edad tendrá nuestro cuerpo resucitado? Algunos teólogos han sugerido que todos tendremos treinta y tres años, porque esa fue la edad con la que Jesús murió y resucitó.

Unos saduceos, una estirpe de sacerdotes que no creían en la resurrección, un día le preguntan a Jesús, con clara intención provocadora, qué pasaba si una mujer se quedaba viuda y se casaba con los seis hermanos del marido, que morían uno tras otro: ¿de quién sería la esposa cuando resucite en el más allá? Es una historia que recuerda la de Sara, a la que el demonio mata a siete maridos antes de su encuentro con Tobías. La respuesta que Jesús da a los saduceos deja entender que la vida en el más allá no se puede comparar con la vida en la tierra: «En este mundo los hombres se casan y las mujeres toman esposo, pero los que sean juzgados dignos de tomar parte en el mundo futuro y en la resurrección de entre los muertos no se casarán ni ellas serán dadas en matrimonio. Pues ya no pueden morir, ya que son como ángeles». Evidentemente, aquí Jesús deja a los saduceos con un palmo de narices, pero no nos dice mucho sobre nuestra vida en el más allá.

Eliseo y Lázaro

La gran esperanza de la resurrección está supeditada, por supuesto, a la esperanza de que Jesús realmente resucitó. Para convencer a los escépticos, san Pablo escribe en sus cartas que lo vieron cincuenta personas; y el evangelista Juan informa de que santo Tomás Apóstol metió los dedos en las heridas del costado de Jesús precisamente para comprobar que había resucitado su carne, y no solo su espíritu. Y no es una casualidad que, cuando Jesús se sienta a la mesa con sus discípulos en Emaús, solo le reconocen en el momento de partir el pan, el más humano de los gestos.

Sin embargo, ya hay resurrección del hombre en el Antiguo Testamento.

El profeta Eliseo había sido acogido en su casa por una mujer rica y casada, pero sin hijos. La Biblia no nos dice su nombre. Impresionado por la bondad desinteresada de la mujer, Eliseo le anuncia que al cabo de un año tendría un hijo. Y así ocurre.

Pero un día, el niño se despierta acusando un fuerte dolor de cabeza. La madre lo coge en brazos, pero al cabo de unas horas el niño muere. Eliseo acude corriendo. El pequeño cuerpo está tendido en la cama. El profeta reza a Dios, luego se tumba sobre el niño. Pone su boca sobre su boca, sus ojos sobre sus ojos, sus manos sobre sus manos; poco a poco el cuerpo del niño entra en calor. Pasado un rato, Eliseo se levanta de la cama y se pone a caminar por la casa de acá para allá, como buscando una inspiración, un inesperado giro final para la historia. Luego vuelve a subir a la habitación y se recuesta otra vez sobre el niño; entonces el pequeño estornuda siete veces y vuelve a abrir los ojos. Está vivo. Solo entonces Eliseo llama a la madre y le entrega al niño. La mujer se postra a los pies del profeta y abraza a su hijo.

En la ciudad de Mesina, en Sicilia, ignorada por los turistas que están de paso, se encuentra la que considero la verdadera obra maestra de Caravaggio: *La resurrección de Lázaro*. Es un lienzo muy oscuro, como el espíritu del artista que lo pintó: condenado a muerte, caído en desgracia, huyendo del papa y de su propia vida. La única luz es la que ilumina, atraviesa y hace visible el cuerpo desnudo de Lázaro, que parece ser recorrido por una descarga eléctrica: la energía de la resurrección.

Jesús se entera de que su amigo Lázaro, hermano de dos discípulas suyas a las que estaba muy unido, Marta y María, está muy enfermo. Pero, en lugar de acudir corriendo a su cabecera, les explica a sus discípulos: «Esta enfermedad no es para la muerte, sino que servirá para la gloria de Dios, para que el Hijo de Dios sea glorificado por ella». Está pensando en un milagro que lo revelará al mundo como el mesías que ha venido para salvar no solo al pueblo de Israel, sino a toda la humanidad. El milagro por excelencia: ya no se trata de curar a los tullidos o de devolver la vista a los ciegos, sino de resucitar a un muerto. Lo que hasta ahora solo Eliseo había conseguido.

Cuando Jesús oye que Lázaro ha fallecido, informa a sus discípulos: «Lázaro, nuestro amigo, está dormido: voy a despertarlo». Los discípulos no entienden: «Señor, si duerme, se salvará». Pero Jesús, paciente, les explica: «Lázaro ha muerto, y me alegro por vosotros de que no hayamos estado allí, para que creáis. Y ahora vamos a su encuentro».

En definitiva, hasta aquí Jesús sigue el curso de los acontecimientos con una calma envidiable con la intención de aprovecharlos para conseguir su propósito: es bueno que todos sepan que Lázaro murió; y delante de todos lo resucitará, para acallar a sus enemigos y convencer a los incrédulos.

También cuando Marta sale a su encuentro y con tono de reprimenda le dice: «Señor, si hubieras estado aquí no habría muerto mi hermano», Jesús aparentemente se queda impasible: «Tu hermano resucitará». Marta le contesta entonces que ya sabe que resucitará, el último día. Pero Jesús le replica: «Yo soy la resurrección y la vida: el que cree en mí, aunque haya muerto, vivirá; y el que está vivo y cree en mí, no morirá para siempre».

Pero cuando Jesús, ante la tumba de Lázaro, ve a María —una persona a la que quería mucho— llorar desesperada, él también pierde el control. Y rompe a llorar. Jesús es Dios, pero también es hombre; y en ese momento es como si su naturaleza humana prevaleciera. Jesús llora ante la fragilidad del hombre, ante la muerte de Lázaro, ante el dolor de María. Y casi con rabia, una rabia solemne y confiada, grita: «Lázaro, sal afuera».

Y Lázaro, que llevaba cuatro días enterrado, sale del sepulcro entre el clamor de la gente, caminando sobre sus propias piernas, aún envuelto en el sudario.

El milagro es público, tiene lugar ante decenas de testigos, que se quedan sin aliento. La emoción es inconmensurable, la noticia llega hasta Jerusalén, se propaga por todo Israel. Es entonces cuando los sumos sacerdotes deciden que Jesús tiene que morir: oficialmente, por miedo a que el advenimiento de un profeta tan poderoso pudiera alentar un levantamiento contra los romanos; en realidad, también para deshacerse de un hombre que no solo es más carismático que ellos, sino que tiene una relación directa con Dios y que, por tanto, haría inútil su papel.

En su novela *La última tentación de Cristo*, que más tarde se convirtió en una película de Martin Scorsese, Nikos

Kazantzakis imagina que, antes de crucificar a Jesús, asesinan a Lázaro para eliminar la prueba o, más bien, el testigo vivo de su mayor milagro. Antes de clavarle el puñal, el sicario no puede resistir la tentación de preguntar a Lázaro —el primer hombre que ha regresado del más allá— qué hay al otro lado; pero Lázaro da una respuesta vaga, nebulosa, y parece estar desconcertado, confuso, como si aún estuviera suspendido entre el reino de la luz y el de las sombras que nos espera a todos.

Muchos profetas de la Biblia se enfrentan a la muerte.

Jeremías profetiza la destrucción de Jerusalén y el exterminio de la familia real.

Daniel es arrojado en el foso de los leones, pero Dios lo salva, y por la mañana lo encuentran ileso.

A Jonás se lo traga la ballena, como a Geppetto, pero a los tres días vuelve a la vida: un episodio que los cristianos leen como un presagio de la muerte y resurrección de Jesús.

Isaías insiste en el advenimiento de un niño que vendrá a redimir la historia, a salvar a Israel y a toda la humanidad. Parecido al *puer*, el niño que el poeta romano Virgilio anuncia en una de sus églogas. Los cristianos han interpretado ambas premoniciones, tanto la de Isaías como la de Virgilio, como el anuncio del nacimiento de Jesús.

Isaías escribe: «El pueblo que caminaba en tinieblas vio una luz grande [...]. Porque un niño nos ha nacido, un hijo se nos ha dado». Y otro fragmento más explícito, en el que el profeta alude al milagro del nacimiento divino: «Pues el Señor, por su cuenta, os dará un signo. Mirad: la virgen está encinta y da a luz un hijo, y le pondrá por nombre Enmanuel», Dios está con nosotros. Dante escribirá que el creador se hizo criatura: Dios se encarnó en el vientre de una mujer y volvió al mundo para salvarlo.

Isaías también parece anunciar un renacimiento, de hecho, una resurrección, en la que todo dolor recibirá su consuelo y toda enfermedad su curación: «Entonces se despegarán los ojos de los ciegos, los oídos de los sordos se abrirán; entonces saltará el cojo como un ciervo y cantará la lengua del mudo, porque han brotado aguas en el desierto y corrientes en la estepa».

Pero hay otro profeta con el cual, ya en el Antiguo Testamento, vislumbramos el tema de la resurrección de la carne.

EL VALLE DE LOS HUESOS VIVIENTES

Ezequiel se ha hecho famoso en la cultura popular por una cita cinematográfica: un homenaje que le rinden Quentin Tarantino y el actor Samuel L. Jackson en la película *Pulp Fiction*. Jackson interpreta a un gánster que, para aterrorizar a sus víctimas, disfruta citando de memoria y con tono grandilocuente lo que él afirma ser un pasaje del libro de Ezequiel: «El camino del hombre recto está por todos lados rodeado por la injusticia de los egoístas y la tiranía de los hombres malos. Bendito sea aquel pastor que, en nombre de la caridad y de la buena voluntad, saque a los débiles del valle de la oscuridad, porque él es el auténtico guardián de su hermano y el descubridor de los niños perdidos». Tras lo cual, viene lo mejor: «Y os aseguro que vendré a castigar con gran venganza y furiosa cólera a aquellos que pretendan envenenar y destruir a mis hermanos. Y tú sabrás que mi nombre es Yavé, cuando caiga mi venganza sobre ti».

En realidad, ni Ezequiel ni Dios pronunciaron nunca estas palabras. Tarantino no las encontró en la Biblia, sino en una película japonesa de 1976 titulada *Bodyguard Kiba*. Sin embargo, es fácil que el espectador o el lector se lo crean, porque efectivamente el pasaje citado da el pego.

Muchos siglos antes, Ezequiel inspiró a Rafael y a otros grandes artistas del Renacimiento, que pintaron sus visiones. Tuvo que ser un profeta especialmente poderoso, porque Dios le permitió ver cosas que sucedieron a dos mil kilómetros de distancia: deportado a Babilonia, en el actual Irak, pudo presenciar escenas que tuvieron lugar en Jerusalén. Otras veces Dios le mostró signos misteriosos o criaturas con cuatro caras —de hombre, de león, de toro, de águila—, que los cristianos interpretaron como el símbolo de los cuatro evangelistas: Lucas, Mateo, Marcos, Juan.

Pero la visión más extraordinaria que tuvo Ezequiel fue otra.

Ezequiel siente la mano del Señor sobre él y, por arte de magia, se encuentra en un valle. Un valle lleno de huesos que están completamente secos, despojados de la carne. Dios pregunta a Ezequiel si cree que esos huesos podrán revivir. Sabiamente, Ezequiel se encomienda a Dios: «Señor, Dios mío, tú lo sabes». Entonces Dios dicta a Ezequiel las palabras que debe pronunciar: «¡Huesos secos, escuchad la palabra del Señor! Esto dice el Señor Dios a estos huesos: Yo mismo infundiré espíritu sobre vosotros y viviréis. Pondré sobre vosotros los tendones, haré crecer la carne, extenderé sobre ella la piel, os infundiré espíritu y viviréis. Y comprenderéis que yo soy el Señor».

Ezequiel obedece y repite las palabras de Dios. Mientras habla oye un estruendo: los huesos habían empezado a moverse y se estaban uniendo entre sí. Y sobre los huesos estaban creciendo los tendones, luego la carne y por último la piel que los recubría. Sin embargo, Ezequiel observa que «no tenían espíritu». La carne se había recompuesto, pero no había resucitado. Los huesos se habían unido, pero no habían vuelto a la vida: se había formado un cadáver, no un cuerpo.

Dios le dicta a Ezequiel las palabras para evocar al espíritu: «Esto dice el Señor Dios: Ven de los cuatro vientos, espíritu, y sopla sobre estos muertos para que vivan».

Cuando Ezequiel repite las palabras de Dios, el espíritu viene sobre los cadáveres recompuestos y estos reviven. Se ponen todos de pie, formando una multitud innumerable.

Entonces Dios explica su visión a Ezequiel. Los huesos son el pueblo de Israel, que ha perdido la esperanza de ser libre y de regresar a su patria. Pero Dios devolverá la confianza a sus corazones: «Y cuando abra vuestros sepulcros y os saque de ellos, pueblo mío, comprenderéis que soy el Señor. Pondré mi espíritu en vosotros y viviréis; os estableceré en vuestra tierra y comprenderéis que yo, el Señor, lo digo y lo hago».

La grandiosa visión de Ezequiel tiene su reflejo evidente en la historia que narra la Biblia: el pueblo de Israel ha sido deportado, está muerto espiritualmente, pero Dios decide devolverle la esperanza y la vida.

Pero la Biblia, como hemos dicho, no solo habla de Israel. Su lenguaje es universal. Y nosotros también podemos reconocer a nuestros seres queridos en ese valle repleto de huesos destinados a convertirse de nuevo en carne y espíritu. Y podemos confiar a ese Dios común la esperanza de la resurrección y la vida eterna.

Entre todas las personas, famosas o desconocidas, a las que he preguntado cómo se imaginan el más allá, no hay dos que me hayan dado la misma respuesta. Pocos son los que no creen en su existencia, y pocos son los que están seguros de que existe. La mayoría tiene esperanza. Mi padre, antes de morir, se había convencido de que la vida después de la muerte existía; y aunque permaneció apegado a la vida mientras estuvo consciente, creo que murió más sereno gracias a esta convicción. Un gran médico como Umberto Veronesi, que asistió a miles de personas hasta el final, al borde del miedo supremo, me dijo que nunca nadie le pidió que le hiciera morir; todos le pedían que los ayudara a vivir, que los curara, aunque sabían que era imposible. Encomendarse a Dios requiere una fuerza moral, una serenidad, un coraje, en fin, unas virtudes que solo en ese momento final sabremos si realmente las poseemos. En cuanto a las experiencias cercanas a la muerte —la luz, el túnel, el calor, la vida entera que te pasa delante—, los que las cuentan no están muertos, por tanto, no saben lo que hay realmente al otro lado.

La razón no nos servirá para aliviar nuestros temores.

La esperanza del más allá no puede separarse de la fe en la existencia de Dios. Y no de un Dios genérico, sino de un Dios misericordioso, que se inclina sobre el surco de nuestras pequeñas vidas, que cuida de sus criaturas y nunca las abandona.

La fe nos promete que acabaremos volviendo al Uno, permaneciendo nosotros mismos.

Como recita el libro de la Sabiduría, Dios creó al hombre incorruptible, y lo hizo a imagen de su propio ser, es decir, no solo de su rostro, sino de su naturaleza.

Dios no creó la muerte.

La muerte entró en el mundo por la envidia del diablo. Pero «la vida de los justos está en manos de Dios». El verdadero reino de los muertos está en la tierra. «Porque la justicia es inmortal».

NOTA DEL AUTOR
Y AGRADECIMIENTOS

Si has llegado a leer esta nota, querido lector, tu recorrido por la Biblia ha llegado a su fin. O, tal vez, acaba de empezar. Porque, evidentemente, la Biblia es mucho más de lo que está en estas páginas, las cuales no tienen en absoluto la pretensión de ser exhaustivas. Al contrario, aspiran más bien a que te animes a leerla entera y a conocer aquellas historias que no se han tratado en este libro y que, sin embargo, son maravillosas: la revuelta de los macabeos y las lamentaciones de Jeremías, todas las profecías de Isaías y la poesía de los Salmos, entre muchas otras.

El texto de la Biblia sobre el que trabajé es la excelente traducción de 2008 de la CEI,* la Conferencia Episcopal Italiana (aprovecho para dar las gracias a su presidente, el cardenal Matteo Zuppi, que estuvo a mi lado, como siempre en mi vida). Cuando narro las historias del libro de los libros, el criterio de lectura es muy sencillo: las palabras entrecomilladas

---

* Para la traducción al español se ha empleado la versión oficial de la Sagrada Biblia de la Conferencia Episcopal Española (2011).

son palabras de la Biblia, o pronunciadas por personajes de la Biblia; las palabras fuera de las comillas son mías.

Sobre la Biblia se han escrito millones de páginas. Para mí fue especialmente útil el estudio de las contribuciones del cardenal Gianfranco Ravasi, a quien también agradezco la cortesía y sagacidad con las que revisó el manuscrito de este libro, señalándome los errores y dándome valiosos consejos: los he seguido todos.

Por supuesto, asumo la plena responsabilidad del contenido, que está abierto a las críticas, las cuales siempre me han parecido más útiles que los elogios; con la esperanza de que los expertos resistan la tentación de presentar como errores inexcusables lo que son simplemente interpretaciones distintas.